JN284666

西村成雄　編
田中　仁

中華民国の制度変容と東アジア地域秩序

汲古書院

目　次

はしがき（西村成雄）　1
序論（田中仁）　5

第1部　制度変容と社会的凝集力

1. 清末中国における鉄道システムの制度化論争（江沛，綿田弥生訳）　17
2. 制度的変遷と紳民矛盾の激化──20世紀の「革命ディスコース」と郷紳層──（王先明，嶋田恭子訳）　35
3. 文書史料からみた中国近代江南の地主経営（夏井春喜）　53
4. 清朝末期のモンゴル社会経済情勢と漢人旅蒙商（周太平）　71
5. 1920年代奉天紡紗廠と東北経済圏の自立性（上田貴子）　87
6. 1930年「中原大戦」と東北・華北地域政治の新展開（西村成雄）　105
7. 日中戦争前期上海の印刷業界の苦悩と希求──『芸文印刷月刊』（1937～1940）を通じて──（貴志俊彦）　121
8. 日中戦争前期における中国共産党の党軍関係について──中共党史研究再考──（田中仁）　139
9. 顧頡剛の「疆域」概念（島田美和）　157
10. 蒙元時代における「中国」の拡大と正統性の多元化（堤一昭）　175

第2部 アジア太平洋戦争と東アジア地域秩序

1. 1930～50年代のアジア国際経済秩序（秋田茂）　**193**
2. 「満洲国」初期における日本人移民用地の取得と中国東北地域社会──「三江省」樺川県を事例として──（小都晶子）　**209**
3. 日中戦争中後期における日本の「重慶工作」について（臧運祜，宮崎いずみ訳）　**227**
4. 内モンゴル人民共和国臨時政府の樹立と崩壊（1945年9～10月）（田淵陽子）　**245**
5. 1940～50年代 国民政府の琉球政策──戦後処理と地政学の枠組みの中で──（許育銘，鬼頭今日子訳）　**261**
6. 玄奘三蔵はなぜ日本にやって来たのか？──遺骨略奪説とその歴史的含意──（坂井田夕起子）　**277**

中国語目次　**291**
英　語　目　次　**293**
執筆者紹介　**295**

中華民国の制度変容と東アジア地域秩序

はしがき

　中国近代社会という研究対象は，実にさまざまな領域から接近しなければならないことはいうまでもない。とりわけ，21世紀に入り，本格的にその経済的政治的存在を世界に示しつつある今日，中国社会のあり方を歴史的視野とその広がりのなかに置き直して再認識する課題とその必要性はますます増大している。つまり，現代中国の時空間は，どのような制度的特徴をもち，国際的環境との相互交流はそれらにどのように影響していたのかという課題意識は，現代中国社会そのものの制度的あり方を再認識しようとする側の視野を，歴史的再認識の回路へと導きつつある。

　21世紀初頭の段階にあって，南京大学中華民国史研究中心の張憲文主編『中華民国史』全4巻（南京大学出版社，2005年）をはじめとし，中国社会科学院近代史研究所の張海鵬主編になる1949年を下限とする『中国近代通史』全10巻（江蘇人民出版社，2006～2007年）や，北京師範大学歴史系の朱漢国主編『中華民国史』全10巻（四川人民出版社，2006年），さらに，崔之清主編『国民党政治與社会結合之演変』全3巻（社会科学文献出版社，2007年）などが続々と出版されている。もちろん，こうしたシリーズとならんで，各分野にわたる実証的研究成果が数多く出され，とくに，清末から20世紀半ばにかけての中華民国期を歴史的に再検討し再認識しようとする，新たな20世紀前半期中国歴史研究が大きな潮流を形成しつつある。それらは，1982年以来の李新総編『中華民国史』（中華書局）の通史段階を質量ともに超えるものであろう。

　いうまでもなく，21世紀初頭という現代中国の社会と政治の制度変容が，

新たな歴史認識を要請している。この課題は，すでにグローバルに各地域の中国近現代史研究者によっても共有されており，今後の中国社会の展開を見通すうえで不可欠の論点を構成している。多くの研究者によって論及されているように，毛沢東時代（1949年からの第3四半期）は，中国近代の社会・政治空間はすべて「革命」に収斂するとする「革命パラダイム」として解釈され定義されてきたが，鄧小平時代（1976年からの第4四半期）は，その経済的大転換に象徴される「現代化(modernization)」として中国近代が再解釈され，再定義される歴史認識と歴史像を創出した。

しかし，その関係については，たとえば『中国近代通史』第1巻では，「現代化パラダイム」が「革命パラダイム」に「代替」されるべきではなく，中国近代の「2大歴史任務として独立と富強を求める相補関係」にあったと主張する。ここには，20世紀後半期の2つの歴史的段階をどのように「結合」するのか，それぞれの言説体系を相互「対立，排斥，代替」としてとらえるべきではないとするひとつの歴史認識が示されている。その限りで，両者の言説は，それぞれの歴史的段階に濃淡と強弱をもって現れることになる。ただ，この歴史認識には「半植民地からの独立」と「半封建社会から富強へ」という，毛沢東規定にいう「半植民地半封建社会論」が前提されている点は，なお「革命パラダイム」という経路依存性のなかにある。

この点は，20世紀世界のなかで中国社会が近代的国民国家としてどのように自己形成してきたかという「革命」と「現代化」をより高次のレベルで統一し得る新たな歴史認識の経路創出が要請されていると思われる。もちろん，『中国近代通史』の全10巻がすべてこのような課題に集約されるわけではなく，それぞれの執筆者の実証的分析とその歴史認識はきわめて多次元的であり多様化しているが，基本的には政治史が経済史，対外関係史，社会史，思想史などの新たな知見によってどのように豊富化されているかが問われ

ているといえよう。こうした成果は，中国近代史という歴史の現実の複雑性そのものを，1次史料をもって解明し再定義する壮大な歴史叙述として，今後の個別研究の進展にとってもひとつの段階を画したものと評価できよう。

＊　　＊　　＊

　さて，本書所収の諸論文は，そうした20世紀前半期，とくに中華民国期のさまざまな社会制度の変容と東アジア地域秩序の特徴をとりあげた新たな個別研究の進展を示す成果としてとりまとめられています。本書は，2007年8月27, 28日の両日にわたって，天津・南開大学において開催された国際シンポジウム「現代中国社会の変容と東アジアの新段階」（南開大学歴史学院，中国現代史学会，東華大学歴史学系，大阪外国語大学中国文化フォーラムの共催）に参加し報告したメンバーの論文，および関係者の論文で構成されています。それぞれの研究内容については，ぜひ忌憚なきご批判をいただき，中国近代史研究の発展に微力ながら貢献できることを期待しております。

　今回このように3大学1学会との共催でシンポジウムを構想できましたのは，すでに，2004年8月に大阪外国語大学中国文化フォーラムとして内モンゴル大学との共催で，国際シンポジウムを開催したことがひとつの基盤となっています。また，今回南開大学での魏宏運教授との邂逅のなかで，遠く四半世紀前の1982年夏の中国社会科学院経済史研究所，南開大学歴史系，上海社会科学院との国際学術交流体験も思い出され，芝池靖夫大阪外国語大学教授，伊原沢周大阪外国語大学教授，池田誠立命館大学教授，松野昭二立命館大学教授の先駆的役割が語られたこと，改めて諸先生のご尽力のうえに今があることを再認識したしだいです。今後ますます若き世代のグローバルな知のネットワーク構築が重要となることを痛感し，1997年以来の大阪外

国語大学中国文化フォーラムが，大阪大学という新たな知の空間で発展をとげられることを祈念するものです。

　と同時に，南開大学魏宏運教授をはじめ，3大学1学会共催のシンポジウム開催を周到に準備いただいた歴史学院副院長江沛教授，李喜所教授，また東華大学歴史学系の張力教授，許育銘教授，さらに大阪外国語大学の田中仁教授，許衛東教授，宮原曉教授，堤一昭教授，山田康博教授，および静岡県立大学の五島文雄教授，大阪大学の秋田茂教授のご尽力に深謝申しあげますとともに，参加し報告し討論された「後生」諸兄姉に厚く御礼申しあげるしだいです。

　最後に，本書の出版をお引き受けいただきました汲古書院・石坂叡志社長，および本書の編集にご助言をいただいた編集部の小林淳氏，ならびに本書の編集委員会（許衛東，加藤弘之，日野みどり，上田貴子，田淵陽子，小都晶子の各委員）に心から御礼申しあげます。

　　　2008年1月11日

　　　　　　　　　　　　　　　　　　　　　　　　編者を代表して
　　　　　　　　　　　　　　　　　　　　　　　　　西村　成雄

序　論

田　中　　仁

I.

　野澤豊編『日本の中華民国史研究』（汲古書院，1995年）の出版に見られるように，中華民国史研究は，わが国の中国近現代史研究における重要な研究領域として認知され，1980年代以来，我々はこの分野における多くの研究蓄積を有している。久保亨編著『1949年前後の中国』（汲古書院，2006年）はこうした諸研究の到達点のひとつを示すものである。同書の総論「1949年革命の歴史的位置」において，久保は，1949年の「連続・非連続を考える4つの視角」として，①帝国としての中国，②近代国民国家としての中国，③一党独裁と社会主義を掲げた中国，④帝国・国民国家・社会主義を超えて，を提示している。この提起は中華民国史研究を中国革命との関連でどのように総括するのかという課題設定にほかならない。同年，若い研究者向けの手引書として出版された飯島渉・田中比呂志編『21世紀の中国近現代史研究を求めて』（研文出版）において，執筆者に共通している論点は，かつての革命史観の脱却は何を意味するのかという問題とともに，中国における「伝統」と「近代」をどのように捉えるのかという問題である。同書における，①「近代」と「伝統」の関係を相互嵌入的・相互浸透的でしばしば並存する二者択一的関係ではない関係として把握したうえで，非西欧社会の近代化のひとつとして中国のそれを定置する（深町英夫）；②「近代化」現象を全世界の類似性の増加傾向（グローバルな斉一化）と捉える（吉澤誠一郎），という提起は重要である。

　西村成雄『20世紀中国の政治空間：「中華民族的国民国家」の凝集力』（青木書店，2004年）は，20世紀中国政治を「中華民族的国民国家」凝集過程の5

段階として区分し，訓政制度（政党国家体制）の政治的正統性とその継承性変動に注目しながら，それぞれの段階の国際的国内的諸条件と政治体制論の相互関係をすることによって，トータルな20世紀中国政治史像を提示した。同書において，西村は，20世紀中国政治史を国家－社会関係におけるスパイラルな展開過程と捉えたうえで（「社会による国家への総括過程」と「国家による社会への総括過程」），20世紀中国政治史の諸相を「政治的制度化」と「社会的統合」によって定置している。こうした構図をふまえて，本書は，20世紀前半の中国の制度変容と東アジアの地域秩序に関わる16篇の論文によって構成されている。

Ⅱ.

「第1部」は近代中国における制度変容とそれにともなう社会的凝集力のあり方をめぐる10篇の論文を収録する。

江沛「清末中国における鉄道システムの制度化論争」（Ⅰ-1，第1部の1，以下同じ）は，19世紀なかばから20世紀初頭における鉄道を中心とする近代交通システムの導入とその制度化過程をめぐる論争を，中国における伝統と近代との「相克と共生の過程」として考察するとともに，この過程が地域経済の発展と政治的凝集力・アイデンティティの形成に対して極めて重要な役割を果たしたとする。

王先明「制度的変遷と紳民矛盾の激化：20世紀の『革命ディスコース』と郷紳層」（Ⅰ-2）は，①20世紀初めの制度変遷とりわけ「新政」と科挙廃止は，伝統社会における官・紳・民の権力抑制的均衡関係の解体と地方の権力資源を独占する士紳－権紳層の形成をもたらした；②辛亥革命は地方権力構造に実質的な変化をもたらさなかった；③文化的・社会的要因を背景とする郷紳権力の無秩序な拡大による社会矛盾の顕在化は，彼らを「劣紳」として打倒対象とする革命ディスコースを1920年代に定着させることになった，と述べる。

夏井春喜「文書史料からみた中国近代江南の地主経営」（Ⅰ-3）は，近代中国の最先進地域であり地主制が租桟地主として特異な様相を有していた江南（蘇州）の地主経営の実態について，太平天国後から中華人民共和国成立にいたる約

1世紀の軌跡を概括する。すなわち，①太平天国鎮圧後，蘇州に帰還し地主－小作関係の秩序回復に迫られた郷紳らによって租桟（小作料徴収機関）の組織化が図られ，その政治力を用いて官の公権力を収租に介入させることが一般化した。また折価（貨幣による納租）の一般化によって，農民は上海を頂点とする交易網に組み込まれることになった。②1912年から28年までの民国前期における蘇州の地主経営は，税負担の相対的低下によって相対的に安定していた。有力租桟の郷紳を中心に組織された同業組合＝田業会は地域社会における一定の「公共」的機能を有するとともに，彼らは実業新興・ナショナリズムの担い手でもあった。③国民政府時期，租桟経営は確実に悪化し，もはや租桟単独で佃戸を掌握して収租税することはできなくなっていた。④日中戦争期から内戦期，官が田賦を佃戸から直接徴収するにいたって，蘇州の地主は地主「経営」を行わない中間搾取的存在となった。

周太平「清朝末期のモンゴル社会経済情勢と漢人旅蒙商」（Ⅰ-4）は，①清朝によるモンゴル統治は，漢人社会との切断を前提とする「旗」制度の導入，およびチベット仏教の浸透を背景とする「ハラーシラ封建体制」として確立した；②清朝モンゴル社会は，漢人旅蒙商の活動によるモンゴル遊牧経済の変容・解体と内モンゴルにおける漢人の入植＝草原の破壊（農地化）が進んだ；③ロシア・日本の進出に対抗して清朝がとった実辺政策は，漢人商業資本のモンゴル社会への大量流入を生むとともに，モンゴル族と漢族との緊張関係を激化させた；④辛亥革命を契機とする外モンゴルの政治的・経済的自立への展開は，東アジア政治空間の新たな配置を出現させた，とする。

このように，江論文（Ⅰ-1）は鉄道システムという社会制度の導入・定着過程を，王論文（Ⅰ-2）は新政と科挙廃止という政治的制度変遷を，また夏井論文（Ⅰ-3）は近代江南の経済制度である租桟をそれぞれの考察対象にすることによって，近代世界と遭遇した初発段階の中国政治・社会を復元するとともに，近代中国における郷紳層と地主制の軌跡を描きだしている。また辛亥革命という政治体制の転換は，郷紳層を担い手とする地方の権力構造に実質的変化をもたらさなかったが（Ⅰ-2），同時期のモンゴル地域の動向はそれが東アジア政治空間における新たな配置を出現させるものであった（Ⅰ-4）。さらに王論文と夏井論文がともに

1949年中国革命の位置づけ（革命の打倒対象としての「劣紳」，土地改革）を念頭に置いた論述であることに留意しておきたい。

1920年代の張作霖・張学良政権は，中国東北地域を支配するとともに，地域主義的傾向を保持しつつ中国本部との政治的統合を志向していた。上田貴子「1920年代奉天紡紗廠と東北経済圏の自立性」（Ⅰ-5）は，1923年に設立された東北最初の近代的紡績工場・奉天紡紗廠の実態を解明することによって，満洲事変前東北経済の相対的自立性について検討する。すなわち，①同廠の企業経営（資本募集，原料調達，販路確保）は行政当局の支援を得て黒字経営を実現するとともに，東北地域における広範囲な市場を確保した；②「満洲国」の産業計画は張氏政権期の奉天紡紗廠を中心とする綿業構造を継承し，またそのことによって一部の在地有力者を取り込むことに成功した。

西村成雄「1930年『中原大戦』と東北・華北地域政治の新展開」（Ⅰ-6）は，中原大戦によって管轄地域を華北地域に拡大した東北政務委員会の行財政政策の展開過程を東北区財政会議を素材として再構成し，①この委員会は，体内的には各省からのさまざまな要求を吸収する機能を果たしつつ，対外的（対中央政府）には各省利害を代表する機能を果たしていた（中間媒介的機能）；②この機能によって，東北政務委員会は東北・華北地域をゆるやかな政治制度としてひとつのまとまりを生み出しうるものであった；③このことは，満洲事変以降における「流亡東北人」ディアスポラ・ナショナリズムとしての凝集力と，東北問題というリージョナルイシューをナショナルイシューとして再構成する起動力を供給することになった，とする。

上記の上田論文（Ⅰ-5）と西村論文（Ⅰ-6）が扱っているのは，中国東北地域という数省を包括する地域にかかわる経済制度・政治制度の問題であり，地域を包括する権力（張氏政権）のもとでの政治・経済・社会の各領域における凝集力の確認と，それが国民国家レベルの諸課題とどのような接合点を有するのかが問題とされている。なお，西村論文は，中央集権的国民国家形成にとっての1段階を明示するものとしての「政務委員会モデル」を提示し，東北政務委員会が1920年代を通じた資本主義発展を基盤として準備され，なおかつ地域的政治共同体としての制度化でもあったと述べている。この指摘は，同時期の中国政治における

たとえば西南政務委員会の実態解明に資するのみならず，中華人民共和国初期における大行政区＝軍政委員会との比較検討もまた重要な研究課題であろう。

　貴志俊彦「日中戦争前期上海の印刷業界の苦悩と希求：『芸文印刷月刊』（1937〜1940）を通じて」（Ⅰ-7）は，近代中国における印刷業の中心地であった上海で1937年1月から1940年7月まで発行されていた業界誌『芸文印刷月刊』を素材として，戦時下上海の印刷業界をめぐるトピックに考察を加えている。上海の印刷業は，在外依存型産業部門で1920年代の好況に支えられて急速な隆盛を迎えたが，戦時期，外国からの輸入が困難となると経営が逼迫し衰退せざるを得なかった。その後の「技術移転」は大後方や延安のみならず海外の華僑出版業にまで及んだこと，またその指導的立場にあった人々の活動は人民共和国成立後にまで継承されていったとする。

　田中仁「日中戦争前期における中国共産党の党軍関係について：中共党史研究再考」（Ⅰ-8）は，年譜・組織史資料・電報類を整理・分析することによって，1938年10月から1941年1月までの800日における中共権力中枢における党軍関係の特質を析出する。すなわち，①権力中枢における「同志」的関係を前提として，政治局の意思は延安在住の政治局員の総意をもって示され，それが党文書における「中央」ということばに表された；②軍事委員会の多くの委員は前線におり，委員会の意思は延安在住の毛沢東・王稼祥（朱徳）によって決定された，とする。

　貴志論文（Ⅰ-7）と田中論文（Ⅰ-8）は，いずれも日中全面戦争前期を考察の対象としている。B. アンダーソンの「印刷資本主義」が指摘するように，コミュニケーション・テクノロジーとしての印刷メディアが，国民国家が必要とする社会的凝集力の形成と強化に果たす役割は大きい。印刷メディアの一翼を担う印刷業の実態解明は，その共時的・通時的波及性の確認とともに近代中国の歴史像を検討するうえで重要な意味を有している。レーニン主義的革命政党・中国共産党は，中国国民党とともに，20世紀の中国政治制度を決定づけた政党である。中共内での党員間のあるべき関係としての「同志」的関係について検討することは，中国政治の20世紀第3四半世紀から第4四半世紀への展開を概括する基礎作業として有意なものであろう。

島田美和「顧頡剛の『疆域』概念」（Ⅰ-9）は，歴史学者・顧頡剛が日中全面戦争期に提起した「中華民族」概念について，学術と政治の相互連関性という観点から考察する。すなわち，①顧の「中華民族」概念は「抗日」感情による一体化をふまえたものであり，それは非漢族地域を中国の「疆域」内に包摂する融合的民族論という特質を有していた；②その主張は国民政府（蒋介石）の「国族」（宗族的）論との親和性を有しており，彼は政府による辺疆政策と連携する学術団体・中国辺疆学会の設立に対して主導的役割を果たした，とする。

堤一昭「蒙元時代における『中国』の拡大と正統性の多元化」（Ⅰ-10）は，13～14世紀のモンゴル帝国・元朝時期（蒙元時代），「中国」という地理概念が大きく拡大するとともに君主および支配の正統性を示す原理が多様化したとして，①漢文化人，②モンゴル，③チベット，④イスラーム教徒それぞれの正統性原理と「中国」認識を提示することによって，正統な「皇帝」の支配する地域は「中国」であるという漢文化人の観念が，モンゴル・チベット・イスラーム教徒たちに共有されていたわけではなかったことを明らかにする。

以上のように，島田論文（Ⅰ-9）は，日中全面戦争期における辺疆研究に関する文化制度としての中国辺疆学会を提示することによって，顧頡剛の「中華民族」論を学術史と政治史とが交叉する地点におき，なおかつ中国社会における社会的凝集力の質を検出しうる論述となっている。顧の民族論は堤論文（Ⅰ-10）が提示する蒙元時代の漢文化人のそれを継承したものであったが，蒙元時代における支配の正統性と「中国」認識の多様性という論点は，中華民国期のみならず，現在の中国認識に関わる重要な論点である。それらは，周論文（Ⅰ-4）や後述の田淵論文（Ⅱ-4）が示すように，20世紀の各段階における周辺地域（たとえばモンゴル）において，漢文化人の系譜とは異なるアイデンティティ形成の可能性を担保するであろう。

Ⅲ．

「第2部」は，アジア太平洋戦争に起因する東アジア地域秩序の再編に関わる6編の論文を収録する。日清戦争から日露戦争を経て朝鮮併合と辛亥革命にいた

る過程で形成された東アジアにおける日本の覇権は，1945年夏の敗戦によって喪失する。周知のように，これに代わる新秩序は同年2月のヤルタ協定が想定した構想として現実化したのではなく，中国での国共内戦と中華人民共和国の成立，朝鮮戦争とそれに起因する中台分断，およびサンフランシスコ講和条約・日米安保条約とその後の日「華」条約の締結に至って，1950年代前半期に東西冷戦下の新秩序として構造化されることになった。

　第2次世界大戦をはさんだ1930～50年代のアジア国際経済秩序を連続性の観点から再考した秋田茂「1930～50年代のアジア国際経済秩序」（Ⅱ-1）は，①1930年代，「構造的権力」であったイギリスは，自由貿易原理に支えられた開放性を維持しながらアジア間貿易の発展を促進した；②第2次大戦後，「構造的権力」イギリスの経済的影響力は依然として有効であり，1950年代にはスターリング圏と日本の経済復興を背景として1930年代に形成されたアジア国際秩序が復活する（スターリング圏と東アジア地域の戦後経済復興・経済開発は緊密に結びついていた），と述べる。この相対的な衰退期のヘゲモニー国家イギリスのプレゼンスを「構造的権力」と捉え，その特質を国際金融におけるスターリング圏の重要性とする秋田の論点は，東アジア地域秩序をグローバルな視点から捉えなおす視角を提示している点で貴重である。

　小都晶子「『満洲国』初期における日本人移民用地の取得と中国東北地域社会：『三江省』樺川県を事例として」（Ⅱ-2）は，これまで移民用地収奪の典型例，あるいは中共の抗日運動・抗日民族統一戦線への契機とされてきた1934年の土龍山事件が起こった樺川県を事例として，「満洲国」が地域社会の利害にいかなる対応をとったのかを検証する。すなわち，日本人移民の入植は，既存の社会的利害を維持しそれに依存するかたちによってのみ可能であった，換言すれば，移民の負担を前提とし，彼らを既存の社会構造のなかに編入することによって，地域社会との間で「一種の共存関係」が生じたとする。

　臧運祜「日中戦争中後期における日本の『重慶工作』について」（Ⅱ-3）は，日本側諸文献を丹念に読み解くなかで，①1940～45年，日本が重慶国民政府に対して掲げた「和平」実現のための条件には，中国の「満洲国」承認（あるいは現状維持），および日本軍の中国駐留（あるいは和平実現後の撤退）という点で

一貫していた；②汪兆銘傀儡政府を承認しているという状況下において行われた「重慶工作」の実体は，重慶国民政府を南京傀儡政権と同等のものとし，戦わずして降伏させるという目的を達成しようとするものであった，と述べる。

このように，小都論文（Ⅱ-2）が提示する日本人移民の地域社会との共存関係は，上田論文（Ⅰ-5）における「満洲国」産業計画の張氏政権下の綿業構造との継承性と相通じる論点を有している。地域社会有力者が「満洲国」に組み込まれ，その統治に「協力」するという局面を不可避的に生じさせることになる。問題は，戦後の「語り」において彼らの多くが「漢奸」として処断され，さらにこうした評価が革命史の枠組みのなかで確乎たる動かし難いものとして定着したことにある。こうした枠組みと緊張感をもちつつ，新資料の公開というあらたな条件のなかで当時の実態を復元する作業が重要であることは臧論文（Ⅱ-3）にも当てはまる。

田淵陽子「内モンゴル人民共和国臨時政府の樹立と崩壊（1945年9～10月）」（Ⅱ-4）は，モンゴル国アルヒーヴ・ラムジャヴ報告書に依拠して1945年9月に西部内モンゴル地区で樹立され，翌月中共に吸収された「内モンゴル人民共和国臨時政府」の実態を復元している。すなわち，「内モンゴル人民共和国臨時政府」は，ソ連・モンゴル連合軍の政府内モンゴル戦略と在地ナショナリストの戦略が重なり合い樹立された政権であり，中ソ友好同盟条約に基づくモンゴル人民共和国公民投票実施日の確定と西部内モンゴルをめぐるソ連・中共間の合意とのもとでモンゴル人民共和国の指導者・チョイバルサンの対内モンゴル政策が転換し，臨時政府は中共によって吸収されるに至ったとする。

許育銘「1940～50年代国民政府の琉球政策：戦後処理と地政学の枠組みの中で」（Ⅱ-5）は，1940年代後半期における中華民国政府の対沖縄政策を，戦後処理および地政学的視点から考察する。東アジアにおける沖縄（琉球）の地政学的重要性，かつて沖縄が中国と朝貢関係にあったこと，1879年琉球処分によって日本に編入されたことを背景として，①中華民国政府にとって対日講和における沖縄の処遇が極めてデリケートな問題であり，同時にそれは米中関係とリンクする問題でもあったこと；②国民党は在台湾沖縄出身者による「琉球革命同志会」を扶植しようとしたこと；③内戦敗北という構図のなかで中華民国の対沖縄政策

が再定置されたこと，が述べられる。

　坂井田夕起子「玄奘三蔵はなぜ日本にやって来たのか？：遺骨略奪説とその歴史的含意」（Ⅱ-6）は，日本にある玄奘三蔵の遺骨をめぐる中国・台湾・日本における「略奪」言説，および遺骨問題に関する諸言説の錯綜について，新聞報道中心とする関連資料を丹念に整理することによってその経緯を解明するとともに，この問題が，①汪兆銘政権による日本分骨が戦後の「傀儡政権」評価と連動する性格を有していた；② 冷戦構造下の台湾分骨問題は，中台仏教界の対立と日本仏教界の分裂をもたらした；③2005年の中国での反日デモにおいて「略奪」言説が登場した，ことを指摘する。

　以上,田淵論文（Ⅱ-4），許論文（Ⅱ-5）および坂井田論文（Ⅱ-6）が考察対象としているのは，いずれも東アジア地域秩序が日本植民地帝国解体から冷戦期の新たな構造として構造化されるまでの言わば過渡期である。同時に，これらが言及している民族問題，中台問題，戦争責任問題は，冷戦崩壊後の今日，我々が新たな東アジアの地域秩序を構築していく上で避けて通ることのできない重要課題でもある。とすれば，21世紀という今日的視点から，これらの諸課題を考察することは極めて大きな意味を有するであろう。

　本書は，制度変容および東アジアの地域秩序という視角から，新たな中華民国史像を紡ぎ上げるうえで検討に値すると考えるいくつかの論点の提示をめざしている。それぞれの論文が提示する論点は多岐にわたっており，また執筆者のあいだに明確な問題関心の共有があるわけでは必ずしもないが，本書が中華民国史研究に対して幾ばくかの刺激を与えることができることを期待したいと思う。

第1部
制度変容と社会的凝集力

1927年4月20日　国民政府，南京を首都とする
(李雲漢『中国国民党史述』第2編，中国国民党中央委員会党史委員会，1994年)

1　清末中国における鉄道システムの制度化論争

江　沛（綿田弥生訳）

はじめに

　世界が工業化時代に入った後，製造業の急速な発展によりめざましい成長を遂げた現代経済は，同時に交通システムの高速・大容量化と低コスト化に対する高い需要をもたらした。また両者は互いに影響を及ぼしあいながら，現代経済の持続的発展，および伝統社会から現代社会への転換を促してきた。19 世紀には資本主義諸国が 1870 年頃から相次ぎ鉄道や港湾を主とする交通システムを建設し，現代経済を推進させる重要な手段・ツールとしたのである。

　中国では鉄道が伝えられた 1830～40 年代以降，鉄道というひとつの制度の導入の賛否について論争が長期間続いた。1875 年，英国企業が敷設した呉淞鉄道を清の官吏と商人が買い取り，その後取り壊した事件が論議を呼んだ。また 1880 ～81 年には，台湾巡撫の劉銘伝が京清鉄道（清は清江浦，現在の江蘇省淮安市）の補修を提議した際には清政府高官が猛反対した。1882 年は，唐胥鉄道で使用する機関車が「風水を乱す」として清朝政府が運行を数ヶ月間禁止した。このほか 1889 年初め，津通鉄道（通は通州，現在の北京市通州区）の建設計画が反対に遭い中止に追い込まれた。

　しかし日清戦争（中日甲午戦争）後は，経済発展と国防の点から鉄道建設の必要性を認める方向へと徐々に政府側の認識が統一されていった。鉄道に対する民間の論議対象は具体的な利益や風俗問題であり，鉄道建設の大きな障害とはならなかった。鉄道建設にからむこうした論争には，外来文明の象徴としての鉄道に対する知識層と民衆の無知・排斥，段階的に認識を深めてゆくプロセスが含まれているほか，鉄道の導入によって国家主権を維持しようとする政治家の「師夷長

技以制夷（外国の優れた技術を以って外国を制する）」という思惑に満ちている。また鉄道への無理解・敵対視は，鉄道の輸送能力によって地元の自然経済や民俗習慣，固有グループの利益が打撃を受けたことにも原因があることを一連の議論は示していた。加えて鉄道建設の背後にある中国・西洋諸国間の国家利益をめぐる争いも，明確に見て取れるのである。

　本稿では，鉄道を中心とする現代交通システムと中国伝統社会との間で生じた，異なる利益・観念をめぐる衝突と協調について考察する。また異なる2つの文化が遭遇した際に見受けられる興味深い相克・共生の過程を考察する中で，中国近代史の複雑性・特殊性に配慮しつつ，伝統経済の現代化過程における，交通システムの制度的導入の役割を明らかにする。

Ⅰ．無知・疑念とイデオロギー変革の交錯

　李国祁氏の研究によると，鉄道に関する知識は1830〜40年代に中国に伝わった。1840年初期にドイツ人宣教師のギュツラフ（Karl Gützlaff）は自著『貿易通志』の中で，蒸気機関車の原理と，イギリスにおける鉄道発展の様子を簡単に紹介し「中国も鉄道建設を学ぶべきだ」と著した［李：5-6］。その後，林則徐が関係者に翻訳させたマレイ（Hugh Murray）著'Cyclopedia of Geography'（中国語題『四洲志』）や徐継畬の著書で，鉄道の起源は通説上米国であるとされた［徐：239］。尹鉄と朱従兵の見方もほぼ一致している［尹：21；朱：27-28］。当時，英・米国における鉄道運営の歴史は10年あまりに過ぎず，ドイツでも創業からわずか3，4年しか経っていなかった。中国はというと，鉄道に関する知識はほぼ同程度だったが，鉄道が有する政治的・経済的・軍事的な価値を理解していない状態であった。

　1840年〜1860年代にかけ中国は列強諸国からの侵略を受け続け，諸外国と戦火を交えるたびに「中国人の外国人に対する敵意が強まっていった」。イギリス人のケント（Percy Horace Kent）は当時の状況を，「中国政府の態度には，外国への強烈な排他的感情が見受けられる。清朝官僚はミチー（Alexander Michie）の言う『いかなる犠牲を払ってでも外国人を追い払うというゆるぎない政策』を

強く支持している」と叙述した［肯徳：6］。この期間，鉄道は現代文明のシンボル的な存在であるにもかかわらず，西洋から出たものだという理由から中国ではほとんど理解されず，懐疑的に見られていた。この頃外国人が認可を求めた鉄道建設計画は，清朝側にことごとく撥ねつけられている。例としては，イギリス人メイヤー（W. F. Mayer）が貨物輸送のために広東省で江西鉄道の建設を申請したケースや，同国人ブラウン（John Mcleary Brown）が北京の斉堂炭鉱で鉱脈探査を行った際に生産コスト削減の観点から鉄道建設を建議したケースなどがあった。また1863年7月，上海に進出している英国を中心とした27の外国企業が連名で上海・蘇州間の鉄道建設許可を求めたものの，当時江蘇巡撫だった李鴻章は多数の英国企業による共同申請に対し商業目的以外の動機を疑い，総理各国事務衙門（外交担当機関）に同申請を強く拒否するよう指示した［海防档甲：354］。

とりわけイギリス人エンジニアであるステフェンソン（Sir Macdonald Stephenson）の鉄道建設計画には，鉄道事業に比較的理解のあった劉銘伝・台湾巡撫や洋務思想に傾倒していた郭嵩燾でさえ疑念を抱き，反対している［李：13；近代鉄路史資料：7］。ステフェンソンはジャーディン・マセソン商会（Jardine Matheson & Company）の招聘を受けインドで最初の鉄道の設計に携わった経歴を持ち，1864年に清国を訪問した。その時，中国内外の企業家への聞き取りを行った後，総合鉄道計画を清朝政府に提出した。それは華中地域の商業中心地である漢口を起点とし，東は上海，西は四川省・雲南省を経由してインドまでを結ぶ長距離鉄道に加え，揚子江流域の幹線鉄道として鎮江から北京までの路線（天津経由），および漢口から広州に向かう路線を敷設する計画で，中国の重要な商業港湾都市4ヶ所を鉄道で繋ぐというものだった。なおステフェンソンはこのほか，上海・寧波間，福州と内陸部を結ぶ路線の建設も提案したとされている［肯徳：7］。

こうしたなかで，中国人の鉄道に対する認識も改められつつあった。1865～1868年の英・中間の交渉において，イギリス人外交官で清の総税務司だったハート（Robert Hart）や駐中国公使のウェード（Thomas F. Wade）等複数の英国関係者が清朝政府に鉄道建設を促した。同政府は地方高官の意見を広く募った結果，英国側のこの提案を無視するわけにはいかなくなった。同治末年には，外国との接触が徐々に増える中，出洋大臣が海外視察で実際に見聞きした情報にもとづき，

政府内で鉄道の有する政治的・経済的・軍事的価値に気づき，建設を支持する高官が出てきた。1866年3月5日，前述のウェード公使が清に提出した『新議略論』の中で鉄道建設を推奨した際，総理各国事務衙門は同氏の指摘を認め，その提案書を各省幹部や南北通商大臣にも転送し，内容を精読するよう通知している［籌辦夷務始末 a：3768］。また1877年5月23日，ロンドンに派遣されていた郭嵩燾は李鴻章に書簡で，汽車の利便性について「イギリスの富強は実に鉄道による」と述べ［近代鉄路史資料：7］，早期に鉄道建設に着手すべきだと訴えた。ただし李鴻章はこれに対し，1874（同治13）年に建設を提案したものの宮中での反対勢力は極めて強いと回答し，実現困難な状況を伝えている。また1878年には，出使大臣の薛福成が『創開中国鉄路議』の中で，鉄道は商業・輸送・軍事等の点でメリットがあり，建設を行わなければ中国の富強は達成できないと主張した［交通史路政篇 a：14-15］。しかし当時はこうした肯定的な見方はごく少数にとどまり，中国人の鉄道に対する認識は依然，疑念と排外思想に支配されていたことから，国内で建設に向けた具体的な進展は見られなかった［李：11］。

　清末期に鉄道建設に反対した高官や知識人，民衆の多くは鉄道の機能を理解せず，想像のみで恣意的に反対を唱えていた。1880年12月，内閣大学士の張家驤は京清鉄道の建設にこう反対している。清江浦から北京までの1000里余りの区間には現在官道が通っており，非常に速度のある鉄道を官道と平行して建設した場合，相互に利害対立が生じる上，民間の田畑・家屋・墳墓・橋梁等に危険をもたらす。またたとえ官道と平行しない形で建設するとしてとも，線路を敷設するには莫大な費用がかかる――［交通史路政篇 b：21］。彼は，鉄道が必然的に官道との競合状態を作り出したり，列車事故を不可避的に起こしたりするわけではないことを認識してはいなかった。保守的な立場から建設反対を唱えた例もある。通政司参議の劉錫鴻は，ドイツに派遣された時に自ら鉄道乗車を経験していながら，報告書の中で中国での鉄道建設が不可能な理由を8つ，無益であることの理由を8つ，有害であることの理由を9つ挙げて，「汽車は西洋の利器であり，中国が模倣できるものでは断じてない」と否定的な認識を示した［交通史路政篇 c：29-32］。また戸部給事中の洪良品が「鉄道事業は中国で前例がなく，不測の事態が起きれば誰が責任を取るのか」［洋務運動 a：210］と述べたほか，礼部尚書の

奎潤ら23名も「鉄道は国体と民心に関係するものであるため、たとえ利益が多く弊害が少ないものであっても建設は行うべきではない」と上奏した［洋務運動 b：211］。

　他方、1880年12月31日、北洋大臣だった李鴻章は張家驤の主張に対し以下のように反論した。日本は鉄道建設により国力強化を図り、ロシアは鉄道で国防を固めている。中国も鉄道を建設し南北の往復がスムーズとなることで、軍隊の移動や食糧輸送が迅速に行われ、工鉱業が発展し、国内旅行の便も向上すると思われる。このことから鉄道建設が民間企業や国民生活に悪影響を与えることはない──［交通史路政篇d：22-24］。また張家驤が主張する公道との競合等の問題についても、李鴻章は別の上奏文の中で合理的な反論を展開し、張を「蒙昧無知」と厳しい口調で批判した［交通史路政篇e：26-27］。このほか1885年6月、左宗棠も清江浦・通州間の鉄道建設を行い南北交通の要とすべきだと訴えている［交通史路政篇e：38］。

　なお1885年に、李鴻章は創設された海軍衙門の創設・指揮を命じられる。翌年には鉄道事務を海軍衙門の管轄下に置くことが認められ、津沽・津通鉄道の建設は海軍がとり行うこととなった。そして1888年10月、唐山・天津間の鉄道が開通した。汽車の試験運転には北洋大臣である李鴻章が自ら政府官僚を率いて立ち会ったとされる。鉄道輸送が彼に与えた衝撃は上奏文の中で明確に表われている。「天津から唐山までの260里が一刻半で結ばれ、便利なこと船舶の及ぶところではない。機関車1台で3、40両の貨物車両を牽引することができ、往復は簡便・迅速である。また輸送に関わる権利を中国人が掌握することは国防面でも大変重要だ。今後、商業貿易の発展は場所を選ばなくなり、不毛の土地でも経済の中心地になりうる。今日、鉄道事業へのてこ入れは自力での国力増強（自強）を目指す上で最も切迫した課題である」［海防档戌a：40］。

　1888年11月、李鴻章は続けて天津と北京通州を結ぶ津通鉄道の建設認可を取得した。しかし多くの高官がこぞって反対し論戦が繰り広げられた。1889年1月、御史の余聯沅は船舶・馬車、農地、国体、風俗、国庫に「害を与える」として直ちに建設計画を取りやめるよう求めた。同じく御史の屠仁守と呉兆泰も、建設は地の利に応じて行うべきで、北京に近い通州に鉄道を走らせるべきではない

と反対した。このほか建設中止を主張した政府高官は以下の通りであった。御史の張炳琳，林歩青と給事中の洪良品（鉄道が開通すれば首都近辺の防御を失う），御史・徐会澧ら6名（山東徳州・済寧間を南北に結ぶ河川運輸の建設は計画を変更すべき），尚書の翁同龢と孫家鼐（鉄道は僻地で試験的に走らせる分には構わないが，人口の多い中心地で運行すべきではない），礼部尚書の奎潤ら28名（鉄道事業を手がけた先人はこれまでいないため，たとえ利益が弊害を上回っていたとしても直ちに建設を中止すべき），内閣学士の文治（鉄道建設に関する6つの害悪を列挙し，計画中止の命令を下し二度と臣下が鉄道について口にしないようにすべき），大学士の思承，尚書の徐桐，侍郎の孫毓汶など［交通史路政篇：47］。

　数日の間でこれほど多くの高官が鉄道建設に反対する上奏文を提出していることからも，当時の宮廷重臣の多くが鉄道の首都乗り入れに関する知識がないまま，疑念を募らせていたことが分かる。李鴻章はこれらの反対勢力に対し理をもって説得した。反対派が「鉄道は企業の利益にはなるが国民の利益にはならない」と主張し，鉄道開通によって国民が失業や土地家屋の破壊，墳墓移転などの不利益を被るとしたことに対し，李鴻章は逐一反論を展開した。上記高官の反対意見を李は「似是而非之論（それらしく聞こえるが事実ではない議論）」と批判した［交通史路政篇 f：48-56］。西太后は各省大臣に聞き取りを行わせたが，鉄道建設を支持する者は少なかった。両広総督の張之洞はこれを受け，津通鉄道の建設を一時見合わせ芦漢鉄道の建設に切り替えるよう進言した。ただし鉄道に対し進歩的な見方をしていた張之洞は，鉄道建設は農作物の輸出や機械類の輸入を可能にし，輸送費や厘金（通過税）の削減にもつながるとして，経済発展における鉄道の大きなメリットを認めていた。張はこれとは別に，京漢路線を4区間に分けて施工，8年で竣工させるという具体的な鉄道計画も提出した。資金調達の方法についても株式発行や担保融資，大臣の寄付金等を挙げ，建材には山西省の鉄を使うことを提案した［張之洞：485-489］。何漢威は張之洞が自国の経済利益を念頭に国内での資金・原料調達を企画していたことについて，「中国人の鉄道に対する認識が進歩した」と評価している［何：5-6］。

II．列強への規制と国権保護

　1860年代中期から1880年代にかけ，国民の鉄道に対する無知・疑念がようやく薄れはじめる。この時期の鉄道をめぐる論争は，どのように列強諸国の利益収奪を規制し，国権を守るかという点に議論が移り，近代中国における鉄道認識史上で最初の進歩が見られた。

　1863年7月20日，上海に進出している英国企業27社が，連名で江蘇巡撫の李鴻章に「上海・蘇州間における鉄道建設の特許権」を申請した。しかし李鴻章は，鉄道事業は中国人自らが手がけるべきで，外国人を多く雇用することに反対する意向を明らかにした。建設にともない土地が広範囲に接収されれば民衆の強い反発を招きかねず，外国人による鉄道の利権要求を断固拒絶するとした［肯徳：4］。また1865年2月12日，総理各国事務衙門は各地将軍・提督に対し，鉄道建設は国防上重要な天然の障壁を破壊し大勢に影響を与える恐れがあるため，外国人による電信・鉄道事業の営業申請は強く拒否するよう通達を出した［海防档丁：5］。

　他の中央官僚の意見もほぼ同様であった。1866年4月27日，三口通商大臣の崇厚は，鉄道は国民を混乱させるとして建設に反対し，同5月23日，大学士・湖広総督の官文は列強による鉄道建設の認可要請について，鉄道と汽船を組み合わせることで中国からさらに多くの利益を搾取する目的があるとした。同5月29日，江西巡撫の劉坤一は列車と蒸気船を結合させれば通信が従来と比べ物にならないほど容易になるが，中国は無防備な状態に晒されると述べ，鉄道建設に強硬に反対した［籌辦夷務始末bcd：3877，3905，3909］。同11月27日，浙江巡撫の馬新貽は，列強は鉄道を通じて中国を制御し，国民を恐怖で支配しようとしている，と述べた［籌辦夷務始末e：4373-4374］。

　これら中央政府高官の反対意見には2つの懸念が示されている。ひとつは鉄道建設が外国勢力の侵入を助長し国防上重要な自然の防壁が破壊されるというもの，もうひとつは鉄道事業の振興で中国がさらに諸外国より立ち遅れてしまうというものだった。当時の時代的特性に照らせばこうした危惧には一定の合理性があったが，やはり鉄道に対する正確な理解が欠如していたと言わざるを得ない。

鉄道建設には採算性が求められるものである。確かに中国が世界経済システムに組み入れられた当初，鉄道建設は列強にとって中国の資源を搾取し，市場を開拓するために有利な手段ではあったが，中国にとっても近代的経済と貿易網を形成し，国益拡大と国家・民族アイデンティティを確立する上で重要な意義があった。また鉄道建設なくして国内の外国勢力の拡大を抑えることも不可能であった。こうした多元的な思考は当時，宮廷の重臣達にほとんど理解されなかった。

　1880年代になると，政府高官の一部の鉄道に対する意識に変化が見られるようになってくる。曾紀澤は西洋諸国を8年にわたって視察した折，鉄道・汽船について「軍隊の移送や食糧輸送など商業・民生の諸々において非常に有益であり，国境警備や国民生活を脅かすおそれも全くない」と報告した［近代史資料選編：268］。しかし，中国での鉄道建設を推進するためには，保守的な王侯・諸大臣を説得する理由として，国防上急務であることを訴えなければならなかった。1887年3月18日，曾紀澤は奕譞とともに開平・塘沽間の鉄道敷設を上奏した際，国防上の有用性をこう説明している。「大沽・北塘から北に500里あまりは防衛の空白地帯であることから鉄道が開通すれば，緊急時には兵を朝に発たせ夕には配備することができ，またひとつの部隊を固定することなく多方面に出動・配置することも可能である。用兵のための費用節減にもつながる。北洋海軍が開平の石炭を必要とすれば半日で届けられる。外国との戦争が勃発しても，列車を回収し軌道を切断すれば敵に鉄道を利用されることはない」［近代史資料選編：268-270］。

　また鉄道に対し進んだ考えを持っていた台湾巡撫・劉銘伝は1887年5月，台湾での鉄道敷設を申請した際こう述べた。「台湾は南北に1000里あり，兵力をまんべんなく配置するのは難しい。鉄道があれば商業の発展に資するだけでなく，兵士の移動も迅速に行え海岸の警備にも有用である」［海防档戌b：20］。同年7月にも劉は，台湾では貨物の輸送が困難なことを挙げ「基隆から台南まで線路を敷けば，台湾全土の商業新興や沿岸防衛に大変有利である」と述べ建設許可を求めた。こうした主張がシンガポールやサイゴンの商人の投資意欲を動かし，公金を投入する必要はなかったとされる［海防档戌c：21］。上奏が認められた後，台北・基隆間の鉄道工事は順調に進み1891年秋に竣工・開通した。1893年には20マイル離れた新竹まで路線を延長した。しかし列強が台湾を大陸侵攻の足が

かりとすることを恐れた清政府が，台湾鉄道の建設に中止命令を出したため，鉄道計画の一環である基隆港の改修は取りやめとなった。建設が再開されるのは，1895年の日本による台湾割譲の後となる。

他方李鴻章は，北京への鉄道乗り入れを実現させる上で巧妙な戦略を展開していた。1890年，津通鉄道の建設を一旦中断するかわり，イギリス人エンジニアに満洲南部を調査させ，唐山・天津間の路線を中露国境付近にまで延長する計画を提出した。同計画は山海関から錦州，新民庁（現遼寧省新民市）を通り，寧古塔（現黒龍江省牡丹江市あたり）経由でロシア国境・図們江の琿春までをつなぐというものだった。さらに奉天（現遼寧省瀋陽市）から牛庄の港湾に至る支線を敷設することで，ロシアによる東北地方への勢力拡大を防ぐとした [肯徳：37-42]。中日甲午戦争（日清戦争）が勃発した当時，路線はまだ山海関の東40kmの地点を建設中で正式な開通には至っていなかった。戦後，李鴻章は同路線を北京西部・宛平県の盧溝橋まで延長とする案を奏上した。王侯貴族の反対を避けるため，路線延伸の目的を鉄道による汽船輸送への影響低減と説明したことで，提案は政府の承認を得た。

この頃，ロシアが鉄道建設を通じ中国での勢力を拡大しようとしていた。1898年にロシアはハルビン・旅順間の鉄道敷設権を取得後，翌年に工事を完了し，旅順港までの鉄道手段を手にした。またイギリスの銀行の支援のもと関内外線を奉天まで延長することに強く反対し，1899年にイギリスと協議を行い満洲および揚子江流域での各勢力範囲を定めた [肯徳：211-212]。ロシアはこのほか，関内外線のレール幅は満洲線のものより狭軌であったため，既設のレールの外側にもう1本のレールを敷き関内外線から北京への直接乗り入れを可能にする案を提示した。イギリス側はこのロシアの提案について，同路線をロシアが掌握すれば中国北方での同国の勢力が大幅に拡大し，ひいては清政府に影響力を持つ可能性があると明確に見通していた [肯徳：55-56]。なお同提案は技術上の問題で却下されている。こうしたことから，清朝官吏の鉄道建設への反対意見について考察する際，特定の歴史的環境とそれが守ろうとした国家利益に注意を払う必要があり，一様に「保守的」と切り捨てられないことが理解できよう。

1905年，国内の知識層や留学生の間で，清政府による粤漢線敷設権の買収を

求める「文明排外」運動が広がった。当時，国民は義和団式に鉄道を破壊するような狭隘な思想から脱却しつつあり，政府に高額で敷設権を買い戻すよう求めていた。馬陵合はこのことを系統的に解明している［馬：329-332］。広東・湖南・湖北各省の住民の「激しくいきり立った」世論に圧される形で，張之洞は代価を惜しまず敷設権の買戻しに当たった。その結果，粤漢線の権益を保有する米国企業への支払額は 675 万米ドルにも達した［近代鉄路史資料 1963b：772］。清側の担当官が交渉過程で，世論の重圧から対価について理性的な判断を下せなかったことは想像に難くない。

　1909 年 10 月，京張線（北京西直門～張家口）の開通に先立ち，同路線に接続する張綏線が着工された。張綏線は張家口から山西省帰綏（現フフホト市）までを結び，総延長距離は 180 マイル，収益性よりも国境防衛とモンゴル経済の発展を目的に建設された。清政府は建設推進にあたり，「中露関係が懸念される状態であるため 1 日として無駄にはできない」とした［陳：25-29］。日本も張綏線について，国防上の意義が経済的価値を大きく上回ると認識していた。「(鉄道が)中国を変法・自強に目覚めさせたのであり，外国からの刺激によるのではない。中国人は外国の侵略を非常に恐れたため，防御に勤しみ，鉄道を商業目的でなく国防目的で敷設した」。「これらの鉄道が運行するのは全て人口の少ない地域のため，運営費を支えるだけの収益がなく，毎年莫大な赤字を計上している」［蘭編訳：33-36］。

　清末期の鉄道建設における圧倒的な動機は列強進出の抑制と国防力強化であった。関内外線と京綏線の建設，津通線の建設中断などは全てこれらの意図が背景にあった。

Ⅲ．利益・民俗との妥協と調和

　民間人の多くは，国家利益に属する敷設権の争議が持ち上がった際，その利害をよく理解していなかった。しかし鉄道が実際に建設されると，土地徴収によって民衆の利益や信仰，風俗が損なわれ，民衆は強烈な反応を見せた。こうした利益と観念の衝突・調和は，現代化のプロセスにおいて重要な意味を持っている。

アヘン戦争の後，外国商品が大量に流入し商業規模が急速に拡大した。コスト削減のためにも，中国の沿海地域に港湾に連結する鉄道の建設が求められるようになった。1865年，ある英企業が淞滬線を建設しようとしていた。企業側には，中国人に鉄道のモデルを示してこの新しい概念に慣れさせ，今後事業を展開する際の布石とする思惑があったとみられる。上海と呉淞港を結ぶこの路線は確かに，経済的な価値を有していた。英国人エンジニアのロビンソン（Henry Robinson）は，「敷設予定地に墓地がある場合は全て高架橋を設置して墓地の上を通るようにし，墓地の所有者と衝突することのないよう」［肯徳：10-11］要求した。さらに墳墓を移転する際には一定の賠償を行うとしたが，一部農民から破格の金額を要求され交渉は行き詰った。

　その後，英企業ジャーディン・マセソン商会が呉淞道路公司（Woosung Road Company）を創設し，鉄道用地を買収した。近隣の住民が連日，工事を見るために押し寄せたが大きな反対行動はみられなかった。1876年7月3日には全線開通し，呉淞口から上海までの復路乗車が無料で民衆に開放された［交通史路政篇：2］。しかし同8月3日に1人の兵士が列車に轢かれ死亡した事件を契機に，民衆は保守的な世論と政府の意向の影響を受け，これまでの態度を一変させる。民衆による騒動が鉄道の安全を脅かすようになったため，同月23日に英国公使ウェードの仲介の下，淞滬線は運行を停止した［交通史路政篇：5］。また北洋大臣・李鴻章の提案で，中国側は同路線を買い取ることを決定した。商業発展にともない沿線の不動産価値が上昇していることから，145人の中国人企業家が連名で両江総督に運行継続を嘆願したが受け入れられなかった［交通史路政篇：11］。1877年10月，淞滬線は解体・撤去され，レールと機関車，車両は台湾に運ばれた。その後，淞滬線の駅跡地に象徴的な意味合いを持つ天妃宮が建設されたのは歴史の皮肉であった。

　また開平炭坑と北塘線の接続工事をめぐり，清政府は朝令暮改を繰り返した。1879年，開平から胥各庄までの路線建設を承認後，一部廷臣の反対を受け同意を撤回し，その後砿務局が代替案として運河建設を申請したが，調査の結果，地理的に運河建設には向いていないことが判明した。砿務局は仕方なく「トロッコの敷設を再度申請した。ただし政府が機関車の使用を禁止することを想定し，ロ

バにトロッコを牽引させるとした。そうして最初の認可を取得し」[交通史路政篇：11]，1881年12月に全線の敷設を完了させた。「開通当初はロバで列車を引いていたが，その牽引力は平地での走行時と変わらなかったため」，イギリス人エンジニアのキンダー（C. W. Kinder）が製造した牽引力100tあまりの小型機関車を使用することになった。しかしその後，政府内部から「機関車の走行は東陵に振動を与え，その黒煙によって農作物が害を受ける」[交通史路政篇：12]との声が上がり，清政府は機関車の運行を禁止したが，結局，数ヶ月後にまた機関車の運行が再開された。

　企業側の行動によって鉄道建設が困難となったケースもある。ある英国企業が中国人の賛同を得るため，天津紫竹林の租界地の河岸に全長約5里の鉄道を建設した。多くの中国人住民が試乗し，その機能に驚嘆した。しかし芦台・天津間の路線を建設する際，企業側の代表が契約事項に背き強引な土地徴収を行ったため多数の民衆がこれに反発，企業に対し武装蜂起した。「企業に対する不必要な敵対感情を招いたため，墳墓の移動はより困難となった。最終的に企業側は当初の対応を改めたが，同社に対する人民の非友好的な態度は変わらず，祖先に対する思い入れはかえって強まり，墳墓の土地価格を吊り上げるようになった」[肯徳：30]。

　当時，鉄道建設に反対していた人々は，正義を求める立場から政府に再考を迫っていた。河川輸送で生活している貧民の利益を考慮すべきで，政府は「特別な事情を熟慮せず輸送の現状を乱すようなことをすべきでない。このようなやり方は多くの労働者を失業に追い込む」[肯徳：32]。さらに李鴻章と考えを異にする官吏らが，全力で李鴻章の鉄道政策を封じ込めようとしていた。通政使の劉錫鴻は信仰の違いを理由に鉄道推進に反対した。「西洋人は唯一絶対神のみを信仰して山河の神を信ぜず，鉄道を通すために火薬を爆破して山に穴を開けたり，川に鉄筋を立て橋をかけたりする。河伯や竜王を信じず，山水の神の怒りも畏れない。中国では古来より山河を祀っており，鉄道建設をやめさせなければ天災を招く恐れがある」[交通史路政篇g：30]と述べた。

　1889年12月，津通線の建設が認められた際，北京城内への鉄道乗り入れは，首都の安全性を脅かし国家利益が損なわれると考えた重臣らが少なからずいた。

彼らは「鉄道が開通すれば，天津から北京までさえぎる物がなくなり北京城に直接進入できるようになる［近代鉄路史資料 1963：7］。門を開けて泥棒を招いているようなものだ［洋務運動 c：215］」と懸念を示した。また鉄道の建設は輸送費の節減や地方経済の振興にはプラスとなるが，商業的な利益追求は「君子の所為ではなく」国家利益を損なう恐れがあるとし［洋務運動 d：208］，鉄道建設に反対した。文治も「鉄道建設に必要な材料はすべて西方列強から購入する必要があり，数百万もの資金が敵国に渡ることになる」［洋務運動 c：215］と訴えた。

　一部には水運等，従来型の輸送業で生活する人々を代表して反対意見を唱えるものもあった。奎潤らは「天津から通州までの地域で牛車・馬車による陸運や水運を生業としている者が 6 万人おり，1 家族 5 人とすると関係者は 30 万人あまりに上る。鉄道が開通すれば埠頭や集落で労働力が余ることになり，失業者は生活できなくなってしまう」［洋務運動 e：212］と予測した。御史の屠仁守らもまた同様に「失業者が救済を求めて官庁に訴えに来ることが多く，一旦大事になると収拾がつかなくなる」［洋務運動 d：208］との意見を述べた。鉄道建設には土地徴収にともない家屋・墳墓・廟を破壊しなければならず，建設側が経済的な補償を行っても，従来の土地制度や生活方式，信仰風俗が影響を受けることは避けられない。清通線の建設が伝えられた後，文治はこう奏上した。「鉄道建設をする際，田畑や家屋，墳墓を破壊しなければならず，経済的な補償を支給されたとしてもそれは民衆の望むところではない」［洋務運動 c：215］。奎潤も文治とともに「墳墓の移動は孝行心を痛ませる行為であり，朝廷の評判も傷つける」［洋務運動 b：211］とした。鉄道の黎明期において，建設が民衆の利益や風俗に影響を与えるのは必然であった。現代型輸送システムが従来型の輸送業と取って代わった時，大量の失業者が生じ，民衆が自らの利益のため決起したことも無理からぬことだった。現代化と伝統的な生活様式の間の衝突と調和は，現代化のプロセスにおいて絶えず存在する問題であった。

　1889 年，鉄道建設に強く反発していた一部の廷臣が天津の船民を扇動し，白河両岸と外国租界地を結ぶ鉄橋の建設に反対させた。竣工間近の鉄橋の下を数百艘の帆船が問題なく通過できたものの，「総督は結局，鉄橋の解体撤去を命じた。鉄道会社は撤去を拒んだため，これら反対派の廷臣はやむなくそれぞれの兵工廠

30　第 1 部　制度変容と社会的凝集力

から撤去用の人員と工具を調達した」。建設を請負ったキンダーは数年後，当時を振り返ってこう述懐している。「あの石製の土台は，現在唯一残されている鉄橋の痕跡だ。陰謀と猜疑心のモニュメントであり，中国の進歩の途上に置かれた真の障害物でもある。これほどあの度重なる困難を説明しているものはない」[肯徳：34]。

　1894 年，関内外線は北京の豊台に延長後，さらに北京城に近い馬家鋪にまで路線を延伸した。建設予定地の調査時，鉄道は皇居の御猟園を東から西に横切って敷設される予定だったが，間もなく迂回するよう命じられ「ほぼ御猟園の境界に沿って」建設されることとなった［肯徳：44-45］。鉄道地図を見ると，東から豊台にまで伸びる路線が途中で大きく湾曲しているのが分かる。この例は，鉄道建設には皇帝の権威を含め多くの要因が作用したことを示している。

IV．鉄道の現実的価値と列強による中国制御

　清朝末期における総理各国事務衙門の上奏文を見ると，多くの各国公使や参事官，エンジニアが中国に鉄道建設を勧めていたことが分かる。彼らは鉄道が中国に与える政治，経済，軍事面の利益・弊害を分析しながら，中国側に建設の工程や技術，ノウハウ等を提供していた。

　1885 年 3 月 15 日，同文館が翻訳した米国前公使シウォード（George F. Seward）の提言書によると，同公使は海軍衙門に対し鉄道を利用するメリットをこう伝えた。「鉄道の利用は旅行，出張，運輸などの経費を削減する上，移動が迅速で，商業にも民生にも利をもたらし，被災者救出や討伐，国防などに有益である［海防档戌 d：3-4］」。またあるドイツ参事官は，施工者を任命する方法として当時すでに国際的に行われていた競争入札の導入を提言した［海防档戌 e：6-7］。だが，これらの建議が清政府の鉄道計画にどのような影響を与えたのかはまだ明らかでない。

　1889 年 8 月，フランス公使のルメール（M. Lemaire）はフランス人のカリモンの意見に基づき，清政府に鉄道建設に関する意見を提出した。鉄道建設の必要性だけでなく，具体的な工程やノウハウを細かく紹介した。たとえば基礎工事や工

程管理,資金・部品の調達方法,運行管理面のノウハウ,冬季運行時の注意点,鉄道完工後の影響などである［海防档戌 f：45-51］。

西洋各国の公使,専門家はこのように中国に鉄道現代化の方策を伝えたが,それはそれぞれ目的があってのことだった。米国公使のデンビー（Charles Denby）は,アメリカの技術者を採用するよう中国にこう持ちかけた。「中国はアメリカと同じく国土が広く地形が複雑だ。しかしアメリカでは鉄道の発達が急速に進み,総延長距離はすでに他国と肩を並べており,毎年多くの利益を得ている。鉄道建設は人心の結束と安定をもたらしただけでなく,国民に便利さを与え,辺境地域との接続,治安問題が生じた場合の防備にも有益だ」。さらに「アメリカの鉄道会社は経験が豊富で,地理条件も中国に近いことから,中国が鉄道建設を行う場合アメリカの専門家を招聘すれば,費用節約や迅速な利益取得が可能となる」［海防档戌 g：228-229］と述べた。またその後,鉄道を建設する際の注意点として「最も重要なのは,中国が鉄道建設の管理権を独占的に掌握すること」を挙げた。このほか,線路敷設にはまず人件費の低廉な中国人を採用し,難度の高い技術には外国人技術者を採用することや,建設資金の海外調達,中国側の株式保有などを勧めた［海防档戌 h：240-241］。

また1895年8月22日,ベルギー公使ルミアは海外での建設経験がある自国のエンジニアを紹介した。同エンジニアは湖広総督・張之洞から漢陽鉄道の建設を受託した経歴を有する。同公使は,経費節約と運行速度の向上を目指し鉄道建設に当たらせるとした。またドイツが提示した広軌より,「より中国の実態に適した狭軌」を採用するよう主張。提出された鉄道計画書には,レールの標準化やレール幅,レールのカーブ設計,車両様式,機関車の牽引力,客車・貨物車の積載能力,鉄道の価格など技術的な内容が盛り込まれていた［海防档戌 i：229-239］。

政治家と企業家の考え方は似ており,問題について深某遠慮するものの,往々にして眼前にある巨万の利益の誘惑に屈してしまう。西洋各国が提出した鉄道計画の目的は,中国の巨大な鉄道市場から利益を得,可能ならその利益を独占することだった。敷設権を通じ,鉄道を資源獲得や製品販売の手段とする考えだった。交通手段の現代化を通じて利益を得ることは現代の経済システムの本質であり,交通システムの現代化は世界経済に参入する前提条件となる。ただし西洋諸国が

敷設権の掌握により中国の発展を阻害してきたという一部の学説については検討の余地があると思われる。

むすび

　清朝末期，鉄道に代表される現代交通技術が中国に伝わり，その制度化がはじまった当時，国民に現代的な知識が欠けていたため，鉄道建設が中国人の反感を買ったのも無理からぬことだった。鉄道に対する現代経済と社会的意義のジレンマや，国防への懸念，既得利益を損なわれた怒り，道徳・倫理観への影響，民俗風習へのダメージなどは全て当時の時代性を反映している。我々は技術や思想の未発達な歴史的現場に立ち返れば，歴史の発展における複雑性について理解を深めることができるはずで，当時の国民の感情，言動を無思慮に批判すべきではない。

　現代社会では，いかなる集団であろうと新技術によってもたらされる巨額の利益や便利さを前にして，旧来の思想や行動様式を永遠に守り抜くことは困難である。清朝末期の鉄道をめぐる論争は全く意義がなかったわけではなく，人々の態度が鉄道への無知と反発から徐々に開化と受容へと変化を遂げることで，近代の中国人は現代化のプロセスにおいて急速に歩みを進めることとなるのである。またこの論争を通じ，多くの人が徐々に現代的な事物を理解するようになり，世界経済システムにおける中国の前途に目を向けるようになった。自然経済を基に築かれた農耕文明は，民族性や特質に関わらず，現代化のプロセスで新たな文化形態による衝撃を受けて革新・進化するものであり，変化を拒んでいては発展しない。

　鉄道論争の過程で鉄道建設は未曾有の進展を遂げた。鉄道に代表される現代交通システムの制度化過程には，地域経済の発展や地域文化の融合，民族的結束力，アイデンティティの形成において何にも代えがたい意義があった。アメリカのある歴史学者は鉄道をこう評している。「鉄道の到来は革命の象徴とその達成を表す。鉄道は，地球全体を相互作用するひとつの経済体に繋げることから，多面的にみれば工業化の最も深遠かつ壮大な側面を示すものである」［斯塔夫里阿諾

斯：291］。

　　※本論文は2006年度中華人民共和国教育部の「新世紀優秀人材支持計画」「鉄道と近代華北区域の社会変動」、2005年度教育部の留学帰国者科研起動基金プロジェクト「鉄道と近代華北区域の都市化プロセス」、教育部人文社科創新基地南開大学「985」プロジェクト「中国思想と社会」サブプロジェクト、「鉄道と華北区域都市化プロセスおよび思想変革に関する研究」（2006年度）の中間報告のひとつである。ここに謹んで深謝する。

文献

陳沂（1914），「中国鉄路史」『正誼』第1巻第4号 pp.25-29.
何漢威（1979），『京漢鉄路初期史略』香港中文大学出版社 230p.
肯徳（Kent, Percy Horace）（1958），『中国鉄道発展史』（中国語版）李抱宏ほか訳，三聯書店 282p.
蘭陵生編訳（1912），「支那鉄道政策之三大誤謬」『中国実業雑誌』第3年第1期 pp.33-36.
李国祁（1961），『中国早期的鉄路経営』中央研究院近代史研究所 242p.
馬陵合（2003），「文明排外與贖路情結」『安徽師範大学学報』31巻3期 pp.326-332.
斯塔夫里阿諾斯（L.S. Stavrianos）（1992），『全球通史―1500年以後的世界』（*World since 1500：A Global History*）呉象嬰・梁赤民ほか訳，上海社会科学院出版社 914p.
徐継畬（2001），『瀛環志略』上海書店 316p.
尹鉄（2005），『晩清鉄路與晩清社会変遷研究』経済科学出版社 365p.
朱従兵（2006），『李鴻章與中国鉄路』群言出版社 468p.

『籌辦夷務始末（同治期）』［籌辦夷務始末］第7冊，（1988年）文海出版社 9304p.
　　a「妥議各抒其見専折密陳恭候欽定」p.3768.
　　b「壬申三国通商大臣兵部左侍郎崇厚奏」p.3877.
　　c「四月戊戌大学士湖広総督官文奏」p.3905.
　　d「甲辰江西巡撫劉坤一奏」p.3903.
　　e「丙午浙江巡撫馬新貽奏」pp.4373-4374.

『海防档・甲・購買船炮』［海防档甲］，中央研究院近代史研究所編（1957），中央研究院近代史研究所 1273p.
　　a「総理衙門收李鴻章函365号文」（1864年2月）

『海防档・丁・電線』［海防档丁］，中央研究院近代史研究所編（1957），中央研究院近代史研究所 3029p.

『海防档・戊・鉄路』［海防档戊］，中央研究院近代史研究所編（1957），中央研究院近代史研究所 980p.
　　a「総署收北洋大臣李鴻章文付海署奏稿一件」（1888年12月13日）p.40.
　　b「総署收海軍衙門文附原折」（1887年5月24日）p.20.
　　c「総署收台湾巡撫劉伝銘文附折片諸文等四件」（1887年7月8日）pp.21-23.
　　d「総署收同文館訳美国前使西華文附建造鉄路説略」（1885年3月15日）pp.3-4.
　　e「総署收徳国参賛阿恩徳節略」（1885年10月21日）pp.6-7.
　　f「総署收法使李梅函附克礼孟稟」（1889年8月22日）pp.45-51.
　　g「総署收美使田貝函」（1895年8月12日）pp.228-229.
　　h「総署收美使田貝函」（1895年9月3日）pp.240-241.
　　i「総署收比使陸弥業照会附徳海斯造路細単」（1895年8月22日）pp.229-239.

34　第1部　制度変容と社会的凝集力

『交通史・路政篇』［交通史路政篇］第1冊, 交通部・鉄道部交通史編纂委員会編 (1935), 773p.
　　a「附薛福成創開中国鉄路議」
　　b「附内閣学士張家驤奏折」
　　c「附通政使参議劉錫鴻奏折」
　　d「附北洋大臣直隷総督李鴻章奏折」
　　e「付李鴻章奏片」
　　f「附李鴻章覆醇親王奕譞函」
　　g「附通政使参議劉錫鴻奏折」

『中国近代鉄路史資料』［近代鉄路史資料］, 宓汝成編 (1963), 中華書局, 第1冊 pp.1-340. 第2冊 pp.341-920.計 920p.

『中国近代史資料選編』［近代史資料選編］栄孟源再編（揚松・鄧力群原編）(1954), 三聯書店 830p.

『洋務運動』［洋務運動］第6巻, 中国史学会主編 (1961), 上海人民出版社 493p.
　　a「光緒十四年十二月十八日戸部給事中洪良品等奏」p.210.
　　b「光緒十四年十二月二十一日礼部尚書奎潤等奏」p.211.
　　c「光緒十四年十二月二十一日内閣大学士文治奏」p.215.
　　d「光緒十四年十二月十八日掌山西道監察御史屠仁守等奏」p.208.
　　e「光緒十四年十二月二十一日礼部尚書奎潤等奏」p.212.

『張文襄公全集』［張之洞］第1冊, 中国書店（1990）1024p.
　　「請緩建津通鉄路改建腹省幹路折」(1889年4月2日) pp.485-489.

2 制度的変遷と紳民矛盾の激化
――20世紀の「革命ディスコース」と郷紳層――

王　先　明（嶋田恭子訳）

はじめに

　1901年以後，清末「新政」の展開とともに地方自治や官制改革，憲政改革，科挙制度廃止，さらに共和政体の出現など，中国は新旧制度の競合交替期に入った。制度面の各種の改革や変革運動は，或いは重なり合いつつ漸進し，或いは決定的に覆され，その興亡はきわめて激しかった。しかし，制度の存廃は，郷紳層にとって歴史の進行過程のなかで必ずしも同一歩調の変化の軌跡をたどったわけではなかった。たとえ1905年科挙の廃止後，清朝専制政体が滅亡に至った後の30～40年後でも，郷紳たちは新しい制度構築や地方の社会資源を利用し，相変わらず絶えずあれこれ画策し，地方権力の構築に影響を与え，その機能に制約を加えた。制度変革はもちろん権勢階層としての郷紳の最終的命運を変えることができるし，制度も郷紳階層の内的構成を変えることができる［王先明 2005］。しかし，郷紳たちは，ある程度制度そのものに手を加え，「制度設計」の目標をずらして，自らの利益追求に合う手段とすることさえできた。制度変革と伝統郷紳との対応の間には大きな緊張と運用空間が存在する。まさにこの緊張と空間の形成と絶え間ない変動が郷村社会矛盾の激化を深化させ，地方の社会的利益の衝突を増大させ，そしてこれによって農村「大革命」の前提が形成されたのである。

Ｉ．

　郷紳階層の変質が，晩清以来地方社会の不穏と民衆蜂起の基本的原因のひとつとなり，それまで「民衆の希望の代表」であった郷紳を「民衆の敵」に変質させた［辛亥革命前十年間時論選集：302］。「劣紳」という呼称は，当時の人々の地

方権力の悪化状況に対する基本的判断であるが，その中により多く含まれているのは「道徳」面での判断であって，社会構造と制度の変化に対する深い分析に欠けている。なぜなら，「劣紳」の形成は，とりわけそれが普遍的問題となるときは，明らかに個人「道徳」の問題ではなく（或いはただそれだけではなく），「制度」的な原因を有しているからである。制度変遷とそこから社会構造変遷に深く立ち入るなかから，普遍的解釈を追求することは，ひとりの「劣紳」に対する単純な認知よりはるかに歴史的実相に近づき，真の認識に向かうことになる。

　1901年以後の制度変遷は連鎖的変革を生み出した[1]。西洋人学者もこの現象に注意を向け，「新政」は一連の地方自治と制度的改革を引き起こし，その後の政治改革は非常に激烈になり，その結果多方面で清王朝の迅速な崩壊を導くことになったと考えている［MacKinnon］。郷紳階層と直接関連する制度変遷（その社会的地位と歴史的命運に影響する変革）とは，ひとつは清末の新政であり，2つには科挙の廃止である。「新政」の推進は，清王朝が深く憂慮する統治の危機を根本的に解消できず，反対に地方官紳に「機会に乗じて利益を謀り，全てを独占し，仲間に職を与え，役所の機構を林立させ」［東方雑誌 1904：78］，結局，制度変遷を「新政が民生を害する」という大勢に変えてしまった。晩清の民衆蜂起風潮のなかでの「紳民衝突」は日増しに頻繁に激しくなっていき，紳民衝突の漸増傾向は民衆蜂起そのものよりもはるかに増大した。これは疑いもなく紳民矛盾が日増しに激化しているという基本的方向を現しており，また紳と民の利益とその関係の衝突や悪化によって，晩清以来の地方社会「民衆蜂起」が持続的に湧き起る基本的原因のひとつとなっていることも明らかにされている［王先明 2008］。まさにこの制度的変遷により伝統社会のなかで相対的に安定していた官・紳・民の利益——権力抑制均衡関係が突然破れただけでなく，士紳階層を権力再構築の中心に直接向かわせ，「新政」の体制変更のなかで，地方のさまざまな権力資源を独占する士紳——権紳が形成された。「新政」とそれによって推進された地方自治制度は，日々拡大する士紳権力に正統性と制度的基礎を提供し[2]，伝統的には習慣や地方的状況に基づいていた非制度的紳権に正統性を与え，制度化した［魏：118］。「新政」は，士紳に郷村社会の公共的権力や公共的資源を合法的に占有させることになり，このことが利益のうえで郷民と直接的対立を生み，そのこ

とによって伝統的な「官民」対立の基本的形態をある程度変化させることになった。したがって，「新政」をガイドラインとする制度的変遷は，事実上，紳権が「体制化」し拡大する制度的基盤となり，権紳の形成とその「体制化」は「民衆蜂起」や「紳民衝突」の制度的根源ともなったのである。

　1905 年の科挙廃止と学校開設の制度改革は，士紳階層の歴史的命運を根本的に規定した。「此の事はすなわちわが国数千年における巨大なる変動であり，その重要なること，古に封建を廃し阡陌の制を開くのと異なるところなし」［東方雑誌 1906：29-34］。それは，制度のうえで伝統的郷紳と国家権力が直接連携するチャネルを断ち切り，郷紳層固有の役割と機能を変化させ，郷村の社会的構造と権力構造の再構築を引き起し，一方では，新学教育は，士紳の社会的地位の新たな選択に最も基本的な経路を提供し，身分社会から近代的職業社会に変わる過程で，開放的な流動メカニズムの形成に一定の促進作用を及ぼし，したがって，大量に村に滞留している郷紳の移動をより可能にした。新学教育は社会構造の面から，郷村権力の主体に明確な変化を起こすこととなった。すなわち，郷紳権力の中心的地位を占めた伝統的郷紳が，新時代の特徴を有する紳商や紳学階層に地位を譲り，伝統的コミュニティーの権力をもつ社会勢力であった士紳たちは，新学という経路によって地方権力に直接割り込み，行政権力体系と密接に関わる紳董・局紳・団紳などとなって，伝統的中国郷村の社会権力構造に歴史的変動を起こした。また他方では，教育があり社会変化に適応できる士紳たちの都市への流動と，新式知識人の都市での滞留が進むにつれ，郷村権力の中心を占める士紳階層の制度的補充が失われ，したがって，千年来の士紳階層の継承ルールが大幅に中断されることになった。伝統的社会構造のなかで，士紳階層は帝国の官吏集団のために後続要員を途切れることなく提供し続けただけでなく，平民階層と士紳家族のメンバーを不断に受け入れ，士紳階層に補充し続けてきた。士紳階層の安定した継承ルールは，コミュニティーの指導権が士紳階層にあることを保証されており，まさに「紳は出でて官となり，官は退いて紳となる」であった［王先明 1993］。郷村の士紳階層の継承性の中断は，郷村社会の土豪劣紳が一躍権力の真空を埋めることとなった。当初，皇権と紳権の二重構造だったその政治形態は繁雑で混乱したものとなり，郷村政権の私利性はさらに赤裸々になり，もはや道徳

というカムフラージュもなく,「中国農村の暗黒は極点に達した」[李大釗]。

郷紳階層の変質は, もちろん新制度への変遷の直接的結果ではなく, それは清朝専制体制下の地方権力の進化の必然的趨勢であった。われわれは山西のある郷村の挙人の日記からこのすでに崩壊した状況を感じとれるだろう。「各州県の郷紳はみな金と縁故により奔走し, 媚びへつらって官職を得る。公務となると, 官勢をかさに利を漁り民を害する。官もまた悪党だ。…名は郷紳というが実は奸商である」[劉:1902/2/26]。しかし, 晩清の制度的変遷こそがこの変質に制度的基盤を提供し, それによって変質が加速されただけでなく, 郷神の私利私欲化は「新政」の庇護のもとに公然と行うことができたということは明らかである。劉大鵬の日記にはこう書かれている。「晋祠一帯の商売に近ごろひとつの名目がたてられた。両替商人の出す手形を銅銭に兌換するとき, 両替商は1000文につき50〜60文少なく渡し, これを「快銭」と言っている。愚かなる紳董はそのことばを巧みに使い, 人民を困らせている。これまた世道の大不幸にほかならない」[劉:1908/1/20]。強調すべきことは, 制度的変遷に伴って形成された郷紳階層の歴史的変質は明らかに地方レベルの権力構造が招いたものではなく, また1時期1地方のある特例でもない。各地の具体的経過や表現形式は或いは些か異なることがあっても, それは制度化のもつ普遍的現象なのである。

> 天津「新城の村長王文宗は巡警を創設するという口実でごまかしてその村の公金を引き出し経費に充てた…この新政を行うにあたって, 当然心を合わせて助け合い, 上も下も信頼しあうべきなのに, 劣紳を任用し恣に振舞わせ, 害を被る事態となっている。どうしてこんなことにたえられようか。愚かなる紳董のように騒ぎ争い, 公を口実に私利私欲に走り, 争いの原因を引き起こすようなことを許してはならない。おのおの堅く守り背いてはならぬ。特に告ぐ」[大公報 1904/10/20]。

> 上海「愚かなる士人は衿董を護持とし, 書吏と結託し, 保甲を籠絡し, 田舎の愚民を恐喝し, 善良な連中を食い物にする。官の側では衿董だが, 親友は羨んで登場人物といい, 郷民は憎んで乞食という」[南匯県続志]。

> 山東「今各処の水会・善会・積会・積穀・保甲などは地の人間が地のことを行ってきたが, 選挙の法は存在せず, 独占の禍はますます極まり, 賢者は衣冠を塗炭する恐れをいだき, 自ら何もせず, 愚かなるものは, 住みついてしまい駆除できぬ悪人のごとき気風を煽り, 無関係な人までもそうなっている。…すな

わち，近数年来，教育会や商会などが創設され，秩序だって日々文明化しつつあるように見えるが，表面的でしかなく，益々恥辱となっている。これが問題となる理由である。［清末籌備立憲档案資料：742］。

晩清の制度的変遷の歴史的経過は，直ちに辛亥革命の勃発につながった。しかし，革命はただ清朝専制制度の崩壊と形式的な共和制度の設立に導いたにすぎず，社会生活の深層面の変革には遠く至らなかった。——郷村生活も文化も紳権も旧態依然だった。郷村の政治制度は形式面でも内容面でも「国家体制」の変化によって急に変わることはなかった。「蕭山県の警察行政機構は前清時代，町にひとつ，村に5つ，城中には光緒31（1905）年にすでに成立していた。…しかし，城中・義橋・聞堰の3ヶ所は当初みな紳士が主管し，それが慣例化し，国家行政と合致していなかった。宣統年間以来，組織化がすすみ，県行政として系列化された（県城の警察署警署職員に総裁1，県知事兼任，正巡警官1，教練官1，正副巡警各1，別に巡長3，巡警30が置かれ，義橋の職員：巡董1，副巡董1，巡長1，巡警12；聞堰の職員，区長1，巡董1，巡長1，巡警5～8）」［来：148］。その間の制度上の継続性がかすかに見て取れる。すなわち，紳から董へ，董から官への変転は，近代以来の中国社会の郷村制度発展の一般的趨勢を現しており，また郷紳は終始警察行政を主管する主体的勢力であった。志書の記載によると，「光緒年間，蕭山県西江塘の外鮎嘴地方で，砂地が押し削られ，非常に危険になった。時の邑紳であった黄中耀が堤防工事を担当し…その後邑紳の王暐昌・王燮陽・林国棹が堤防担当責任者になった」［来：11］。「郷村のなかの封建勢力——封建統治の基盤は，やはり革命以前と同じでまったく変わらなかった」［湖南農民運動資料選編：16］。

たとえ革命発祥の地である湖北であっても，郷村社会の構造は変貌していない。「ただ秀才や挙人の旦那が赤い房の帽子をかぶらず，飾りつきの官服を着なくなって，普通の帽子をかぶり普通の服を着るようになっただけである。…秀才や挙人は『紳士』や『聯庄自治』の総保董（役職名）となった。相変わらず『役所は南に開き，理があっても金がなければ入るべからず』であった」。そればかりでなく，辛亥革命の政治制度変動は郷紳の地方権力の拡充にさらに多くのチャンスを作ることになった。「最も滑稽なことは，私たちのこの片田舎でも民主党とか

共和党とかと騒ぎ立てる。多くの秀才や挙人，紳士旦那，田舎の読書人たちはまた新しい活路を見つけたというわけだ。あるものは民主党に参加し，あるものは共和党に参加し，さらにあるものは2股保険をかけて民主党と共和党の両方に参加する。彼らにとっては，革命だ，正しきに帰すとかいって何党かに参加してこそ，役人になって金儲けができるのである。このチャンスを逃すことはできないのだ」［李実：100］。革命党員は情勢を安定させる必要から「およそ，われわれ紳士はみな地方指導者であり，地方を守る義務を尽くさなければならない」ということを自認していた［章征科：158-164］。郷紳たちの統治は変わらずに維持され，そして相当程度，革命政権の認可を得ていた。とりわけ県段階の政治はほとんど完全に郷紳の手中に握られていた。いわゆる県議会は「名は代議機関だが，実はまったく悪人や悪事を匿う掃き溜めであり，独占的に支配し，ぐるになって不正を働き，民意代表の名を騙り，自治行政の足手まといとなり，民衆は嫌悪し，口々に謗った」［中華民国史事紀要編輯委員会編：563］。人々は議員たちをこう風刺した。「議員酒，議員料理，議員給料：官職付き，接待付き，娘付き」［中国現代史資料選輯：507］。晩清と民国の権力が交替する経過のなかで，帝制期に有用だった政治構造モデルとパラダイムは，3種類のそれぞれ同時に拡大し続け重複しあう権力の中心のひとつを形成していた。それは北京の中央政府，地方の省級政府と軍隊および県以下の地方士紳からなっていた。このパラダイムに含まれる重要な意義は，これらの権力中心にわれわれの認識よりはるかに少ない競争とより多くの協調関係が存在していたということである。このような現象が起こる恰好の原因とは，それらの共通の敵——西洋と日本帝国主義による絶え間なく増加する圧力に直面するとき，密接な協調が必要となるからである。そして，もしこの3つのレベルの権力拡張構造がどれか一方の犠牲を代償としたとしても，すなわち農民グループにとってはたとえ常に暴動や蜂起の危険が存在したとしても，中世全体と清朝初期においては，彼らはみな緊密に中央政府とひとつに結びつき，常に地方士紳のコントロールを受けていた［更ほか；穆：566-599］。

　旧制度から新制度に向かう郷紳たちは，さらに広範な権力空間を獲得し，そこから生成した社会的矛盾と利益衝突も絶えず蓄積されていった。そのため，制度変遷自体を超越した社会運動である革命（相次いで起こる国民革命と新民主主義

革命）は，遅かれ早かれ歴史的好機を探し当てることになるであろう。

Ⅱ．

　晩清以来，民衆蜂起風潮のなかの紳民衝突は，分散型特徴を示し，各地で勃発する原因はそれぞれ異なる地方利益との矛盾にもとづくものであった。或いは警察税の徴収，或いは学校税の分担，或いは道路税の不公平，或いは紳富による米価吊り上げなどで，一概には論じられない。民国初年，湖南郷村民団局紳のあらゆることを号令する「八大諸侯[3]」の権勢は，地方武装力の掌握により多く依存していた。また山西文水県の県知事が着任する前にまず先に必ず表敬訪問しなければならない「大紳[4]」は地方ネットワークの独占を基礎としていた。山西晋北地域のいわゆる郷紳と城紳の分派と闘争［山西省档案館所蔵：25］，福建閩中の学田事件における秀才と学堂卒業生との利益衝突［沙県档案館所蔵：33］等々は，まったく疑いもなく郷紳権力変動の地域的特色を明示している。しかし，いかなる地域社会もみな孤立して存在することはできないのであって，地域的事例の意義はそれが一定程度において全体の特性と価値を体現しているということにある。したがって，その地域的特色の差異も，全歴史過程の同質性と同一方向性を覆い隠すことはできない。異なる事例の地域内郷紳権力構築と，その活動状況の描写を通して，私たちはその共通性と歴史的特徴を抽出することができる。

　まず初めに，功名と学歴に基づく文化的資源は依然として地方権力構造のなかの重要な要素であった。1910 年順直諮議局の推進のもとで，各州県は相次いで議事会と参事会を設立した。第 1 回定州議事会の選挙であわせて 23 名が議員に当選し，陳廷秀・劉錫璋・閻元士・張苻節・王廷献ら 5 人が参事会参事員に選ばれた。この議員たち（参事員を含む）の身分は考証可能な部分によれば，3 種類に分けることができる。第 1 グループは田雨郁・燕兆庚・王廷献・張敬などで，定州士紳或いは士紳家族メンバーに属する。また第 2 グループは商人や紳商で，劉錫璋や李鳴陽などである。さらに第 3 グループは新式知識人で，陳廷秀などである［定県志：592-624］。地方レベルの「新政」は，郷紳たちが権威を伸長し権力の中核を構築するプラットホームとなった。「1904 年，米鑒三は定州牧の呉国

棟によって勧学所学董に招聘された。彼はこのチャンスを利用して，本村紳民と村の自治を企画し，村規を取り決めた。また2年越しに小学校を作り，困窮生徒に費用を貸与する規則を定め，ついに翟城村の教育基礎を打ちたて，社会気風は日増しに穏やかになった」［王維顕：638］。

新桂（広西）系の首領である黄紹竑はかつて『五十回憶』のなかで，彼の父で秀才黄玉梁が，義和団事件後故郷の広西容県で学校を創設した様子を記述している。

> 光緒27（1901）年…当時民情は怒りで激昂し，政治を改革し富強を図る議論が沸き起こった。清朝は失敗を反省し，その年の秋に学校創設の詔勅を発した。…わが父は科挙がまもなく廃止され新学が必ず興ることを知っていたので，広東で教師を2人招聘し，故郷に帰ると故居の万松山房に館を建て，自ら館長となった。国語は譚荔垣先生が担当し，英語と算数は師子岳先生が担当した。…常に革新の言論を提起した。館を設けた後，村の気風がこれによって大きく変わった。…うわさを伝え聞いてこれにあこがれるものが相次いで訪れ，実にわが村は学校創設の魁となった［広西文史研究館編：2］。

中華民国が樹立された後，李景漢は1928年，河北定県の515戸のうち，教育者やその家庭と所有する田畑の広さとの関係について統計分析を行い，家庭の裕福や地位と受けた教育程度とには正の相関関係が見られ，家庭の経済能力と彼らの教育程度には密接な関係があることを明らかにした［李景漢編：251-252］。20世紀40年代，晋西北（山西省西北部）の保徳・河曲・五寨・岢嵐・朔県・静楽・臨県・離石の8県の地主士紳名簿に記載された78人の学歴状況統計から見ると，地方郷紳はほとんど全て新式教育を受けていた。これは別の側面からみると，新式教育を通して流動する階層は相変わらず地主，士紳階層に限定されていることを反映している［山西省档案館所蔵：14-15］。周栄徳の調査研究によると，民国時期の士紳階層は，伝統的士紳階層（晩清期）と比較すると，その変化は主にその構成要素にあり，伝統的士紳階層は多くは伝統的学紳と官紳であるが，民国時期の士紳は商紳・軍紳・新式学紳や部分的には非合法のチャネル（土匪，盗賊の頭）でこの階層に入ってきた人物など多様性に富んでいる。民国士紳の来源はさらに広範になったことは否定できない。なぜなら科挙制度の廃止が紳士の功名に対する要求を弱めたからである。しかし，晩清期の紳士階層と変わらないことは，

広範な民衆の士紳地位獲得の要求と渇望はまったく以前と同じであるということである。しかも、中国人は官であろうがなかろうが老いたら故郷に帰り、家や田畑を買い、士紳となるという行動パターンを有するのである。

当時の人々の眼中には、「紳士階級の出身は大体が貴公子である。勉強をして前清の功名である挙人、秀才となる、或いは現在では卒業学位とかを得て学者の仲間に入り、紳士の地位を得る。…その様子はご老人は八字ひげを蓄え、手には杖のような大きなキセルを持ち、歩くのは外またで…若い紳士はというと、鼻の上に金縁か鼈甲の眼鏡をかけ、手にはステッキを持ち、歩くときは両肩をそびやかし、体を揺らせながら、一歩一歩人を人とも思わない様子でゆっくりと大またに歩く。人が彼に『先生』と一声かけると、彼はちょっとうなずくだけである」［歩：666-667］。このような形象化された情景は晩清民国期の郷紳の形成が制度転換期の典型的特徴を備えていることを現している。彼らは或いは伝統的功名に基づき、或いは新式の学歴を頼りに、或いはその両方を備えた出身であり、その伝統と現代の複合性によって、民国期郷村の社会的権力を再構築した。

次に、士紳階層の分化もまた都市と農村の二元的構造の特徴を際立たせている。さらに、郷紳権力の抑制均衡関係の欠陥は、地方利益の衝突の激化を導いた。「地方自治制度は、こうして定められたが、吾人は見たり、紳衿の武断は長官に依存し、長官は益々恣に紳衿を庇護し、両者結託し、利は廃墟となり、事は形式のみとなる。…その怖むところは、諮議局であれ、警察局であれ、名目は新しく、耳目を引くが、実際はそうではなく、搾りとる口実でしかなく、苛酷な取りたての先例となった」［辛亥革命前十年間時論選集：407］。実にいわゆる公共の名を騙り密かに私利を図っているのである。晩清の地方体制変革は市議事会と県議事会形式の地方自治を採用したが、それは郷紳名士が権力体制に入る最も重要なチャネルであった。その機構の声望は役所に似て、人々の注意を引いた。

そしてその政府事務に介入する能力は、地方エリートによる議事提案における長期的にタブーだった問題に対する言説発言権のようであった。その中のひとつの主要な議題は、公共財政をコントロールするある種の措置を取ることだった。なぜなら公共財政は地方官吏や幕僚の高すぎる収益の源と見られており、社会にとってまったくなんのメリットもなかったからである［費正清ほか 1985：563；

費正清ほか 1994：721-825]。

　士紳はひとつの階層勢力として，科挙制度の成立以来，地方と郷村の統治者的地位を占めてきた。伝統的士紳の資格には明確な規定があり，少なくとも一番下の科挙に及第した人でなくてはならず，それで初めて県や省の役所に訴える特権をもつことができた。これは彼に役人と平民の仲介者としての地位と権利を付与することであった。民国時代に入って，科挙制度の廃止と儒学の放棄が正統となった後，それらの科挙功名を持つ士大夫たちは直ちに政府から締め出され，新式学校出身の官吏に取って代わられた。正式の行政権力体制のなかで，新学の名士は主体的に構成された。たとえば「湖南省政府のほとんどあらゆる省務員はみな留学生で…民政庁長はフランスの大学を卒業，財政庁長は日本陸軍経理学校高等科を卒業，建設庁長は日本の早稲田大学理工科を卒業，教育庁長はアメリカのコロンビア大学政治経済学博士，司法庁長は日本の法政大学卒業，工商庁長は日本の師範大学卒業，このほか，さらに4人の兼職の省務員はすべて日本士官学校或いは日本の大学を卒業していた。日本に留学した『学生』が多数を占めている」[巴庫林：86]。彼らは続々と田舎から出て都市に足を踏み入れる。これは郷紳エリートの急激な流失となり，これによって，民国期の地方官員の「最も憂慮に堪えないことは，士紳がその故郷に安んじないことにある」。そして，郷村に留まる士紳の素質は逆に絶えず悪化し，「劣紳，ごろつきでなければ腐敗した商人，村のダニであって，紳士の資格に適うものは各県でいくらもいない」[劉：336]。現代的資格を持つ新学の人士は，基本的に現代的な国家の政治制度や事業機構に身をおき，郷村の社会的権力は伝統的郷紳に制御され，或いは横暴な土地のごろつきに牛耳られ，権力構造の都市と農村の二元的に分化局面を作り上げることとなった。それゆえ，晩清と民国における紳士と地方官僚の関係は，学者たちの極めて興味を引くテーマとなっているのである。出身が違い身分が違う官と紳は，また同時に権力を振るう場所について都市と農村という違いがある。「省政府は県長の善し悪しについて，参考にすべき真の民衆の意思というものがないので，当然紳士先生の一面的な話を聞いてそれを基準に考えるしかない」。「だから県政府の進むべき道はただ2つしかない。ひとつは紳士階級の『父母官』になることで，もうひとつは紳士階級と衝突して，賄賂を貪る腐敗役人となるかである。県

政治の善し悪しは完全に紳士階級によって決められるのである」[克：9-14]。この社会的地位体制のなかで，紳士はすでに当地の政府の欠くことのできない部分となっていて，すでにウェーバーが命名するところの「地位グループ」を形成した——それは共通のイデオロギーや栄誉・特権を享有し，相当な社会的地位と特定の社会的機能を備え持っていた。当然，国家の制度的支えと慣例的流動チャネルを失った郷紳（たとえば伝統的科挙制と身分等級制）は，同時に国家の権威に対するアイデンティティーと忠誠的依存をも失った。また同時に，国家の郷紳権力に対するコントロールは，有効な制度的保障に乏しく，またしっかりした社会的基礎もなく，明らかに困難に満ちていた。

　新制度下の郷紳の権力は，伝統的意味における正統性に欠けていることにより，凶暴な勢力——軍閥或いは地方武装との結託が強化される。「軍閥はある人が喜んで軍閥になるのではなく，その基盤は一般的士紳階級の基盤の上に打ち立てられている。…あらゆるものはみな士紳階級の手中に握られている。…軍閥はいたる所で士紳階級を利用して彼らの基盤をつくる。ある地方では，数十万の軍人の俸給を要求され，県知事はどうすることもできないので，士紳階級を召集して会議を開き，士紳はなんとかして金を借りる算段をし，民に何倍もの埋め合わせをさせる。士紳階級は完全に軍閥が保護育成したのであり，彼らの手を借りて平民を圧迫しようとするからには，彼らを武装させ自警団を作らせるのである」[湖南全省第一次工農代表大会日刊]。2者の利益共謀は，社会世論の帝国主義や封建軍閥に対する痛恨の念をおのずから紳士の身に向けさせる結果となった。伝統的な社会的文化的名望家階層は，民国期の社会的世論によって「革命」の対象として認定を受けた。「士紳階級には2種類あって，ひとつは軍閥，官僚，政客などから落伍してきたもので，彼らは勢いに迫られれば，しばらく退き休み，チャンスが来ればすぐにその元あった地位を回復する。彼らはさらに帝国主義と結託し人民を迫害し搾取する。…退いても資本家や大地主，悪徳紳士という地位を失うことはなく，全てを独占的に支配する。そして，民意を口実として自らの勢力を強めることができる。…もうひとつはいわゆる在野の名士で，彼らはまず各方面から人民の心理に迎合し，或いは人民団体のなかで地位を横取りし，或いはそれを騙って互いに褒めあいいたずらに吹聴しあって，自らの地位を高める。彼ら

の真の目的はこれをもって出世したいだけなので,どんな軍閥や官僚,政客などでも彼らを認めることができる。そこで彼らはちょっとした官職を手に入れ,失敗したら以前の名士に戻り,機をうかがって再起を図る」[于：443-444]。紳士階層に対するはっきりと異なる社会的評価は,伝統と現代の2つの時代的差異を天と地ほどに区別し,また伝統的郷紳の文化的権威としての役柄が,地方的「土豪劣紳」の役柄に取って替わられるという歴史的変動を明示している。

　第3に,郷紳権力の無秩序な拡大はまた,地方レベルの利益衝突の主な矛盾となった。郷村の社会的矛盾の激化はより多く権力構造の変動に由来する。「もともと紳士の地位を継承すべき人は続々と離れていき,その結果,ただ数合わせするしかなく,紳士の候補の資質はそれにつれて低下し,昔日の神聖な名望は日増しに動揺した」[史：145]。郷紳権力の無秩序な拡大の過程で,地方の公共利益は絶え間ない私利化が図られ,地方の社会的利益衝突の不断の爆発と段階的拡大を呼び起こした。当然,その中に士紳間の利益上の分化も含まれている。たとえば,晋西北の興県の士紳にはいわゆる「都市派と農村派」があり,「都市派首領は劉訓三で,農村派首領は牛友蘭。都市派の代表人物は7人」であった[5]。地方における利益の分配問題によって,「両派の勢力は互いに争ってやまず,都市派は政治のうえで優勢を占め,農村派は全県の経済を支配した」[晋西区党委：25]。これによって,興県の地方社会秩序の長期的不穏状態がもたらされた。地方の利益資源に対するコントロールと独占は,晩清以来の郷紳権力の変動過程のひとつの共通的特徴となった。たとえば,海南農民運動は,地方の「公共財産」と「公権力」をめぐって展開され,「総農会は農会経費を増やすために,県城の各農産品市場,たとえばサツマイモ市場・米市・たきぎ市・子豚市・牛市・さとう市・青果市・ジャガイモ市・草市などを農会の管理に回収する決議をした。これらの市場はそれまでみな紳士土豪や廟祝が取り仕切っており,彼らに管理権を引き渡そうとすると必然的に矛盾と衝突を引き起こす」[彭：23]。

　もちろん,海南だけのことではない。郷紳の地方公共財産に対する占有と私利化は,郷村全体の社会的利益衝突と矛盾の激化の核心的所在である。伝統社会の地方公共財産―学田類・善堂田類・祠田類・義蔵田類の公田と公金はそれまでずっと郷紳の経営に帰していた。[柳：6]。仏教寺院や道教道観に付属する寺廟田

自体は公田ではないが、清末新政以後、そのなかの相当部分が学田に編入された。韓国の学者柳鏞泰の研究によれば、1934～35 年、湖南・湖北各県の平均公田面積はそれぞれ 4 万 4000 余ムーと 3 万 2000 余ムーであった。儒家の「公」倫理を基礎として形成された統治秩序のなかで、地主や士紳、富商が宗族や郷村に寄付した公共財産（公田・公金）は一族の者や村民に功徳として施されたものであった。彼らはこのような寄付を通して宋学が強調する治者の名分、すなわち士大夫を獲得し、私利を求めることを抑制しなければならないだけでなく、さらに郷党としての地域秩序である「公道」を維持しなければならかった。同時に一族の者や村民から権威の正統性を獲得した。郷村権力関係はこのような「保護―正統性」を基礎として形成されたのである［柳：6］。公田が多くなればなるほど小作人も多くなり、小作人の公共財産に対する依存度もますます大きくなる。これによって、公共財産主宰者の権力もますます大きくなる。公田寄贈者は国家によって士紳の称号を授与される。これで、彼らは村民からの権威の正統性を獲得し、また国家からの授権を獲得した。同時に彼らは公共財産で書院や各種の善堂を運営し、族譜を編修し、士紳階層を再生産しつつ、儒家倫理を解説宣伝し、社会的文化的資本を掌握した。彼らは祖廟の祭祀儀礼を主宰し、神権を握り、神聖なシンボル資本を用いて自身の権力と権威を正当化した。「権力者は祭祀儀礼を主宰する過程で、神格と交流する様子を顕示し、これによって権力者の暴力的本性を粉飾した」［Ahern：92］。しかし、19 世紀末から 20 世紀の初期に、商業化の進行と新政の政治体制の変容過程のなかで、市場の論理が「公」の倫理に取って替わり、公共財産と祭祀儀礼は急速に衰退した。原則上、公田は売出しが禁止されていたが、しかし、商業化の影響のもとに 20 世紀 20 年代末には、3 分の 1 の公田がすでに売りだされた［章有義編：70；柳：7］。公倉の穀物も売り出されて現金化され、高利貸し資金に転用され、さらに軍閥土豪が公田や公金、公倉の穀物を奪ったり売りはらったりした。したがって全体的にみれば、民国初期の公共財産の衰退現象は非常に明らかである。公共財産の産出率の衰退と呼応して、公堂の祭祀儀礼も急速に衰退した。湖南省の各県の自治調査事務所の調査報告によれば、攸県の祀産の 60％が学校の基金にあてられ、残りは管理者によって横流しされ、礼典は全て廃れ、新寧県の文昌・社・壇・祠の祭祀も全て廃れた［湖南各県調査筆

記：下126, 135]。こうしたことから，柳鏞泰は，公共財産・公堂の衰退と農民家庭出身の近代知識青年の出現は，それぞれ1920年代農民協会発展の構造的要因であり，主体的要因であったと考える［柳：8］。公共財産および「公」倫理を基礎として成立した郷村権力関係は構造的変動を起こし，この歴史的変動が作り上げた郷紳権力拡大の無秩序性とコントロール不全は，地方社会の矛盾激化と政治闘争の直接的原因となった。1920年代の湖南では，農村家庭出身の新知識青年が結集して地域的青年団体や学生連合会などを組織した。地方政治闘争を展開する主な理由は，ほかでもなく郷紳と地方権力集団の公共資源管理機構に対する独占と私利を追い求める郷村権力者の非道徳性にあった。「新青年」という姿で出現した進歩勢力はそれゆえ郷村権力者と相対立したのである。

郷紳階層は，地方の公権力と公共利益のコントロールについてはさらに直接的であった。「土豪劣紳は一般的にみな税金徴収人・廟宇管事・公有土地管事・公有食糧倉庫管事等々を兼ねていた。…行政公職は土豪劣紳にとってなんと大きなうま味があったことかということを物語っている」［巴庫林：108］。民国期，「華北郷村の勢力ある人物は，経済・訴訟・栄誉・特権を一身に集め，その勢力は時には県知事を上回った」［李正華：115］。はなはだしくは，郷村定期市はみな地方郷紳の権力を行使する重要な場所のひとつとなった。李正華の研究では，郷紳の郷村定期市にたいするコントロールは非常に強く，県以下の各級行政機関は定期市の所在地に多く設けられているばかりでなく，定期市の興廃の命運も多く地方郷紳によって握られていることを明らかにしている［李正華：116］。郷村の勢力ある人物は郷村定期市を操り，管理者自身が地方の勢力者であるからばかりでなく，さらに彼らの行為はその他の郷紳によっても強く左右されてもいたからである。いくつかの地方では，廟会を主宰する郷公所や僧侶は，廟会を開く前夜に接待しなければならず，客は当地の地主や紳士で，さもないと廟会は開催できなかった［適：118；李正華：185］。

むすび

晩清以来の制度的変遷と郷紳権力の構造的変動は，既に郷村社会の矛盾と歴史

的宿怨を，地方権力と利益資源を掌握する郷紳階層の身の上に集中させた。したがって，民国社会における政治の次の選択からいえば，この必然的な歴史の展開過程は簡潔なスローガン「紳士階級を打倒せよ！」で示すことができる。だから，清王朝が制度上革命の対象として打倒された後，現存の社会のあらゆる弊害は，社会的基盤からみて革命対象としての紳士階層に向けられた。「紳士階級とは何か？ すなわち宗法社会の産物であり，帝国主義と軍閥の基礎構造である」[適]。「士紳階級は帝国主義の手先であり，我々の側から見ればスパイである。我々は決然と我々のスパイを一掃しなければならない」[于：444]。

制度的変遷を基盤にして自己の権力を十分に拡大した郷紳階層は，変遷する制度のなかで当然時代的「特徴」を付与され，また同時にこの制度の「創造物」でもあった。このため，1920年代になって，伝統的社会全体の価値観によって崇め尊ばれた「紳士」階層は，まったく変身して「社会全体」の「公敵」となった[6]。われわれは少なくとも，国民革命の時代に，国共両党の紳士階層に対する革命では比較的一致した認識を持ったということに容易に気づくのである。「だから，革命の要求はひとつの農村の大変動を必要とする。ひとつの農村ごとにみなひとつの大変革があり，土豪劣紳や不法地主，あらゆる反革命活動を農民の威力のもとで完全に消滅させなければならない。農村政権を土豪劣紳や不法地主，あらゆる反革命派の手中から農民の手中に移さなければならない」[巴庫林：314]。紳士階層は必ず国民革命とその後一層深化した革命の嵐によって席巻されるであろう。

注

[1] 即ち，ひとつの制度の変革が別の制度の変革を誘発し，そして最終的に全制度の系統的変革を引き起こす。清末「新政」の地方自治・官制改革・立憲運動・科挙廃止から，共和が興り帝政の滅亡にいたるまで，相互に関連する連鎖的変革を構成した。

[2] 『城鎮郷地方自治章程繕具清単』は地方自治の範囲を以下のように想定している：「1，本城鎮郷の学務：中小学堂，蒙養院，教育会，勧学所，宣講所，図書館，閲報社，その他，本城鎮郷学務に関すること，2，本城鎮郷の衛生：道路清掃，汚穢排除，施医薬局，医院医学堂，公園，戒煙会，その他本城鎮郷衛生に関すること，3，本城鎮郷の道路工程：道路整備，道路改修，橋梁建築，溝渠疎通，公共家屋建築，街頭灯，その他本城鎮郷道路工程に関すること，4，本城鎮郷の農工商務：種植牧畜改良，漁業，工芸業，工業学堂，工場建設，工芸改良，商業整理，市場開設，青苗防護，水利建設，田地整理，その他本城鎮郷の農工商務に関すること，5，本城鎮郷の慈善事業：救貧

事業，環境衛生保持，孤児院，衣料の施し，粥の施し，義倉積穀，貧民工芸，救生会，救火会，救荒，義棺義塚，古跡保存，その他本城鎮郷の善挙に関すること，6，本城鎮郷の公共事業：7，本条各項目の経費調達：8，その他当地方の習慣により紳董の処理に帰すればもとより万事弊害の起こることはない」［清末籌備立憲档案資料：728-729］．

3) 例えば桑植県「ただ 8 郷に分け，各郷長の銃保有量は数十丁から数百丁とまちまちである．各自が政治を行い，互いに独立している．県府の命令など無用のものの如くである．故にここ数年，当県の人士は 8 郷長を皮肉って 8 路諸侯という」［湖南各県調査筆記：上 44］．

4) 30 年代に晋中の文水県「新県長（以前は知事）が就任する度に太原から文水まで必ず先に開柵鎮を通って『先生』を表敬訪問した」［山西省档案館所蔵：15］．

5) 晋西区党委（1942）は以下のことを明記している．都市派士紳は 7 人でその出身と背景は：白懐章，大地主兼商人，落後分子；李聚興，名医，中間分子；孫逸齋，現県政府第一科長，中間分子；劉雨傘，現商会会長，中間分子；白万桂，すでに趙承綬について退却，頑固分子；王金斗，大商人で今でも勢力を持つ，落後分子；崔士英，貧困知識分子，抗戦前は県政府財政局長，新政権では財政局主任．農村派代表人物は 7 人で，その出身と背景：温鼎三，落後分子；孫良臣，現県政府第二科長，中間分子；張仁，悪徳ボス，頑固分子；賈千青，元朔陽県長，国民党員，現在退官し家で悠々自適，落後分子；李紹英，地主兼高利貸し，落後分子；王海龍，名士紳，落後分子；馬 XX，中間分子と名のる［40］．

6) 歩鸞は以下のように述べている「社会のなかでもっともよくないのは紳士階級であって，彼らは直接平民を圧迫している；だから革命を実行する人間は立ち上がってこの階級を打倒しなければならない．今紳士の罪状を数えあげてみよう：(1) 紳士は地方で訴訟を独占する；だから紳士も『太平を憂える』といえる．…だから彼は常に貧民をそそのかして訴訟を起こさせる…(2) 紳士は地方で権勢をかさに災難や騒乱，善悪全てを勝手に判断する．例えば，金持ちと貧乏人のふたりがもめ事で訴訟を起こすと，金持ちは必ず紳士に賄賂を贈り，法の制裁を逃れてのうのうとでき，貧乏人は屈辱を晴らせない．また地方官吏は紳士たちの意思にあやつられてしまう．言いがかりをつけて上訴控訴し，勢力のある者は重犯や重大事件をかばい隠しさえする．地方官はどうすることもできない．ひどい場合は，地方官が『悪人を助けて悪をなす』ようにさえ，不当な利益を得る紳士さえいる．(3) 紳士は徴収各機関—厘金・専売・収入印紙・賭博等の局を請け負っている．…このほか，地租と人頭税を管理している城紳は地方の小軍閥を唆して，農民に地租と人頭税を前借りさせ，各県で借金が 18～9 年間にものぼるものさえいた．紳士は実に大きな咎を負うべきである．なぜなら，彼らはそれで利潤を得るのだから．(4) 紳士の大半は地主で，彼が郷里に帰り小作料を徴収するとき，…少しでも反抗するものがいれば，彼は 1 枚の紙に上申書を書いて役所に行く．その虎や狼のように残忍な下級役人は白黒もつけず，農民を引っ張って県の牢獄につなぐ．(5) 紳士は小軍閥の手先である．…(6) 紳士は土匪と結託して農民を痛めつくす．広東の東江の農民協会はたびたび土匪に襲われ悲惨な目にあった；また，高要の農民軍が民団に包囲されたのも地方紳士の唆したことである．(7) 紳士は全てを請け負う．地方の学校の多くは劣紳が取り仕切っている．…商会長は当然商人がやるべきなのに選挙の結果はやはり紳士派が当選する．民選議員も必ず当選するのは紳士であり，豚の子議員は以前みな地方の覇紳土豪であった」［歩］．

文献

巴庫林，A.B.（バクリン）（1985），『中国大革命武漢時期見聞録—1925-1927 年中国大

革命札記』中国社会科学出版社 355p.
步鸞,「応該打倒紳士階級」『中国青年』第 124 期 pp.666-667.
費正清(Fairbank, J. K.)・劉広京編 (1985),『剣橋中国史』晩清下, 第 11 巻(中国社会科学院歴史研究所編訳室訳, 原著は 1978 年), 中国社会科学出版社 771p.
費正清・費維愷編 (1994),『剣橋中国史』民国上, 第 12 巻(劉敬坤訳, 原著は 1983 年), 中国社会科学出版社 1106p.
更生・羅倫 (1959),『清代山東精英地主的社会性質』
広西文史研究館編 (1991),『黄紹竑回憶録』広西人民出版社 705p.
晋西区党委 (1942),『統一戦線政策材料匯編—名人伝略』山西省档案館(B6)
克明 (1926),「紳士問題的分析」『中国農民』第 10 期 pp.9-14.
彭湃 (1981),『彭湃文集』人民出版社 367p.
来裕恂 (1991),『蕭山県志稿』天津古籍出版社 544p.
李大釗 (1919),「青年與農村」『晨報』1919 年 2 月 20-23 日(童富勇等編『中国近代教育史資料匯編』, 1997, 上海教育出版社) pp.949-953.
李景漢編 (1986),『定県社会概況調査』, 中国人民大学出版社 828p.
李実 (2004),「辛亥革命時的郷居記聞」『湖北文史資料』2004 年第 4 期.
李正華 (1998),『郷村集市與近代社会』当代中国出版社 185p.
劉大鵬 (1990),『退想齋日記』山西人民出版社 615p.
柳鏞泰 (1999),「国民革命時期公産, 公堂問題—両湖與広東農民運動之比較」『民国研究』第 5 輯 pp.5-20.
穆玉姫 (1966),「晩清和早期共和時期中国江南地主階級的文献研究」『東方学報和非洲研究』第 29 巻第 3 期 pp.566-599.
史靖 (1988),「紳権的継替」(呉晗・費孝通等『皇権與紳権』天津人民出版社) 150p.
適時,「江都新益郷的流動市場—集」『新中華』第 2 巻第 2 期.
王先明 (1993),「中国近代紳士階層的社会流動」『歴史研究』1993 年第 2 期 pp.80-95
——— (2005),「士紳構成要素的変異與郷村権力」『近代史研究』2005 年第 2 期 pp.245-283.
——— (2008),「士紳階層與晩清民変—紳民衝突的歴史趨向與時代成因」『近代史研究』2008 年第 1 期
王維顕 (1937),「"模範県"期與"実権区"期的定県県政」, 南開大学経済研究所『政治経済学報』第 4 巻
魏光奇 (2004),『官治與自治—20 世紀上半期的中国県制』商務印書館 407p.
于忠迪 (1926),「生活問題與士紳階級」『中国青年』第 80 期 pp.443-444.
章有義編 (1957),『中国近代農業史資料』第 2 輯, 三聯書店
章征科 (1994),「辛亥革命時期没有"大的郷村変動"原因分析」『安徽師大学報』1994 年第 2 期 pp.158-164.
中華民国史事紀要編輯委員会編 (1979),『中華民国史事紀要(初稿)』(中華民国 15 年—1926 年 1 月至 7 月), 台北:中華民国史料委員会 593p.

『大公報』
　「天津県示」, 1904 年 10 月 20 日
『定県志』巻 11, 人物篇, 人物表 5, 清代科第:人物表 6, 選挙, 賈恩紱等纂修
『東方雑誌』
　「時評:毀学果竟居風気耶」,『東方雑誌』第 1 巻(1904 年)第 11 号.
　「論教育與国家之関係」『東方雑誌』第 3 巻(1906 年)第 3 号.
『湖南各県調査筆記』(1931) 上下

『湖南農民運動資料選編』中央革命博物館・湖南省博物館編 (1988), 人民出版社, 825p.
  「全国農協臨時執委発布全国農民第一次代表大会宣伝綱要」
『湖南全省第一次工農代表大会日刊』湖南博物館編 (1979), 湖南人民出版社, 399p.
  「謝覚齋先生報告国民革命與工農階級的関係」
『南匯県続志』, 巻18 風俗志, 厳偉修, 秦錫田等纂, 1929（民国18）年刻本, 1044p.
『清末籌備立憲档案資料』下, 故宮博物館明清档案部編 (1979), 中華書局, 1074p.
『中国現代史資料選輯』(第1冊)下, 上海師範大学歴史系中国現代史教学小組編 (1977) 上海師範大学, 817p.
  「第一次国内革命戦争時期的湖南農民運動」
『辛亥革命前十年間時論選集』第3巻, 張枬・王忍之編 (1960), 三聯書店, 862p.
  「紳士為平民之公敵」『河南』(1908), p.302.
  茗蓀「地方自治芻議」p.407.
山西省档案館所蔵,「名人伝略」（全宗号 A-22-1-4-1）
沙県档案館所蔵,「関於各族書田作族内昇学補助費」（民国27年案巻156）(1928)

Ahern, Emily M. (1981), *Chinese Ritual and Politics*. Cambridge University Press, 144p.
MacKinnon, Stephen R（1980）, *Power and politics in late Imperial China : Yuan Shi-kai in Beijing and Tianjin, 1901-1908*California Univ. Press, 260p.

3 文書史料からみた中国近代江南の地主経営

夏井 春喜

はじめに

　現在目覚ましい経済発展を遂げる中国にとって，最大の問題のひとつが農村問題である。1949年に成立した中華人民共和国の「新中国」の成果として封建的軛から女性を解放したとする「婚姻法」とともに，「土地改革」があげられる。重い地租の搾取によって，再生産への投資の余裕がなかった貧農に土地を分け与え，さらにその後の初級・高級合作社を経ての「人民公社」という集団化によって，旧中国の農業の発展を阻害していた寄生地主制と土地の細分状況は克服されたかにみえた。しかし，中国の現在の農村は大きな問題を抱えている。「人民公社」という人為的集団化はかえって農民の生産意欲をそぐものとして1970年代終わりに解体され，再び個別経営に戻った。1970年代後半から80年代にかけての改革・開放の初期には，農村の生産も増加し，農民の生活の改善もみられたが，その後の「民工」という農村からの出稼ぎ労働者，農村と都市の「城郷格差」の増大，開発その他による土地の強制収用等の問題は近年ますます深刻化して，中国農村の貧困は依然として続いている。こうした現実の中で，中国革命とは何であったのか，土地改革は中国に何をもたらしたのか，という問いが発せられている。中華人民共和国が還暦になろうとする今改めて検討する課題であると思われる。

　土地改革を検証するためには，その前提となる各地の農村の具体的状況と変化を明らかにすることが求められている。ここではその一歩として旧中国の経済的最先進地域で，地主制が租桟地主として特異な様相を持った蘇州を中心とする江南（蘇南）を取り上げる。地主制研究を深めるためには，まず緻密な実証研究が

必要あり，例えば土地の地主への集中，田租の重さはよく言われるが，実際に納入時期によって佃戸がどの程度の田租を納入しなければならないのか，地主の経営はどうであったのか等の基礎的データが必ずしもはっきりしなかった。こうした中で地主の収奪やその近代化への阻害を抽象的に述べてもあまり意味をなさない。資料公開が進んだ現在，地主文書や政府機関等の档案資料という1次史料，あるいは1930，40年代に行われた農村実態調査資料を調査目的・方法等を再評価した上で使用・再構成し，地主－小作関係の具体的実態を解明する必要がある。第2に，広大で地域格差の大きな中国では，ある地域，ある時代のあり方を中国全体とすることはできない。史料の精粗にも隔たりがあり，実証的データの少ない現在にあっては，1地域という地域的に狭く限定し，期間的に長くとった実証的研究が必要ではないかと思われる。地域研究がそのまま中国全体の理解に直結するものではないが，地域研究のデータを蓄積して全国的なものを作り上げていくことがむしろ捷径ではないかと思われる。

Ⅰ．文書史料について

1980年代の改革開放以後，中国では各地で新しい資料が多く出されるようになった。各地の档案館を訪問して閲覧・複写することも可能となり，地方の新聞もマイクロフィルムとして入手するとことができるようになった。こうした資料に基づき新たな事実の発見や，従来とは異なる視点からの研究も行われ，研究の深化がみられる。土地関係文書では安徽省徽州の「徽州文書」が有名で，日本でも優れた実証研究が出されている。国民政府の土地行政や農村救済政策においても，笹川裕史氏等の研究によって積極的評価すべき面もあったことが明らかにされている。

中国や台湾だけでなく，日本国内の大学・図書館等にも多くの文書史料が収蔵されていることは，前から知られていた。仁井田陞・天海謙三郎・今堀誠二氏等が収集した文書について考察を加え，その後江南の租桟文書については村松祐次氏の大著『近代江南の租桟―中国地主制度の研究』（東京大学出版会，1970年）をはじめとして，伊原弘・川勝守氏の研究が，魚鱗冊については仁井田陞・鶴見

尚弘・足立啓二氏の研究がある。

　日本に収蔵されている文書史料は，多くは戦前の実態調査の過程で収集されたもので，その収蔵状況には次の2点があると思われる。第1は，実態調査が多岐に亘っているためと思われるが，多種多様な史料が収集・収蔵されていることである。第2は，同じような史料が複数の大学・研究機関に分散・収蔵されていることである。これは東亜研究所が典型のように，日本の敗戦ともに国策研究機関の機能が停止し，所蔵図書・資料も散逸したことによると思われる。

　この点を筑波大学（旧東京教育大学）収蔵の東亜研究所第6調査委員会収集文書でみてみると次のようになる。筑波大学に収集されている文書資料の主だったものには，契約文書（浙江，山西霊石，通州・北京），魚鱗冊（蘇州），銭糧串票（江蘇揚州），礼部官地関係，某王府官荘畿輔旗地関係，執照類（中華民国財政部発行の「護照」・「運送制銭錬銅専照」，直隷の焼鍋関係，「牙帖」，捐納関係の「正実収」・「戸部執照」・「監照」），地方政府の報告書である「甘粛布政司刑銭実表冊」，広西省の各州県の郷社・団練の名冊，山東省の1912（宣統4）年の予算表，黒竜江省の1913（民国2）年4月の税収報告書，湖北省の長江水路の報告書等があり，時代も，地域も，種類も様々なものが含まれている［夏井2005］。このうち礼部官地関係資料は天海謙三郎『中国土地文書の研究』（勁草書房，1966年）で使用したものであるが，同様のものが東京大学東洋文化研究所にも収蔵され，その一部は天海氏が未使用のものもある。某王府官荘畿輔旗地関係と同一王府と思われる史料は京都大学人文科学研究所と国会図書館（断片）に収蔵され，前者については村松祐次氏の研究がある（1962）。捐納関係の「戸部執照」・「監照」及び焼鍋の「部照」は東京大学東洋文化研究所に，「牙帖」は東洋文庫に同様の史料がある。また浙江省の契約文書の1件，嘉興県の「懐処」の「杜絶売契」は東京大学東洋文化研究所に収蔵されている仁井田陞氏が収集した「嘉興懐氏文書」と重なると思われる［濱下ほか］。このように日本の大学・研究機関に収蔵されている文書史料を使用する場合，同種の史料が他の機関に分散・収蔵されている可能性があり，所蔵の連合目録の作成が必要となる。

　日本に現存する土地関係文書はかなりの多量に上り，その内訳をみると租桟の簿冊，魚鱗冊，契約文書，賦税関係簿冊などであり，江南の蘇州のものが圧倒的

多数をしめる。管見するところでは江南の租桟簿冊は国会図書館・一橋大学・東洋文庫・東京大学東洋文化研究所・京都大学人文科学研究所・同経済学部・九州大学に約320冊，魚鱗冊は国会図書館・東洋文庫・東京大学東洋文化研究所・筑波大学・早稲田大学・京都大学文学部・広島大学・慶應義塾大学（断片）に約210冊が収蔵されている。賦税関係簿冊は，呉県旧太湖庁の民国時期の地丁・漕糧の実徴冊が，国会図書館・東洋文庫・東京大学東洋文化研究所に約200冊，京都大学人文科学研究所に金匱県の実徴冊が3冊あり，契約文書は国会図書館・東京大学東洋文化研究所・東北大学・筑波大学・京都大学法学部等に収蔵されている。米国ボストンのハーバード大学燕京図書館にも租桟関係簿冊32冊，魚鱗冊3冊と契約文書が収蔵されており，契約文書については山本英史氏の紹介（1997）があるが，これらは1960年に日本で購入されたもので，日本の大学等で収蔵されているものと重なるものである。これらの文書史料は，日本中国侵略のひとつの遺産ともいえるが，江南の地主制，農村社会経済を明らかにする貴重な資料でもある。

　次に租桟簿冊についてみてみたい。租桟は清代から民国時期に蘇州等中国江南地方で，主に何らかの官職的背景を持つ郷紳が自己の所有地・受典地ばかりでなく他の地主から依託された土地を一括管理し，小作料徴収と賦税の代納等を行った組織である［村松1970］。租は小作料，桟は倉庫を意味する。租桟は城内・市鎮の運河沿いの地主の邸宅等に賬房という小作地・小作料・賦税等の事務一般を管理する機構が設けられ，司賬（大賬・師爺・知数先生）と呼ばれる管理責任者が，小賬・助理員と呼ばれる事務員とともに各種の簿冊・文書を作成し，郷村には催甲という土地と小作人を管理するものを置き地主に代わって租桟の業務を行った。租桟では小作台帳の「租冊（簿）」，催甲別の「装銷」，納入別の「日収」，決算簿の「報銷」，災害状況を記した「荒冊」，賦税の納入状況を地丁漕糧冊等の多種の文書が作られた。日本及びハーバード大学の燕京図書館に20数租桟，約350冊収蔵されている。これらの文書は日本の他の文書史料と同じく，同じ租桟の文書が複数の大学・研究機関に分散収蔵されているもののある。例えば，馮林一桟（内容は呉氏の租桟）の簿冊は，東洋文庫・九州大学・京都大学法学部・ハーバード大学に，蘇州の望族彭氏の彭味初桟と呉延陵桟の簿冊は，一橋大学とハ

ーバード大学に,一橋大学収蔵の黄埭「沈恒豊桟」の契約文書と思われるものが東北大学に収蔵されている。文書を使って考察するためには,個別文書史料の書誌的な実証とともに,広く日本及び海外の収蔵状況を見てみる必要があると思われる。これらの文書史料は,その目的に従って個々の租桟が作成したものであるが,清末以降の蘇州では小作条件が均一化の方向にあり,個別実証で得られた知見が蘇州の中に一般的に適用できると思われる。

II. 租桟簿冊等からみる近代江南の地主経営

日本に現存する租桟簿冊史料を中心にして,それと中国・台湾等の同種の史料,さらに新聞・雑誌・地方志等の文献史料及び農村実態調査報告等を対照させ,近代江南の地主経営をみてみると,太平天国後から中華人民共和国成立までの時期は次の4つの時期に分けられると思われる。第1期は,太平天国後から辛亥革命勃発までの清末である。第2期は辛亥革命から南京国民政府成立までの民国前期である。第3期は,日中戦争勃発までの南京国民政府時期,第4期は日中戦争期・国共内戦期である。それぞれの時期の地主経営が如何なるものであったかを考えてみたい。

1) 第1期:清末

太平天国の1860年から1862年末までの約2年半に亘る江南占領は,江南の地主制に大きな衝撃を与えた。太平天国は基本的には「照旧交糧納税」を行い,それまでの地主-小作関係に基づき地主が収租して田賦を納入することを原則とした。しかし,蘇州等に居住する郷紳等のかなりの部分は上海や江北に避難し,また太平天国の江南占領以前から高まっている抗租風潮により,地主が収租して納税することは困難であった。このため太平天国では各地の郷官局が「着佃辦糧」と,直接的に佃戸から収租しそこから田賦を控除する方法が採られた。太平天国占領時期に田租をみると1畝当たり6〜7斗と,従来の田租額の約半分から3分の2程度に低下しているが,その低下は田租の約6割を占める地主の取り分の圧縮によって行われたのである。

太平天国鎮圧後に蘇州に帰ってきた郷紳等は,早急に地主-小作関係の秩序回

復を迫られた。太平天国占領によって生じた田租額の低下，佃戸の抗租風潮に対処する必要があったからである。収復直後の2年間は，李鴻章等の淮軍の武力を背景として官が収租をして，そこから軍餉を控除する「租捐」が臨時的措置として取られた。この「租捐」徴収という官の収租への全面的介入する方式によって，太平天国時期に混乱した地主－小作関係を正常に戻そうとしたのである。1865（同治4）年に地主が自ら収租するやり方に戻ったが，同年の収租状況は芳しいものではなかった。

簿冊史料を見ると，「范氏義荘」・「沈恒豊桟」では30％後半の収租率に過ぎず，6割近くの欠租があった。太平天国占領時期に田租の低下をみた佃戸への「飴」として実施されたのが1866年に行われた減租であった。減租の計算方法については，文献史料では3種類があるが，簿冊史料によると，1畝当たり1石以上は斗以下の端数の半額と1石を98掛けにした額を加えたもの，1石以下は98掛けという方法で，蘇州境内に一律に布政使令という強制力をもって行われた。減租額は1畝当たりの租米額によって異なるが，平均的には7％程度減免され，1畝当たりの平均租米額は減租前の約1.15石から約1.05石に低下した。減賦に占める減租額をみてみると，額面だけを見れば減賦分が殆ど減租に回った勘定になり，「城中の紳業は，格外に佃戸を体恤し，業主が免ぜられるべき10分の7を全て佃戸の蠲免（租税等の免除）に入れた」［益聞録1881/4/17］というのも誇張ではなく，郷紳にとって自らの負担を増加せずに佃戸に譲歩する限度であった。しかし佃戸にとって，数％の減免は太平天国占領時期に比べると極めて少額であり，納租状況を大きく好転させる梃子にはならなかった。

減租の実施とともに，地主の組織化が図られた。太平天国前から蘇州では租桟が作られていたが，戦後有力租桟等による組織化が図られた。減租は陶煦等在地地主の反対を押し切って郷紳によって強制力を持って実施された。減租の実施と平行して枡を官斛（官製の枡）に統一することと，折価（租米の貨幣への換算値）を公議することが決められている。1880（光緒6）年に永昌徐氏が6斗も入る5斗枡を使ったとして佃戸から訴えられる事件が起き，収租には官斛を用いることが命じられている。折価は清末段階でも，各租桟によって相当のばらつきがあるが，范氏義荘等の有力義荘がプライスリーダーとなり，次第に格差も縮まってい

った。このほか開倉日，災害等での減免額の決定等も公議で行われるようになり，租桟の組織化が進んでいった。租桟の組織化により，有力租桟の郷紳等がその政治力を用いて，官の公権力を収租に介入させることが一般化した。「糧従租出（田賦は田租の納入の中から支払われる）」を名目に「送官追比（官に送って田租を責め取る）」を行い，3 限を過ぎても納租しない「頑疲の佃戸」に対して，追租局等の官と地主の合同の組織が作られ，官の委員・差役等を動員して佃戸から田租を強制的に徴収することが行われた。その追租の費用は租桟が負担し，特に翌年の春の追租効果はその費用の割に実益は僅かであった。しかし，城居化した租桟地主が全くといってよいほど情誼的関係を持たない郷村の佃戸から田租を徴収するためには，官と一体となった暴力的機構が不可欠であり，これによって一定程度混乱した地主－小作関係を安定化させた。

　太平天国後の地主経営に大きな影響を及ぼしたものに折価の問題がある。蘇州の田租額は簿冊上では米で表示されるが，実際の納入は貨幣で換算して納入する折租であった。この折租が太平天国後に盛行したという史料もあるが，「沈恒豊桟」の 1859（咸豊 9）年の簿冊を見ると，米の納入は 8％に過ぎず太平天国前から折租であり，太平天国後の清末に普遍的になったということしか今の段階ではいえない。在地の小地主の場合は民国時期にも米で納入する事例もあったが，租桟地主の管業では限内では米の納入は認められず，貨幣に換算して納租された。使用する貨幣は「沈恒豊桟」を見ると，太平天国前は銅銭であったが，太平天国後は洋元，それも最初はスペイン銀貨の「本洋」が用いられたが，後にはメキシコ銀貨の「英洋」が使われた。折租は佃戸が農作物を市場に販売し，現金を手に入れることが前提となっており，農民は上海を頂点とする交易網の中に必然的に巻き込まれることになる。清末を通じて折価の基準は銅銭に置かれていたが，佃戸の販売・納入は主に洋元で行われ，銅銭は補助的貨幣の役割でしかなかった。このため米→洋元→銅銭と 2 回の換算を経ざるを得ず，この二重の折価の設定如何が地主・佃戸双方に大きな損益を与えることとなった。米→銅銭，洋元→銅銭の折価は，米の市価変動と相まって地主・佃戸の争いの要因となった。簿冊の折価を米の市価等と比較したとき，清末では市価よりやや高く設定されて佃戸は額面以上の収奪を受けていたようである。清末以降，折価と災害時の減免を巡る問

題が抗租の大きな原因となる。

　租桟簿冊の納租状況を見ると、1870年頃で太平天国後の混乱もほぼ収まり、以後豊作・不作で納租状況も変化しており、各租桟によってばらつきがあるが、1870、80年代で良い年で80％台、悪い年は60％程度であった。90年代末から20世紀初めの収租を見ると収租率は60、70％台で推移しているが、辛亥革命のインフレーション、民変多発を反映しているのか、欠租率が10～30％台と少し高くなっている。

2）第2期：民国前期

　1912年から南京国民政府が成立する前の民国前期が蘇州の地主経営が最も安定した時代であった。有力租桟の郷紳を中心に租桟地主が田業会という同業組合を組織し、それが主に直隷派が担った江南の地方軍閥に働きかけ、地主経営の安定条件を作り出した。

　田業会が結成されたのは、清末の地方自治の機運が高まり、商会・農会・教育会等の社団が作られた1909（宣統元）年であった。この年は最初に大水があり、夏に旱魃と虫による被害があり、長洲県北部や元和県唯亭等で抗租が発生し、それへの危機感もあって田業会という租桟地主の同業組合が作られたのであった。しかし田業会が本格的に機能したのは辛亥革命の混乱時に行われた租糧併収によってであった。

　辛亥革命が起こった1911年は夏に大水害に見舞われ、抗租風潮が高まっていた。そこへ武昌蜂起が勃発し、各地で革命蜂起が相次ぎ江南も騒然たる情勢となった。潘祖謙・尤先甲等蘇州の郷紳は江蘇巡撫程徳全を説得し、「和平光復」を実現したが、収租は困難を極め、「朝代が代わったからには、この田は故の持ち主のものではない」［時報1912/1/12］という佃戸もあった。一部の租桟地主は田業会に結集して、民政長宗能述に働きかけ、租賦併収という官の公権力を動員して佃戸から田租を徴収し、それから田賦を控除して地主が受け取る方法を実施した。これに対しては地主の収租の自主権は奪われることを慮って申氏義荘の責任者となる申璋や教育会の重鎮で呉県県議会・江蘇省議会の議員を務める孔晋昭等の反対があったが、これ以外に良法がないと多くの租桟地主が参加した。蘇州市博物館に収蔵されている『呉県田会収支各款報銷冊』によると、元和県で田業会

に参加した租桟は210家を数える。徴収した田租の50%が田賦として官に納められ，残りの50%の内45%は地主に渡され，5%が経費として使用された［夏井2007］。この租賦併収によって田業会は多数の租桟地主の参加を獲得し，地域社会における存在を高めて行く。

　1910年代後半には田業会は商会・農会・教育会の3「法団」に匹敵する存在となった。社会的存在の高まりは，田業会が単なる租桟地主の集団ではなく，学款処や育嬰堂等という土地を所有しその田租で運営する公共団体・善堂や義荘等が参加した一定程度の「公共」性をもっていたことによる。田業会のメンバーを見ると，1920年代初めには丁懐榮（春之）を初めとして工商業界に関係あるものが多い。特に1919年に，中国ナショナリズム高揚の中で生まれた蘇州電気廠とは密接な関わりを持った。丁懐榮は田業会の会長であるとともに，蘇州電気廠の協理であり運営の中心として活躍した。1922年に呉県田業銀行が設立されるが，これも田業会の密接な関わりを持ち，地主の田租を近代商工業に投資することを促すものであった。

　内戦期の史料だが呉江県の田業聯誼会の役員の経歴を見ると近代学校を卒業した高学歴で，社会的地位を持っているものが多い（呉江市档案館蔵，表1）。田業会は租桟地主の同業団体でその利益を追求するものではあるが，その当時の江南の地域エリートとして実業振興，ナショナリズムとも繋がりを持っていたといえる［夏井2007b］。財政難に苦しむ地方軍閥政府に対して田賦徴収やその予借で大きな影響力を持った田業会は，その政治力を使って地主－小作関係を有利に作り上げていく。欠租の佃戸の処分は法律では法院で行われるべきものであったが，地主の意向で行政が担い，清末の「送官追比」の追租局は民国時期も引き続き毎年設置された。蘇州博物館収蔵の滸関・西津橋の1915年と1926年の追租局の決算簿を見ると，沈抱芝の「沈貽穀桟」を幹事租桟として92の租桟が参加し，委員・書記・局員以下整然たる体制が整えられている［夏井2007］。欠租に対する強制執行の例をひとつあげておく。「徐永安桟」（東京大学東洋文化研究所蔵）──「此戸本年転刈礱牌，押令経造・地保，協全巡警，押割新穀，解見毛穀十二根十八斤，浄九百八十五斤，毎（百斤）四元二角，入洋四十一元三角七分，付人工・船飯洋二元，銭三千二百八十文，酬巡警二元，共付洋五元三角七分，入

収洋参拾
陸元。歴
年積欠一
律清乞」。
1917 年に
大規模な
抗租が発
生したが,
1920 年代
前半は抗
租事件も
少なくな
り，欠租

表1　呉江県田業聯誼会第 2 期理監事略歴表（民国 37 年 11 月）

職別	姓名	年齢	略歴	居住地域
理事長	王中孚	62	県立中学畢業	城内三古井
常務理事	金立初	45	東呉大学教授	同里
	金廼輝	43	県参議員，執行律師業務	黎里
理事	王愷君	60		盛沢
	周公才	71	元本県県視学	城内南新街
	邱輔卿	74	県参議員	震沢
	徐寿鏞	46	県立中学畢業	蘆墟
	李恩常	49	県参議員	平望
	陳一之	57	県参議員，執行律師業務	厳墓
常務監事	陶匋夏	67	東呉大学畢業	黎里
	費仲笘	65	県参議会副議長	城内
	范煙橋	58	東呉大学教授	同里
候補理事	程昌驥	46		盛沢
	顧俊人	47		震沢
	沈詠裳	70		蘆墟
	仰宗傑	40		震沢（厳墓）
候補監事	周炳星	42	復旦大学畢業	同里

率も減少した。田業会という租桟地主の組織が結成・機能し，強力な収租体制を作ったことにより民国前期には収租率が高まり，欠租率が低下し，地主経営が清末に比べて好転したといえる。しかし地主経営の好転の最大の要因は，田租中に占める田賦負担の割合の低下であった。表 2 は「呉貽経桟」の清末から民国時期の各年毎の収入に占める税の割合と，地丁・漕糧・租米折価を示したものである。清末には 30%を超えていた税負担の割合は次第に低下し，民国初めには 20%程度となり，1922, 23 年には 10%を少し超える程度まで低下している。この税負担の低下は，ひとつは田賦の減免が行われたことと，田賦の折価と田租の折価の差益により生じたのである。民国の成立に伴い暦は太陰暦から太陽暦に改められ，それまであった地丁の閏加算がなくなった。もうひとつは 1921 年に浙西に続いて重い科則の漕糧の減免が行われた（例えば 1 畝当たり 1 石以上は 1 石）。しかしこの時には太平天国後と異なり，減租は行われおらず，地丁を合わせて計算すると約 5%程度になる減賦の恩恵は全て地主が享受している。もはや佃戸の動向に配慮する必要がなかったからと思われる。これらの減賦よりも地主経営に寄与したのが折価の差益であった。表 2 の地丁・漕糧・租米の折価をみると民国前期

表2 呉貽経桟の税負担割合と田賦・租米の折価

年	管業面積(畝)	租米額(石)	収租額(文・元)	税負担(文・元)	税の割合(%)	地丁 折価	地丁 指数	漕糧 折価	漕糧 指数	租米 折価	租米 指数	洋元 折価	洋元 指数	地丁1両の為の租米額	漕糧1石の為の租米額
光緒19年	3884.482	2969.781	6533463	1868819	28.6	2300	112.2	3552	83.5	2100	72.4	1030	114.4	1.095	1.691
光緒25年	3430.599	2435.470	7058830	2142343	30.3	2050	100.0	4252	100.0	2900	100.0	900	100.0	0.707	1.466
光緒26年	2842.335	2088.509	5276861	1686842	32.0	2050	100.0	3802	89.4	2500	86.2	920	102.2	0.820	1.521
光緒27年	2648.849	1680.125	5143205	1512832	29.4	2000	97.6	4352	102.4	3000	103.4	920	102.2	0.667	1.451
光緒28年	2126.528	1602.342	5287744	1568312	29.7	2200	107.3	4952	116.5	3300	113.8	900	100.0	0.667	1.501
光緒29年	2513.272	1752.628	5919827	1840674	31.1	2200	107.3	4952	116.5	3300	113.8	890	98.9	0.667	1.501
光緒30年	2765.382	1900.582	5813896	2023407	34.8	2200	107.3	4652	109.4	3000	103.4	900	100.0	0.733	1.551
光緒31年	2282.882	1885.517	5376696	1644668	30.6	2300	112.2	4452	104.7	2800	96.6	1030	114.4	0.821	1.590
光緒32年	2003.040	1408.571	5432674	1591918	29.3	2200	107.3	5552	130.6	3800	131.0	1010	112.2	0.579	1.461
光緒33年	1775.123	1450.871	6310007	1800055	28.5	2200	107.3	7252	170.6	4300	148.3	1110	123.3	0.512	1.687
光緒34年	1595.399	1317.290	6778047	1574450	23.2	2500	122.0	6592	155.0	5100	175.9	1250	138.9	0.490	1.293
宣統元年	1179.539	1408.571	6467302	1650105	25.5	2450	119.5	7592	178.6	5400	186.2	1330	147.8	0.454	1.406
宣統2年	1561.500	1238.850	6876342	1838483	26.7	2500	122.0	8592	202.1	5500	189.7	1330	147.8	0.455	1.562
宣統3年	542.887		289.595	22.113	7.6							1320	146.7		
民国元年	1486.892	1036.378	4627.043	1023.342	22.1	1.8	115.0	5	154.0	4.4	198.8	1310	145.6	0.409	1.136
民国2年	1207.009	1019.024	4326.651	858.375	19.8	1.8	112.4	5	150.5	4.2	185.4	1280	142.2	0.429	1.190
民国3年	1220.735	946.091	4227.409	934.577	22.1	2.28	152.4	5.175	166.7	4.4	207.9	1370	152.2	0.518	1.176
民国4年	1003.730	1003.730	4667.224	961.684	20.6	2.3735	162.1	5.175	170.4	4.6	222.1	1400	155.6	0.516	1.125
民国5年	1056.123	923.114	4097.324	828.627	20.2	2.3735	150.5	5.175	158.2	4.4	197.2	1300	144.4	0.539	1.176
民国6年	1060.840	769.978	3443.761	696.423	20.2	2.32175	142.7	5.175	153.4	4.3	186.8	1260	140.0	0.540	1.203
民国7年	958.830	766.133	3329.057	676.823	20.3	2.32175	147.2	5.175	158.2	4.3	192.8	1300	144.4	0.540	1.203
民国10年	904.097		6071.020	1145.140	18.9										
民国11年	859.895	716.143	4742.000	543.940	11.5	2.29175	185.6	5.175	202.0	6.6	377.8	1660	184.4	0.347	0.784
民国12年	859.895	736.549	5174.059	565.204	10.9	2.64225	232.0	5.275	223.3	7	434.5	1800	200.0	0.377	0.754
民国16年	890.665	676.340	5613.702	1176.198	21.0	2.6225	345.4	10.8175	686.9	8.3	772.8	2700	300.0	0.316	1.303
民国17年	886.158	669.206	5630.991	1200.981	21.3	3.24225	442.8	11.215	738.5	8.4	811.0	2800	311.1	0.386	1.335

単位：収租額・税負担・地丁・漕糧・租米の折価は、清末は銅銭、民国は洋元。地丁1両、漕糧1石のための租米額は石
指数はいずれも光緒25年=100

には地丁・漕糧がかなり固定的で低く設定されている一方，租米折価は大きく上昇していることが分かる。田業会等の租桟地主の政治的力がそうさせたものと思われる。この結果，漕糧を例に取ると1石の税を納めるには清末には租米1石5斗以上であったものが，1922，23年には半分程度の8斗弱になっている。

3）第3期：南京国民政府時代

1927年3月に国民革命軍が蘇州を占領すると，それまであまり高まっていなかった民衆運動が高揚した。すぐに蔣介石の四一二クーデターが起こり，共産党の摘発，国民党や農民組合の「清党」が行われ，熱気は徐々に冷やされていった。しかし，国民党員の多くが青年・学生で，汪兆銘等の改組派の影響を受けており，また江陰や宜興で共産党が起こした「秋収蜂起」に対抗するために，党部を中心に農民救済のために「二五減租」を実施しようとした。

江蘇で行われた「二五減租」は，浙江省のものに比べると，収穫物の算定基準がなく，改定のたびに行政の力が強まるという面があり，次第に形骸化していった。しかし江蘇「二五減租」が佃戸に対して全く何も与えなかったのではない。従来蘇州では徴収に携わる催甲等に支払われる「力米」があり，これは租米に上乗せされて佃戸から徴収されていた。この力米が「額外の婪索」として廃止され，催甲等の徴収費用は地主の負担となった。「呉貽経桟」の収支決算簿にも1928年から力米が費用として計上されおりそのことを裏付ける。欠租の佃戸に対する追租をみても地主の主導のものではなく，県や佃租仲裁委員会等の公的機関が行うようになっている。

「徐永安桟」簿冊から拾うと，1927（民国16）年「県に送り，拘留した後病気で釈放し，まだ完了してない」，「呉県国民党農工運動委員会の調停を経て，格別に寛大にまけてやり，7割8分で計算する」，1929年「県に送り，仲裁して，30元を納めることとした」，「公安局に送り拘留追求，6月に釈放す」，1931年「この佃戸は田租処分所に送り拘留追求した後，医院にて病死した。催甲の許三保が遺族の蔣阿海と相談して，100元を渡し，以前の欠租分は免除することで和解した」。欠租の佃戸を収容する施設も，「毎日員を派遣して講演を行い，頑佃を感化する」「勧佃所」が設置され［民国日報1928/12/18］，以前のような暴力的追租は

少なくなったといえる。田業会等で公議していた折価、開倉日、災害等での減免についても、県政府・党部が積極的に関わるようになり、これらは県の布告として出されるようになった。租桟地主の団体である田業会への風当たりも強まり、蘇州の田業会は国民革命後委員制に変えるなど再編を行ったが、工商農婦青五整理委員会から「非法な組織」として解散請求が出されている［民国日報1929/11/11］。これで田業会は解散させられたのではないが、租桟地主・田業会の置かれた状況が大きく変化したことは確かである。

　南京国民政府の成立後、田賦は地方に移管された。地方政府は近代化の「開発」費用をとりあえずは田賦に求めざるを得なかった。田賦の大口負担者として租桟地主は地方政府に対して相当の影響力を保持したことは確かであろうが、1927年以降、田租に占める田賦の割合が増大していった。「徐永安桟」養義字の収支決算をみると、1926年には13%であった税負担が1927年には27%に上昇している。それ以降の田賦負担は年々増加し、呉江県では1927年から1934年までの間に上上田の田賦負担は約40%上昇している。民国前期では田賦と田租の折価が地主に差益として働いたが逆に差損となった。これに加えて、1931年には長江大水害が起き、大きな被害を出した。翌1932年からは世界恐慌（農業恐慌）の影響で農産物の下落が続き、江南農村経済は破産に瀕した。旱魃に見舞われたピークの1934年には新聞紙上において農民の自殺等の悲惨な記事が頻繁に載せられるようになった。

　国民革命後に抗租風潮も次第に高まり、1934、35年に抗租は頻発するようになった。こうした抗租に対して置かれたのが「各桟を聯合して、4郷に公桟を遍く設置して合作して収租する」聯合公桟であった［申報1936/1/14］。これは個々の租桟が独自に行う収租ではもはや対処できなくなり、租桟地主が連合し、租と賦の連関性を強調して県政府等の全面的協力を得た武装収租を行うものであった。このように南京国民政府成立後、蘇州の租桟地主の経営は確実に悪化し、もはや租桟単独では佃戸を掌握し、収租することができなくなってきていたのである。

4）第4期：日中戦争期・国共内戦期

　1937年7月7日盧溝橋事件をきっかけとして日中全面戦争が勃発し、その後

戦火は江南にも広がり，12月には南京が日本軍に占領された。1937年の12月から1938年春にかけて県城や主要市鎮では，日本側の働きかけで自治委員会（治安維持会）が成立し，その後1938年3月に成立した中華民国維新政府の地方組織となっていた。しかし広大な農村は支配できず，忠義救国軍・新四軍等の遊撃隊が活躍し，大部分が都市に居住する租桟地主が郷村において収租することは極めて困難であった。1938年秋から日本軍・維新政府の力を動員して，県政府が租桟に代わって佃戸から田租を徴収し，そこから田賦を控除して租桟に残りを渡す租賦併徴方式が呉県（蘇州）・崑山で行われた。常熟では地主が連合して租桟を設置する聯合公桟が行われた。こうした官の力を動員した収租を行ったが，維新政府及び1940年3月にそれを受け継いだ汪兆銘政権も依然として農村を支配できず，収租の成績は極めて芳しくなかった。

1941年日本軍・汪兆銘政権は清郷工作を実施して，遊撃隊を駆逐し，江南の呉県・常熟・崑山・太倉・無錫等のほぼ全域を平定し，農村への支配が及ぶようになった。1941年秋には呉県・崑山等で行われていた租賦併徴を行い，政府の力で田租を徴収しその中から田賦を控除した。しかし徴収過程での多額中飽やずさんな経理等の弊害があり，また租賦併徴に関わる大租桟が利益を挙げ，それ以外の地主が疎外され，個々の地主の収租権が認められない等の不満があって，1942年度から租桟の自主収租に戻った。しかしもはや租桟自ら収租するためには，そのバックに県政府による追租機構が不可欠であり，県長を主任とする「追租処」が設置され，欠租の佃戸に対して暴力的追租が行われ，田租徴収と田賦徴収とが直結する関係は同様であった。1944年からはインフレのため，田賦実物徴収が実施されると，実物である田賦を佃戸が負担し，それを控除した田租を地主が受け取るというものとなった。

1945年8月日本が無条件降伏して戦争が終結し，その年の田賦は免除され，田租は再び田租の4分の1を減免する「二五減租」が実施された。租桟地主は「田業改進会」を結成し再び活動を開始し，政府の一部にも「業主に収租の組織があることが，減租辦法を執行しやすい。例えば呉県の地主は田業改進会が代わりに収租するので，県政府はその組織に減租を処置するように厳命するだけでよい」［李］という見解があった。1946年からは非常時のため田賦実物徴収が戦時中と

同様に継続され，公桟・収租処等で田賦と田租を連結して，県政府等が直接佃戸から田賦を徴収することが行われた。

呉江県の『本県田業聯誼会』文書には，欠租の佃戸の呼び出し状，尋問書，保証書があるが，尋問書では「(問)お前は糧租を完納したか。(答)糧は既に一部を納めたが，まだ3石余りある。(問)どうして完納しないのか。(答)天気が悪くて完納できなかった。(問)何時納めるつもりか。(答)糧租は大体近く3日内に納めることができる。(問)2日内に糧を納めることができないのか。(答)両日内に糧を納め，3日後に続けて租を納める」とあり，保証人を立てている(佃戸姚呉氏)。糧である田賦と租米が納入に前後はあるが，県政府等から連結して徴収されている。

蘇州では，1947年に保安隊・自衛隊を動員して欠租の佃戸へ武装収租したが，この中で嬰児が犠牲となるなどして批判をあび，また収租総処代理総務科長の沈愷(沈貽穀桟沈挹芝の子)が流用する等の不正があり，風当たり強まり，田業改進会も租桟地主の利害関係を薄めた田業聯誼会と改組せざるをえなくなる。佃戸の欠租，収租処打ち壊しなどの抗租風潮もたかまり，租桟の収租は田租・田賦を連結させて官の権力をバックにして行われたが芳しくなかった。

日中戦争期から内戦期の殆ど時期において，田賦を官が佃戸から直接徴収することになり，地主は地主「経営」を行わない中間搾取的存在となった。国民党も「二五減租」からさらに踏み込んだ「耕者有其田」の自耕農扶殖を打ち出し，一部にこうした地主への批判も強まった。欠租は民事裁判で行われ，租桟打ち壊し職員を負傷させたとして起訴された農民が事実なしと無罪になったり[蘇報1948/7/25])，拘禁された佃戸が「自由妨害」で訴える事件も起きている[蘇報1948/5/19]。地主1人が新聞へ投書し，その中で佃戸からの収租がままならず，県政府が租糧聯繋で積極的に介入し，欠租の佃戸を厳罰に処すことを求め，そうでなかったら「耕者有其田」で4行(中央・中国・交通・農民)が農民に融資して田地を買い取らすことを願うとしている[蘇報1947/10/13]。

地主経営が次第に逆境に向かう中，1949年共産党が軍事的に勝利し，江南に入ってくるのである。この時点で既に佃戸は実質的田賦負担者となり，租桟地主は自らの力で収租・納賦する地主経営をできなくなり，地主－小作関係は形骸化

し，危機的状態にあったといえる。国民党も「二五減租」から「自耕農扶殖」へ政策をとっており，土地改革はもはや時間の問題であり，共産党の勝利がなくとも何らかの形で農民が自己の耕作地を獲得する土地改革は行われたと思われる。

租桟簿冊等の文書史料を用いて，新聞等の文献資料と対照し蘇州を中心とする江南の地主経営について，その制度的変容を生みだした社会的ダイナミズムの視角から1850年代から約100年の歴史的実態を概括してみた。それぞれの詳細については，夏井（2001）等を参照していただきたい。

文献

足立啓二（1982），「清代蘇州府下における地主的土地所有の展開」『熊本大学文学部論集』9号 pp.24-56.
――――（1983），「清～民国期における農業経営の発展―長江下流域の場合」（中国史研究会編『中国史像の再構成』文理閣）pp.257-288.
天海謙三郎（1966），『中国土地文書の研究』勁草書房 866p.
伊原弘介（1965），「范氏義荘租冊の研究」『史学研究』94号 pp.25-50.
――――（1967），「范氏義田における清末の小作制度―義田租冊の分析」『広島大学文学部紀要』36-1, pp.180-207.
川勝守（1992），『明清江南農業経済研究』東京大学出版会 496p.
――――（1998），「清末，江南における租桟・業戸・佃戸の関係再論―九州大学所蔵，江蘇省呉県，長洲県馮林一関係簿冊の再検討・補遺」『史淵』135号 pp.43-71.
笹川裕史（2002），『中華民国期農村土地行政史の研究―国家‐農村社会関係の構造と変容』汲古書院 333p.
鶴見尚弘（1967），「国立国会図書館蔵康煕十五年清丈の長洲県魚鱗冊一本について」（『山崎先生退官記念東洋史論集』大安）pp.303-318.
――――（1969），「康煕十五年丈量，蘇州府長洲県魚鱗図冊に関する一考察―長洲県，下二十五図正扇十九図魚鱗冊を中心に」『社会経済史学』34-5, pp.1-34.
――――（1976），「康煕十五年丈量，蘇州府長洲県魚鱗図冊の田土統計的考察」（『木村正雄先生退官記念東洋史論集』同記念会）pp.311-344.
――――（1981），「再び，康煕十五年丈量の蘇州府長洲県魚鱗図冊の田土統計的考察」（『中島敏先生古稀記念論集』下，汲古書院）pp.415-433.
――――（1988），「明代永楽年間，戸籍関係の残簡について―中国歴史博物館蔵の徽州文書」（『榎博士頌寿記念東洋史論叢』汲古書院）pp.297-319.
――――（1993），「中国歴史博物館蔵，万暦九年丈量の徽州府魚鱗冊一種」（『明清時代の法と社会』編集委員会編『明清時代の法と社会―和田博徳教授古稀記念』汲古書院）pp.565-591.
夏井春喜（2001），『中国近代江南の地主制研究―租桟関係簿冊の分析』汲古書院 531p.
――――（2005），「筑波大学収蔵の旧東亜研究所第六調査委員会収集文書について」（科学研究費補助金報告書『中国近代土地関係文書の数量的分析とデータベースの作成』）pp.1-113.
――――（2007），「民国前期の租糧並収と追租局―蘇州市博物館の史料を中心に」『北海道教育大学紀要：人文科学・社会科学編』57-2, pp.19-34.

―――（2007b），「蘇州の田業会に関する一考察―呉県田業銀行・蘇州電気廠との関係について」『史流』42号 pp.1-30.
仁井田陞（1960），「清代民地の土地台帳『魚鱗図冊』とその沿革」（『中国法制史研究―土地法・取引法』東京大学出版会）pp.277-324.
濱下武志ほか（1983），『東洋文化研究所所蔵中国土地文書目録・解説』下，東洋学文献センター300p.
村松祐次（1962），「旗地の『取租冊档』および『差銀冊档』について」『経済学研究』（一橋大学）16号 pp.1-92.
―――（1970），『近代江南の租桟―中国地主制度の研究』東京大学出版会 747p.
山本英史（1997），「ハーバードイェンチン図書館所蔵の清代契約文書について」『東洋学報』79-1, pp.1-37.
『本県田業聯誼会』（呉江市档案館収蔵，档案番号 0204-2-1193）
李立綱「蘇皖豫三省二五減租調査報告」（台湾中央研究院近代史研究所档案館，経済档案，農林部，档案番号 20-22-82）
『民国日報』「県府籌設勧佃所」1928年12月18日
　　　　　「業主不許組団体」1929年11月11日
『申報』「各処遍設田租公桟」1936年1月14日
『時報』「派兵勦辦同里鬧租莠民」1912年1月12日
『蘇報』「勝利帯給業主是什麼？」1947年10月13日
　　　　「佃租会拘押農民妨害自由明伝訊」1948年5月19日
　　　　「搗毀租桟農民地院宣告無罪」1948年7月25日
『益聞録』「蘇紳公呈」1881（光緒7）年4月17日

4 清朝末期のモンゴル社会経済情勢と漢人旅蒙商

周 太平

はじめに

17世紀の中頃からほぼ1世紀の間に、モンゴル民族は、清朝の支配下へ段階的に組み込まれていった。モンゴルが多民族国家としての清朝の支配体制のなかに組み込まれるとともに、それまで存在した漢人とモンゴル人の対立・緊張関係は緩和され、漢人商人のモンゴル進出もみられた。清朝は、これらの漢人の行動に対して必要とする範囲に制限していた。しかし、清朝の規制を越えて、大量の漢人商人がモンゴル高原へ進出するようになり、その市場経済の影響力はモンゴル全域に広がった。

清朝の支配体制が成立しつつあった17世紀末以降はいわゆる「交易の時代」の終焉の時期であったという［岸本：54］。このような明における周辺地帯の商業交易ブームの現象は、17世紀後半期に入って収束し、代わりに周辺地域および中国内地に深刻な経済不況が現れた。それは、清初の「辺禁・海禁」によるものであった。

経済不況にもかかわらず、清朝が、それらの辺禁や海禁を解除しないのは、反清勢力が存在していたからであった。モンゴル諸王公との深いつながりをもつブルニ親王[1]や海外関係に依存する鄭成功、いずれも清朝にとって脅威であった。さらに1673年に勃発した「三藩の乱[2]」は清朝初期の最大の危機でもあった。同時に、西モンゴル族のオイラト・モンゴル人は18世紀中頃まで、清朝にとって最大の対抗勢力であった。

したがって、清朝としては、その国家的秩序の再編に、反清勢力の拡大を防ぐためにも、厳しい辺禁・海禁という政治的手段をとらざるをえなかった。もし、

13世紀からユーラシア大陸を席巻した軍事的伝統をもつモンゴル人と，資本蓄積や経済的条件をもつ圧倒的な数の漢人が連合することを考えると，清朝にとってはひとつの大きな脅威になったことはいうまでもない［中見 1992：136-137］。

そこで，清朝は，モンゴル人社会と漢人社会をなるべく互いに接触させることなく，満洲皇帝とモンゴル王公・満洲皇帝と漢人官僚という主従関係を基軸に，それぞれのモンゴル人社会や漢人社会への支配装置を構築しようとしていた［田村：88-89；中見 1999：131］。

清朝の漢人社会体制についてはすでに先行諸研究があるので，ここでは清朝におけるモンゴル人社会体制を経済的側面から特徴づける視点から，次の2点に焦点をあてることにする。

まず，清朝のモンゴル支配によってどのような新たな社会状況が生じていたのか，次に，このような背景のもとで漢人旅蒙商がどのようにモンゴル社会を市場経済と結び付けていたのか，そして，漢人商人がモンゴル地域社会においてどのような影響をもたらしたか，20世紀初頭のモンゴル社会を分析対象として検討を加えたい。

I．清朝政治とモンゴル社会の制度的変容：モンゴル政教体制の成立と社会経済の崩壊

満洲族が1636年内モンゴル各部を征服した後，1638年（入関以前），清朝版図内の少数民族に対する統治システムとして理藩院を設置した。その半世紀後の1691年に，西モンゴル族との紛争から清朝に亡命中の東方のハルハ・モンゴル諸王公が，内モンゴルのドロン・ノールの地で，清の康熙帝に臣従を誓い，清朝の支配下に入った。内外モンゴル地域が満洲皇帝の支配をうけいれたのである。

清朝は，大きな脅威であった西モンゴル族のジュンガル帝国を1758年に滅ぼすと，モンゴル民族全体における清朝の支配が実現されることとなった。

清朝のモンゴル支配は1911年まで続き，その支配のもとで，モンゴルの人民と土地は，ホショー（qosiɣu／旗）という行政単位に分割され，主としてボルジギン氏族の成員である諸王公によって統治された。内外モンゴル諸族に対して，

清朝は「旗」制度をとった。この満洲族固有の軍制の単位である「旗」制度がモンゴル地域に導入されることによって，モンゴルは南49旗，北86旗，合計135旗が成立し，それぞれ上述した貴族出身の有力王公たちが世襲の旗長（jasaγ／ジャサク，札薩克）にあてられた［Namsarai：17］。

モンゴル各旗は，清朝に兵士と軍馬を出す義務があるが，行政制度上の自治はかなり認められていた。ウラヂミルツォフは，『蒙古社会制度史』のなかで，次のように記している。

> 蒙古諸部族の，正確に言へば蒙古封建結合體の大部分を征服した満洲人は，大体において，彼等の社会組織を破壊しなかった。むしろ正反対に，封建的集団の統一事業には経験に富んだ満洲帝室は，蒙古人の僧侶諸侯を基礎として蒙古人を統治しようと目論んだ。従って，満洲人は支配階級を再組織するために多くの方策を講じ，封建制度を官僚化するために多くの強制を加えたが，諸侯とその家臣との関係には殆んど全く手をつけなかった［ウラヂミルツォフ：439］。

しかし，モンゴル王公への人事権は清朝の理藩院が握り，その管轄領域と兵員も，理藩院の規定によるものであった。しかも，太宗実録によると，旗の境界が区切られ，それを越えて移動遊牧することは厳格に禁じられたので，遊牧民族の特性である大規模な移動，広範囲の活動はできなくなった［田村：90-91］。

こうして，清朝はモンゴルがふたたび強大になるのを恐れて，旗と旗の間の交流を阻止することによって，モンゴル内部からの勢力再編や内在的原動力を抑制し，旗編成によってモンゴル社会を固定化した。これにより，旗ごとがひとつの小王国のような存在となり，閉鎖状態におかれた。

前述したように，17世紀初めから，清朝は，支配下に収めたモンゴル地域に，モンゴル人の生活圏を保障した。モンゴル人と漢人の接触が深まるのを警戒し，モンゴル人社会と漢人社会をなるべく互いに接触させないで，両者の交易を制限し，モンゴル人が漢文を学ぶ，漢人と結婚する，漢人の姓を使用することや，漢人がモンゴルの旗に入って開墾する，売買することを禁止していた。これについては，理藩院則例の関連條項によれば，さらに詳細な規定がある。当然，清朝はこうして対モンゴル封禁政策を厳しく施行するその裏には，モンゴル人と漢人が結束しないようにという狙いがあったといえよう。

これらの措置によってモンゴル族は，清朝側から同盟者として手厚い保護をあたえられ，モンゴル族はそのかぎりで大きな混乱に直面することはなかったともいえるが，モンゴル社会には経済的停滞が常態化するなどさまざまな深刻な矛盾が醸成されていた。

　他方，17世紀初頭からチベット仏教が（俗称ラマ教）ふたたびモンゴルの各地に広まり，篤い信仰を集めていた。清朝はモンゴル懐柔策の主な手段として，ラマ教の保護といっそうの宣揚に努めた。その結果，清朝は政治的にモンゴル人の生き方を変えることに成功したといえよう。それは，モンゴル族の「反骨精神」や「好戦的性格」を平和で受動的な生き方に変える手段と考えられたのである。

　またラマ教僧院は，清朝の保護のもとに繁栄し，モンゴルにおける大きな勢力として急速に成長した。モンゴルのいたるところにラマ寺院が建立され，モンゴル族の信仰はますます深まっていた。活仏たちは座主として各地で転生し，内外モンゴルを合わせてその数は82人に達し，さらに北京には13人の駐京ラマがいるなど，ラマ教の隆盛は以前と比較にならぬほどとなっていた［田村：83］。

　こうした信仰の制度化とともに，成人男子がラマになって宗教界に多数吸収されていった。このような情勢のもとで，20世紀初期になると，内モンゴルでは，ラマの数は15万人にも達した。また1917年の外モンゴルには，11万6577人はラマだった。それは，全人口の21.48％，全男子の41.95％を占めた［張：234］。

　1864年の統計によると，当時のジェブツンダンバ・ホトクト[3]第7世は，11万8506頭の家畜を所有したとされ，これほどの大量の家畜所有者は外モンゴルでは他には1人もいなかった［若松：119］。

　ラマ教の僧院がモンゴルで如何なる社会的経済的地位にあったかは，1921年にラマ僧院がモンゴル家畜の全体の5分の1を所有していたという事実でも判断できる［МУАХБА：1-4-21］。

　モンゴルでは数多くの男子がラマ僧侶となったため，有効生産人口の低下をもたらし，またラマ僧侶は公の賦役を免除されていた。かれらは手仕事をすると宗教的高貴さを失ってしまうと考えており，上述したラマの数の多いことが経済をいっそう疲弊させる結果となった。

　こうして，モンゴルでは，ラマ僧院が大きな勢力として急速に成長し，もとも

との封建領主＝ジャサク（旗長）とともに，清朝モンゴル社会の支配層を形成した。これは，いわゆる「ハラ（qar_a，黒いという意味で世俗的階層をさす）－シラ（sir_a，黄色いという意味で宗教的階層をさす）封建体制」という社会制度が形成されたとみることができる。

　この清朝政治によって形成された「ハラ‐シラ封建体制」のもとに，モンゴル族はかつて経験しなかった新たな社会状況のなかにおかれた。モンゴルはこれまで封禁政策によって清朝から保護されていたが，19世紀後半になると次第に「植民実辺」の対象として扱われはじめる。それとともに，18世紀後半からすでに企業基盤を固めてきた漢人商人が大挙してモンゴルへ進出し，遊牧民の社会に重大な影響を与えることになる。商業ネットワークをつくりあげることによって，漢人資本はモンゴル地域に深く入り込んでいった。これらの商人は，モンゴルの家畜，特産や畜産品を安価に買いとり，牧民たちに商品を高く売りつけ，高い利息を付けて金を貸していた。表1のフフホト・ウリヤスタイ・ホブド3地の物価指数の入札価格の比較表は，当時の市場状況を窺う十分な資料ではないが，不等価交易における，モンゴル産品の安価と中国商品の高価を示すものであり，旅蒙商が主導する売買価格状況と見ることができる［内蒙古文史資料研究委員会編：151-155］。

表1　フフホト・ウリヤスタイ・ホブトの物価指数の入札価格の比較

物品	フフホト（帰化城）	ウリヤスタイ（烏里雅蘇台）	ホブド（科布多）
磚茶と綿羊	1 綿羊＝7 磚茶 1 上等綿羊＝12 磚茶	1 綿羊＝2 磚茶 1 上等綿羊＝2 磚茶＋（1 針＝3 マッチ）	綿羊＝2 磚茶 1 上等綿羊＝2 磚茶＋（1 焼酒＝1 針）
磚茶と羊肉	1 磚茶＝3 羊肉	1 磚茶＝15 羊肉	1 磚茶＝20 羊肉
磚茶と羊皮	1.4 磚茶＝1 羊毛	1 磚茶＝2 羊皮	1 磚茶＝3 羊皮
磚茶と羊毛	1 磚茶＝2.5 羊毛	1 磚茶＝7 羊毛	1 磚茶＝8〜9 羊毛
磚茶と馬	1 馬＝46 磚茶 1 上等馬＝86 磚茶	1 馬＝14 磚茶 1 上等馬＝14 磚茶＋（2〜3 砂糖＝2〜3 タバコ）	1 馬＝14 磚茶 1 上等馬＝14 磚茶＋（2〜3 砂糖＝2〜3 タバコ）

説明：商品交換における磚茶と綿羊のパリティー計算
単位：三九磚茶（枚），綿羊（頭），羊皮（枚），羊毛・羊肉・砂糖（斤，1 斤＝500g），
　　　針・マッチ（箱），焼酒（瓶），馬（頭），タバコ（パック）
出所：［内蒙古文史資料研究委員会編：154-155］

1851（咸豊元）年，帰化城，八溝，ドロン・ノールなど内モンゴル地域を中心とした旅蒙商会の数は4000余を数えた［盧：191］。1909年，いわゆる「墾務計画」と呼ばれる清朝のモンゴルの開発計画が実施されると，旅蒙商会は前から借金の担保として所有していたモンゴルの土地を活用しはじめた。それを農耕地にするか，旅蒙商会の牧地にするか，さもなければ転売するかされた。

　北京墾務総局は，こうして旅蒙商を通じて，モンゴルの肥沃な牧地を領有するようになった。当時のロシアの調査隊の報告書には次のように非難している。

> 以前は，モンゴルの家畜はここに数千頭，むこうに数千頭と草を食み，牧民が10人，100人と放牧している光景が見られた土地は，今や，家畜1頭，ゲル（牧民の家）1戸すら見当たらなくなった。モンゴルの人々はすべて，自由に暮らしていたハンガイ地方の谷間の広い空地や大きな川から退去させられ，水がなく，牧草の質が悪いゴビ砂漠に追いやられてしまった［蘇聯科学院ほか編：191］。

　また，ロシア政府に派遣されたモンゴル駐在代表クロパトキンの報告によれば，1911年の時点で，中国商人に転売された土地は，外モンゴル北部で490万5000デシャーチンに達したという［蘇聯科学院ほか編：191］。ヘクタールに換算すれば，932万haである。

　漢人資本はモンゴル地域に深く入り込んでいった。モンゴルの経済的支柱である家畜が後述するように大量に商人高利貸の手に渡り，牧地が激減し，牧畜が衰退し，社会経済が全面的に破産しはじめた［Очир ほか：74-75］。モンゴル社会が漢人商人の経済的支配に従属することとなり，結局のところ，もともときわめて脆弱な体系であったモンゴルの遊牧経済という社会制度は崩壊するにいたった。ますます多くの富が貨幣や消費材に変えられ，ハラ‐シラ封建支配者と漢人商人の手中に集中していった。モンゴル人の貧窮牧民層は飢餓状態に追いやられ，モンゴル各旗は旅蒙商に対する莫大な負債をかかえていた。なかには生きるための唯一の手段として匪賊になったものもいる［ハンフリー：28］。

　このような情勢のなかで，旅蒙商の不断の搾取と農業移民の牧地破壊により，牧民（アラト）と入植漢人が衝突しはじめ，すでに1900年代初頭から「ドゴイラン運動」と呼ばれる組織的なモンゴル民族運動ともいえる牧民蜂起が，内モンゴルから発生してモンゴル各地に広がっていた［Narasun：125］。1911年のモン

ゴル独立運動の前夜にあったこれらの牧民蜂起は，民族独立というモンゴル社会変動のエネルギーを蓄積するにいたったといえよう。

「ドゴイラン運動」は，古くからモンゴルにあった民衆運動の形式である。歴史上，内モンゴルのオルドス地方では，ドゴイラン組織（牧民組織の1形態）が存在し，ときの地域の支配者や，政治運営に不満をいだくようになると，ただちに反発することが多かった。そこから，ドゴイラン民衆運動が展開した。

文献上知られている最初のドゴイラン運動は，1828（道光8）年，ウーシン旗（現在の内モンゴル自治区のオルドス地方）に起こった反ジャサク暴動であった。道光年間，ときのジャサク（旗長）が北京に行っては莫大な金を使い，その穴埋めに旗民に重税をかけるので，旗民はジャサクに反抗する運動を起こした。その結果，旗のジャサクは更迭させられた［Narasun：31-33］。このウーシン旗はイヘ・ジョー盟（オルドス部）のなかでも大きな旗で，盟の東南部に位置していたため，漢人移民の影響をうけることが多かった。

清末になってから，漢族の入植による草原破壊は激しくなった。したがって，蒙地の開放と関連して，西部内モンゴルでドゴイラン運動が続発した。

蒙地開放と開墾に反対する抗墾行動としてのオルドス地域におけるドゴイラン運動は，清朝による蒙地の開放とその官僚と結合した商業資本による収奪に対する抗争であった［安齋：43］。実際に，近代内モンゴルにおけるドゴイラン運動は，のちに内モンゴル人民革命党の結成につながった。

II．モンゴル社会・経済情勢と漢人旅蒙商

清朝は，圧倒的多数の漢人を支配するためモンゴル族の武力を必要としながら，すでに述べたように，モンゴル人と漢人が連合することを警戒していた。しかし，アヘン戦争以後，ヨーロッパでの銃火器と近代的軍事技術の前に，かつて，モンゴル族の騎馬民族としての戦闘能力は清朝にとって意味がなくなることになった。また，清朝は，ロシアと日本の進出に対抗し，その辺境防衛の観点から，モンゴル経営の再検討を行った［庄：9，13］。

清朝のモンゴル経営の新政策が始まるとともに，漢人商人や商業資本が，堰を

切ったようにモンゴル族の居住地に流れこんだ。

19世紀末までに，ロシア人やスウェーデン人，アメリカ人の商人もモンゴルに進出し，フレー，キャフタなどの中心地に通商使節団を置いていた。しかし彼らは漢人旅蒙商の地位を脅かすことはできなかった［ハンフリー：25］。

モンゴルに進出した漢人商人は，北京商人と山西商人を主体とした。そのなかでも「大盛魁」商会は，内モンゴルの西部と外モンゴル全域を商圏とする最大の旅蒙商であった[4]。山西商人の商会である「大盛魁」は，雍正年間，18世紀の初頭に創業されたという[5]。この商会は，帰化城（現在のフフホト）に本部をおき，フフホト，ウリヤスタイ，ホブドを中心としてモンゴルにおける中国商人ネットワークを成立した。

モンゴルでは，旅蒙商をマイマイチン（mayimačin／商人）またはダムノルチン（damnaGurči／天秤棒持ち）という。これらの商人は，天秤棒，牛車，馬車1台に雑貨満載，数ヶ月から半年も草原地帯を巡って行商する。これを「行荘」という。また「座荘」というラマ教寺院門前や王府などの集落に固定店舗を構えて売買する経営形態もとっていた。そして，将軍・大臣の官署，軍隊の駐屯地に付随していった商会によって漢人商人街が形成されていた。こうして，いわゆる「場荘」という都市的集落でおこなう商取引の規模をもつようになった。

漢人商人の活動は，市場状態に応じて，規模や形態は変化に富むもので，ラクダの隊商を組んで山岳草地ゴビ砂漠を越えて，モンゴルの牧民たちに販売した。

モンゴル人はお茶，砂糖，布匹，小麦粉のような品物を必要としていながら，商人に代金を払えない場合がしばしばあった。これに対し，漢人商人は掛け売りをし，返済には高い利子をつけた［ハンフリー：25］。

旅蒙商は，こうした消費財の販売のほか，とくに，諸王公を相手とする高利貸をおこなっていた。それは「高利息」であり，期限が過ぎると，また「再加重息」していた。この収奪的「再加重息」を制止するため，すでに，道光年間に「不准「再加重息」禁止令があった。しかし，これらの規制は，もともと清朝の規制を無視して，大量にモンゴル高原へ進出していた漢人商人に対して，有効なものではなかった。

ソ連アカデミーとモンゴルアカデミー合同編集『モンゴル人民共和国通史』

(1954 年モスクワ版，1958 年北京版）はこう述べている。

> 商業高利貸資本は，原料や家畜を返済の担保にとり，掛け売り制度を利用して牧民を使役したり搾取したりする基本的方法としていた。債務には高利貸的金利要求し，当時の清朝が規定していた年利 36% を勝手に数倍にしたり，400% にもなることがあった。もし，牧民が期限通りに返済しなければ，商人はさらに金利を上げ，新たな債務総額への金利を規定していた。また商人は，債務者の従属的地位を維持しつづけたり，日常的利潤の確保のために，債務の完済をひきのばそうとした。当時，中国商人は市場価格より高く売りつけ，市場価格より低くモンゴルでの原料を買い付けていた。それ以外にも，詐欺や分量のごまかしなどが一般的であった。こうした取引を 10 年つづけるなかで，モンゴルの牧民は完全な返済不能の債務者となり，乞食となるか，雇われ放牧人になってしまった［蘇聯科学院ほか編：186］。

このように，漢人商人の活動は内外モンゴル全体に波及していった。食料品，衣料品などの生活用品をはじめ，あらゆる種類の商品をモンゴルにもたらし，モンゴルから毛皮，皮革，家畜，自然特産品などを大量に買い入れて持ち帰っていた。掛け売りの形で商品を売るため，借入金が急激に増加し，遊牧民たちは膨大な利子の支払いに追われるようになった。利子支払いと称して，貴重な家畜や毛皮がどんどん持ち去られて行くのを座視しなければならなかった［原山：124］。

ここで，「大盛魁」の例をあげておくと，同商会は，毎年高利貸の利子として，外モンゴルから馬 7 万頭，羊 50 万頭（52 万頭という説もあり）を取り上げた。これは，外モンゴルからロシアに輸出される年間の家畜の総数をはるかに越えるものであったという［原山：124］。

そして，20 世紀初頭，漢人商人，高利貸者，農民，手工職人たちが外モンゴルに徐々に入り込み定住するようになり，売買貿易のほか，漢人移住者は大工，建築，野菜の栽培などの仕事に従事するようになった。

ウラヂミルツォフは，次のように記している。

> 支那商人は昔のやうな国境市場では満足しなくなり，ステップや山岳の蒙古人の中へ入って，原料や畜産物を買入れ，支那商品，次いでヨーロッパ商品を売り込んだ。商人と共に支那の高利貸，大小の銀行家，各種の投機屋が蒙古人の中へ侵入し，続いて，手工等の職人や農民が蒙古へ移住した。農民の移住が最も著しかったのは南蒙古である［ウラヂミルツォフ：432］。

このように，漢人社会から新たな技術や品物が，旅蒙商などを媒介して，モンゴル社会に導入された。

漢人移住にともない，従来の外モンゴルには使われていなかった，新たな名詞が生まれ，漢人商人や入植農民たちの影響は，このような言語のクレオール化にも現れている。たとえば，今日のモンゴルで使われているムジャン（мужаан，大工），バイツア（байцаа，白菜），ゴアンズ（гуанз，料理屋）などの言葉が中国語の「木匠」，「白菜」，「館子」という名詞から借用語として漢人商人をへて導入されたことが窺われる。しかし，これらの単語が内モンゴルでは中国語からの借用語ではなく，モンゴル語の [modun darqan]（大工），[čaγan noγuγ_a]（白菜），[qoγula-yin ger]（料理店）として使われてきたことが外モンゴルのそれと対照的であろう。これらの言葉の相異は，内外モンゴルにとって異なる歴史的事情を意味している。外モンゴルが18世紀末に漢人による大工仕事や野菜の栽培が行われていたのに対し，内モンゴルの一部の地域（オルドス，トゥメト，カラチン）はすでに16世紀以来の経済回復のなかでモンゴル人自ら手工業，農業に従事していたからである。

ただ，内モンゴルでおこなわれていた農業は，遊牧生産方式を失わない副業的零細農業にすぎなかった。この時期のモンゴル自身による農業と，後に漢人移住農民によっておこなわれた農業とは本質的に異なるものと言うべきであろう。

18世紀なかば頃から，内モンゴルへ大規模な漢人農民の入植が進んだ。その先駆けは1723（雍正元）年に遡る。この年，清朝政府は「借地養民」令を公布し，内モンゴルの土地開発の強化を示した［ヲほか：292］。

たしかに，内モンゴルの草原開墾のすすんだ原因は，漢人商人，農耕移民，清朝の対モンゴル政策などに求められるが，また，当該地域の内在的要素からも考える必要がある。それについては，次の2点が注目される。

まず，モンゴルの王公たちは，漢人商業資本への巨額の負債を，土地を農民に貸与したり売り払うことによって，弁済していた。経済的困窮にくるしむモンゴル王公側の政策もあったといえよう。ここに，モンゴル貿易を通じた旅蒙商とモンゴル支配者層との私的な土地貸借関係という経済的条件がつくられた。

この経済的条件のもとで，清朝末期の内モンゴルの南部地帯において，遊牧経

済地域に広大な農業経済地域が形成されることとなった。旅蒙商は土地の開墾や農業開発をおこない,「地商」へと発展した。それは,商業利潤の土地への投下,土地資本の形成であり,より高い利潤＝剰余価値の獲得を目的とする商業的粗放農業制度展開の物質的基礎となった［鉄山：43］。

他方,漢人農民の入植,農業村落という新たな社会制度の出現は,モンゴルの社会状況へ大きな影響を及ぼしつつあった。

この時期,内モンゴル地域ではすでに旅蒙商の蒙地開発による牧場侵占の現象が顕著になっていた。また「現在,カラチン地方ではすでに古来の牧畜的特徴が完全に失われ,耕作農業に代わった」［馬ほか編：197］とあるように,清末にいたると,「南蒙古には殆んど専ら支那人のみが住む多数の都市が勃興し,北蒙古のハルハにも出現した。各地に佛教寺廟が興り,時としてはその周囲に支那商人の相当大きな植民地が出来た。南蒙古への支那の植民が殊に盛んとなったのは十九世紀以後である。二十世紀には南蒙古といふ広大な地方の全住民の僅かに三分の一が蒙古人である」［ウラヂミルツォフ：433］といい,また,外モンゴルでもモンゴル人口約50万人に対して,漢人移民の数が約10万人にも達し,全人口の6分の1を占めるようになった［Очир ほか：26］という状況が現れた。

清末の内モンゴル綏遠地域の開墾について,安齋庫治は,第2次世界大戦中,当時の綏遠を構成するウランチャブ,イヘ・ジョー,バヤンタラの各盟における各時期の開墾の進展過程を調査した。その成果は,『満鉄調査月報』を通じて発表された。それによると,「光緒三十 (1904) 年郡王旗は私墾の禁壓を企てんとしたが,この為に蒙漢両族の衝突をまき起し,多数の死傷者を出すに至った。同じく札薩克旗に於いても蒙漢人間の空氣は険悪化し,絶へず衝突がくりかへされてゐたやうである」［安齋：39］とあり,そして,これらの頻発する蒙漢民族の紛争事件は,漢人官庁によって調停されるのを常とした。しかも,このような調停はあらゆる場合において漢人に有利に処理し,蒙旗の主張と権利は無視されていた。モンゴル地方では,漢人官僚主導による蒙地開放政策によって,より深刻な社会的矛盾が蓄積されるとともに,漢人人口がさらに増大するようになると,モンゴルの王公も牧民も強く反発した。

20世紀に入り,こうしたモンゴル社会をとりまく状況は,旅蒙商の不断の収

奪と農業移民の牧地破壊などを背景に，モンゴル人の間に危機感をいっそう強めていた。

むすび

　20世紀初期，清朝政治による漢人大量入植を目的とする対モンゴル「新政策」が実施された。日露戦争後，この「新政策」は，内モンゴル各地に急速に展開し，農耕民の入植はモンゴル地域へ広がっていった。中国商業，高利貸資本がモンゴル地域に急激進出し，旅蒙商の商業活動が活発となった。しかし，一方において，遊牧民たちは膨大な負債の返済に追われるようになり，モンゴルの家畜や毛皮は，旅蒙商に容赦なく持って行かれ，やがて牧民のみならずモンゴルの王公領主をも含めて，その生活は窮乏の極度に達していた［Очир ほか：379-386］。こうしたなかで，旅蒙商の搾取や牧場開墾に対してモンゴル人は反抗と暴動を起こした。

　1903年には，外モンゴルのザサクト・ハン部で平民アヨーシの指導する牧民運動がおこり，1905年には，内モンゴルのゴルロス部でタイジトクトホの指導する武装蜂起が展開した。アヨーシの運動とトクトホの蜂起は，この時期におけるモンゴル人の反清意識を代表する典型的事例であったといってよいだろう。これらの蜂起では，中国商人を追放し，旅蒙商の店舗を襲って借金の証文を焼き払い，商品を奪ってモンゴル人に分け与えていた。こうしたモンゴル人の反抗は漢人旅蒙商に対してなされたものでもあったが，アヨーシ，トクトホらの行動はモンゴルにおける近代的民族独立運動の兆しとして評価することができよう。

　このような反清反漢闘争は，トクトホの蜂起に限らず，東西の内モンゴルの各地においても頻繁にみられ，モンゴル族と漢族の間の緊張関係が高まっていたが，内モンゴル地域の東南部を中心に大量の漢人が入植したことや，清末民国初期の内モンゴル在住の有力王公の間には清朝復辟への期待が高揚する状況のなかで，内モンゴルにおける民族運動は困難となっていた。

　にもかかわらず，20世紀初頭の10年間，漢人勢力に侵蝕された内モンゴルでは深刻な民族暴動が頻発しており，モンゴル諸部のなかで，内モンゴルはいち早く民族的独立に目覚めていた。トクトホ，ハイサン，アルマスオチル，オタイ，

ラシミンジュル，バブジャブ，ゴンチクスレンといった内モンゴルの有力者たちは，モンゴル独立への道を模索しはじめた。かれらは，また漢人入植者の少ない外モンゴルに最後の希望を託し，辛亥革命前から独立運動をすすめていた［MУШYATX］。この時，農耕に不適切な外モンゴルでも漢人高利貸商人の進出によるモンゴル人の反清運動がいっそう高揚し，あらたな段階に至っていた。

1911 年 10 月に中国本土で辛亥革命が始まった。この清朝打倒の革命は，内外モンゴル人にとっては民族独立の歴史的機会となり，清朝権力を一掃し，同年 12 月 1 日にボグド・ハーン制モンゴル国の独立が宣言された。このような「モンゴル独立」を境として，漢人商業，高利貸資本の状況は大きく変貌した［内蒙古文史資料研究委員会編：55］。外モンゴルにおける旅蒙商人にとって，1911 年のモンゴル独立運動は，それまで活発な営業を展開してきた旅蒙商が追放されたり，モンゴルから債権回収不能となったことを意味した。ここに，辛亥革命を直接的契機とする外モンゴルの政治的経済的自立が展開し，東アジアの政治空間の新たな配置が出現するにいたる。

　　※本研究は内蒙古哲学社会科学規劃辨公室の科研費（課題番号 0613041）の助成を得たものである。

注

1) 康熙 14 年 3 月，いわゆる三藩の乱の嵐が中国南部で吹き荒れている頃，北部のモンゴル地域では，チャハル・ウルス（čaqar ulus）において清朝に対する新たな反乱が生じた。すなわちブルニ親王（burni činwang）の乱である［森川］。
2)「三藩の乱」とは，「ブルニ親王の乱」を前後して，中国南部で起きた清朝に対する反乱である［劉：252］。
3) ジェブツンダンバ・ホトクトは，外モンゴルのラマ教の最大活仏かつ封建領主であり，ボクド・ゲゲーンとも呼ばれた。その第 1 世は 1635 年，トシェト＝ハーン・ゴンボ・ドルジの子として外モンゴルに生まれ，第 2 世もトシェト・ハーンの系統に属する。第 3 世から第 8 世までは，清朝の規定によりチベット人から選ばれた。チベット人である第 8 世ジェブツンダンバ・ホトクトは，1873 年に第 7 代ジェブツンダンバ・ホトクトの転生と認められ，ハルハに移った。1911 年にモンゴルに独立運動が発生した時，ジェブツンダンバ・ホトクトはモンゴル人統合のシンボルとなり，モンゴル国君主（ボグド・ハーン）に推戴された。
4)「大盛魁」は，清末のモンゴルにおける 3 大旅蒙商網のひとつであった。その経営範囲の広さ，貿易額の大きさ，利益額は，モンゴル貿易史及び中国民族貿易史上まれにみる商会という（資本金：2500 万両，従業員：8000 余人，貿易額：1000 万両／年）。最盛時には，同商会所属小店舗の犬の数が 1000 匹までに達していたという（旅蒙商の各店舗は所有財産＝家畜を守るために蒙古犬を飼うようにしており，犬数の増加は

経営規模の発展程度を示すものであった）［内蒙古文史資料研究委員会編：1，16］。
5)「大盛魁」商会の創始者は，王相卿，山西省太谷県人，張杰，山西省祁県人，史大学，山西省祁県人。1724年の雍正年間創立。該商会は1911年のモンゴルで独立運動が発生したとき，重大な損失を受けた。北京政権の支持のもとでボグド・ハーン政権転覆に努めた。1913年の民国・モンゴル戦争時期，大盛魁は百霊廟戦闘において民国軍に協力し，民国軍の勝利に一定の役割を果たした。1919年，西北邊防軍総司令徐樹錚が庫倫占領・自治廃棄の任務をはたすため，モンゴル入りする時，「大盛魁」総裁段履庄が徐の高級顧問となって，北京政府軍に軍需給養を担当した［内蒙古文史資料研究委員会編：3, 4, 57］。

文献

安齋庫治（1939），「清末に於ける綏遠の開発」（下）『満鉄調査月報』第19巻第1号 pp.3-15.

ウラヂミルツォフ（1980），『蒙古社会制度史』（外務省調査部譯, 1936年初版）原書房 520p.

岸本美緒（1998），「東アジア・東南アジア伝統社会の形成」（『世界歴史13』岩波書店）pp.51-72.

田村實造（1944），「清朝の蒙古統治策」（東亜研究所編『異民族の支那統治研究—清朝の邊疆統治政策』至文堂）pp.15-97.

鉄山博（1994），「清代内蒙古の地商経済」『東洋史研究』第53巻第3号 pp.37-66.

中見立夫（1992），「モンゴルとチベット」（間野英二・中見立夫・堀直・小松久男編『内陸アジア』朝日新聞社）pp.135-156.

―――（1999），「近代世界におけるモンゴル人」（竺沙雅章監修, 若松寛編集『アジアの歴史と文化7―北アジア史』同朋舎）pp.130-147.

原山煌（1990），「モンゴル族の運命」（桃山学院大学開学30周年記念事業委員会編『アジアと日本』）pp.113-135.

キャロライン・ハンフリー（1979），「モンゴルの人々」（東徹・原一男訳, 梅棹忠夫総監修『世界の民族14・シベリア』平凡社編）pp.14-43.

森川哲雄（1983），「チャハルのブルニ親王の乱をめぐって」『東洋学報』第64巻第1・2号 pp.99-129.

若松寛（1999），「北アジアと清朝」（竺沙雅章監修, 若松寛編集『アジアの歴史と文化7―北アジア史』同朋舎）pp.112-129.

刁書仁・衣興国（1994），『東北近三百年土地開発史』吉林文史出版社 388p.

劉風雲（1994），『清代三藩研究』中国人民大学出版社 394p.

盧明輝（1994），『清代北部邊疆民族経済発展史』黒龍江教育出版社 438p.

馬汝衡・馬大正編（1990），『清代邊疆開発研究』中国社会科学出版社 455p.

内蒙古文史資料研究委員会編（1984），『旅蒙商大盛魁』194p.

蘇聯科学院・蒙古科学院合編（1958），『蒙古人民共和国通史』科学出版社 530p.

張植華（1983），「清代至民国時期内蒙古地区蒙古族人口概況」（内蒙古大学近現代史研究所編『内蒙古近代史論叢』第2輯, 内蒙古人民出版社）pp.221-251.

庄虔友（2000），『徐世昌督東期間蒙務活動概論』内モンゴル大学修士論文 44p.

Монгол Улсын Аюулаас Хамгаалах Байгуулгын Архивын данс/МУАХБА/. ф.1, д.4, хн.21.

Монгол Улсын Шинжлэх Ухааны Академийн Түүхийн Хүрээлэнгийн гар бичмэлийн сан/МУШУАТХ/ ф.3, д.1, хн.1036. [Nawangnamjil, G. (1945),

Güng Qaisan-nu tuqai.]
Очир.А, Дашням.Г(1988) *Ар Монгол дахь Хятадын худалдаа мөнгө хүүлэл* , У.Б 461p.
Namsarai (1984), *Cing ulus-un üy_e-yin mongɤol qosiɤu ciɤulɤan*, öbür mongɤul-un baɤacud keühed-ün keblel-ün qoriy_a. 466p.
Narasun, S. (1989), *Ordus arad-un duɤuyilang-un ködelgegen*, öbür mongɤul-un arad-un keblel-ün qoriy_a. 530p.

5　1920年代奉天紡紗廠と東北経済圏の自立性

上田　貴子

はじめに

　中国東北地域（以下東北と略す）における中華民国期は，奉天を中心とした張作霖・張学良政権が東北全域を支配し，地域主義的傾向を保持しつつ中国本部との政治的統合を目指した時代といえる。張作霖は自身の政権による中国の統合を目指そうとしたが，1928年に北伐軍に敗北し，北京からの撤退の途上で爆殺された。張学良が政権指導者になると，張学良は国民政府の下での一定の政治的統合を重視するようになった［西村1996］。

　政権指導部のこのような変化に対し，地域社会が同じ歩調で変化したわけではない。例えば，張学良政権の国民政府への合流の意思表示である1928年12月の易幟以降，南京の中央政府は，東北経済界をまとめる商会の改組を求めた。だが，改組は遅々としてすすまなかった［上田：124-129］。

　経済界がこのような意識を持っていた背景には，東北経済の実態が中国本部の経済から高い独立性を持っていたことが考えられる。中国全土では輸入超過であった20世紀初頭に，東北は大豆輸出により輸出超過だった［西村1984：142-143］。この大豆輸出によって蓄積された東北独自の財力によって，張作霖政権は近代的な工業の育成と経済制度の転換を図った。工業製品の多くは日本や上海からの輸移入品だったが，1920年代後半になると輸入代替品が製造できるようになった。この変化によって東北経済は輸移入先から相対的に自立しつつあった。それは日本からの自立だけでなく，上海などの中国本部からも自立しつつあるという二面性をもっていた。

　このような観点から，本稿では張氏政権によって設立された奉天紡紗廠を例に

とりあげ，満洲事変前における東北経済の相対的自立性について検討する。

I．中国東北地域の綿糸布市場と奉天紡紗廠の創業

1）奉天紡紗廠成立以前の綿糸布市場

　満鉄の調査によれば，1919 年から 1925 年の東北の全輸入総額に占める綿糸と綿布の割合は 30%近くを占めていた。この輸入綿糸布の中で日本製品が占める位置は大きく，1921 年以降の 10 年間で，綿糸では 95%以上（1922 年の 78%をのぞく）を日本製品が占め，綿布でも 1925 年以降には 90%以上を占めていた［満鉄 1931：14-15］。

　日本紡織布業は日露戦争後に新たな市場として東北に期待し，1906 年には三井物産が提唱者となって日本綿布満洲輸出組合を結成した。これ以降，中国農村部での需要が高い太番手の綿糸や大尺布生産などの製品を供給したことで，日本製綿糸布が他の外国製品を駆逐し市場を拡大していった。第 1 次大戦後はヨーロッパからの製品の途絶により，日本の紡績織布業者は細番手の綿糸および細地綿布の輸出を開始し一定の地歩を築いた。また，加工綿製品も第 1 次大戦後はヨーロッパからの製品の途絶により長足の発展をみた。同時にこれらの製品は，1913 年 6 月 2 日からの「満鮮国境通過税」3 分の 1 減税，1914 年 7 月からの「内地発南満線行綿糸布運賃」割引の優遇措置による輸送費の軽減によって競争力を獲得した［奉天商業会議所 1926：13］。

　1923 年に奉天紡紗廠が創業する以前の東北の紡織業は次のような条件下にあった。東北で棉花を栽培していたのは奉天以南と遼西に限られており，綿糸布が必需品であっても，製糸から織布を東北内でまかなうことには限界があった。開港以前は主として山東や直隷からの移入に頼っていた。それでも，遼河の水運が主要な物資輸送方法だった時には，奉天は棉産地から水運でつながり，東北における中心的な紡織地であった。営口の開港後，外国の機械織り綿布の輸入がはじまったが，在来織布業に激しい打撃をあたえはしなかった。1890 年には 20 余戸が手織機によって在地の綿糸を用いて製品を製造していた［奉天商業会議所 1920：13-14］。また営口は開港地で輸移入綿糸の供給に地の利があったことに加

え，棉産地に近いことから中小規模織布業が盛んだった。

　第1次大戦後には，21ヶ条約反対運動の中で，日本製品排斥国産品奨励運動の影響をうけて東北では一時的に織機の増設がみられた。奉天や営口では当時，100余の織布工場が設立され，北部の黒龍江省や極東ロシアにまで販路をのばしていった。粗布にいたっては日本製品と競合さえした。しかし，第1次大戦後欧米の工業が復活し，1919年から1920年にかけて奉天票の価値が下落することで損失を被り多くの閉鎖をみている［満鉄1933；奉天商業会議所1924：1］。織布業界ではこののちも頻繁に新しい工場ができ，その多くが倒産するというサイクルが繰り返された。1927年の奉天票の暴落においても弱小織布業（機房）の倒産が相次いでいる［上田：84-85，91］。

　綿布は東北一円の農民が購入する雑貨の主要品のひとつであり，その需要は大尺布や花旗布など比較的粗い織りの綿布に集中しており，高い織布技術を要求されなかった。その意味で，織布業は外国製品から市場を取り戻すことが可能な業種だと中国側経済界では期待された。民間の中小零細織布業が不況に弱く不安定だったのに比べ，奉天紡紗廠は本格的な電力による機械制紡織工場で，多くの優遇措置を得て安定的な経営がなされた。紡績業は奉天紡紗廠の成立以前には，棉産地で農家が副業的に行っていたに留まっていた［満鉄1933：258］。製糸織布業ともに奉天紡紗廠の設立は大規模工場での機械による製品の製造開始という点で東北においては一時代を画すものだった。

2）奉天紡紗廠の設立経緯

　奉天紡紗廠は1923年10月1日，200余人の参列者をあつめた式典によって正式開業した。最初に設立が提案されたのは開業の約4年前だった。1919年11月18日奉天省議会は奉天紡紗廠設立案の省政府への建議を決定し，22日には「籌設紡紗廠一案」を省政府に提出している。これに添えられた「建議理由辦法」では，外国製品購入が現銀の流出を招き民衆の暮らしの困窮化をもたらしていることから，国産品を製造し，利権を挽回することを目指すことが主張されていた。しかし，輸入代替が可能な企業の育成が不十分なことから，輸入代替化達成には省政府の力が必要であると主張されていた。さらにその計画案では，①財源として自治付加税と省財政をあてること，②原料としての棉花栽培を奨励すること，

③燃料としての石炭を供給するために炭鉱開発をすること，④省長の下に実業の心得のある官紳を管理職として採用することを提案した［遼寧省档案館所蔵：JC10・3287a, 3294a］。しかし，当時の奉天省財政の資金繰りは決してよいものとはいえなかった［澁谷：112-123］。省政府側は財政的な難点を楽観的にとらえることはできず，実業庁と財政庁に諮問した。両庁合同の議論によって答申されたのは1920年3月30日になってからだった。この答申の中で当時財政庁庁長であった王永江は，省議会側が期待するような自治費や，省財政の余裕はないことを述べた。加えて，軍事的な臨時出費を懸念するとともに葫蘆島建設計画をかかえており，財政的余裕がないと主張し，時局の安定後に再考することを提案した。これに対して，設立をもとめる省議会のメンバーは即座に反論を省政府に提出した［遼寧省档案館所蔵：JC10・3287b］。省公署は4月12日付でこの紡紗廠建設推進派の意見に応えて，財政庁に計画を実行に移す指令を出した。この指令が省政府による実質的な許可となったとみえ，これ以降は開設準備に関する機械買いつけなど実質的な執行段階に入った［遼寧省档案館所蔵：JC10・3287cd］。

3）奉天紡紗廠設立準備

　中国資本による東北でのはじめての近代的な紡織工場ということから，設立にあたっては紡績織布業としてすでに実績のある南通・上海・天津の紡紗廠での実地調査がおこなわれた。佟兆元ら5人の奉天紡紗廠幹部は1921年4月から5月にかけて約40日におよぶ調査に出た。この調査では各工場の建築設計図面や営業規則などの資料が収集された。調査後，奉天紡紗廠は直隷省と連絡をとり技術者の研修先を選定した。気候風俗が，東北に近いという点で，天津が研修先に選ばれた。直隷省から恒源・裕元・北洋第一の3ヶ所の紡績工場の推薦をうけ［遼寧省档案館所蔵：JC10・3288］，最終的には恒源紡紗廠が見習い技師の研修先となった。1922年には2名の技師と30名の研修生が恒源紡紗廠に派遣された［遼寧省档案館所蔵：JC10・3292a］。

　研修生は試験で選抜され，中学校卒業程度の学歴が求められ，工業学校卒業生であればなおよしとされた。彼等の研修期間は基本的には1年だったが，操業開始時まで約2年の研修をした者もいた。研修期間中の衣食住は奉天紡紗廠が支給し，正規の半額の給料も支払われた。ただし，研修終了後は奉天紡紗廠での3

年間の勤務が義務づけられていた［遼寧省档案館所蔵：JC10・3292b］。

操業開始直前の1923年時点の職員表を見ると，技術者として天津上海の紡紗廠での労働経験のある人材に加え，イギリス留学経験者や日本留学経験者の名が並んでいる［遼寧省档案館所蔵：JC10・3296a］。これらの技師は1928年の職員表では管理職に昇格し，その下に1922年に採用され天津で研修を受けた技師の名が連なっている［遼寧省档案館所蔵：JC10・3302］。

このようにして集められた技術者によって，奉天紡紗廠は1923年7月に試運転を開始し，7月には3840錘，10月には1万5360錘，12月には1万9200錘を稼働し，ほぼ目標の2万錘に到達した［遼寧省档案館所蔵：JC10・3296f］。

II. 奉天紡紗廠の企業経営

それではこのように設立された奉天紡紗廠はどのような企業経営をしていたのか，資本の募集，原料調達，販路の3点から検討を加えたい。

1) 資本募集

奉天紡紗廠の資本総額は「奉大洋」だてで450万元，1株100元とし4万5000株からなっていた。このうち民間からの株主（商股）は1922年11月で1万6623株（全株数の約37%），1923年11月で1万8899.5株（同約

表1 奉天紡紗廠商股一覧

商股	創業時 (1922)	利益繰り入れ後 (1928)
東三省官銀号	1,000	3,395
東三省銀行	1,000	合併
興業銀行	1,000	合併
交通銀行	1,000	1,128
中国銀行	1,000	1,128
奉天儲蓄会	500	528
奉天総商会		1,097
海城県	529	575
通遼県	10	12
遼源県	66	88
開原県	833	1,155
臨江県	93	96
寛甸県	91	100
洮南県	21	21
西安県	220	235
台安県	68	75
興京県	44	64
錦西県	87	95
黒山県	58	64
興城県	147	154
復県	362	388
康平県	93	101
梨樹県	70	107
台安県	188	209
法庫県	128	141
遼陽県	1,018	1,292
遼中県	323	345
輯安県	78	84
通化県	159	177
西豊県	152	167
撫順県	202	355
岫岩県	124	170
鉄嶺県	236	341
桓仁県	191	239
北鎮県	130	143
盤山県	40	44
新民県	77	304
彰武県	46	60
東豊県	415	487
綏中県	106	116
懐徳県	359	408
瀋陽県	687	767
海龍県	213	291
鳳城県	139	266
蓋平県	384	428
鎮東県	3	12
営口県	693	779
安東県	1,203	457
安東総商会		646
荘河県	301	313
義県	23	27
輝南県	50	54
長白県	20	22

42%),1925 年末で 2 万 1117 株(同約 47%),1927 年末で 2 万 1120 株(同約 47%)であった (表 1 参照)。

民間株主は奉天省内一円の県から募っており,省公署から県知事への指令によって募集が行われた。また株主総会(股東会議)召集の指令も省公署から県知事を通じて行われ,株主総会出席者の選定も県知事にまかされていた [遼寧省档案館所蔵:JC10・3294b]。奉天紡紗廠と株主との関係は間に省と県の政府が介在していた。資本金出資の多寡からて,県ごとの奉天紡紗廠に対する協力の程度が推測できる。省政府官僚を輩出している遼陽などは比較的高額の資本金が民間から集まった。

	501	531
撫松県	21	23
本渓県	77	165
柳河県	33	57
開通県	10	11
突泉県		5
瞻楡県		8
金川県		6
清源県		2
洮安県		3
営口個人		2
東辺実業銀行		545
安東鉄路警局		4
奉天業業商船保護局		8
合計	11,622	21,120

股数:1 件
1922 年は [遼寧省档案館所蔵:JC10・3294b] より
1928 年は [奉系軍閥档 b] より
1925 年以後大きな変動がないので 1928 年の数値をもって繰り入れ後の数値の代表として提示した。

これら民間株主によってまかなわれた以外の株は「官股」とよばれ省財政から出資されており,当初は約 63%を占めていた。また先にみた民間株主のうちでも,約 3 分の 1 にあたる 5500 株(1922 年時点)は東三省官銀号・中国銀行・交通銀行・東三省銀行・興業銀行・奉天儲蓄会によってまかなわれた。省財政の運用にあたる東三省官銀号を筆頭に,奉天省城 6 銀行の資金が投資されていることは,官の主導下で奉天紡紗廠は公的資金に依存していたといよう。

しかし,省政府自体はこのような体質を改善しようとした。奉天紡紗廠章程には,株の利益を順次持ち株に繰り込み,その比率だけ省が保有する株を引きあげることが規定されていた。1924 年には 39 万余元の利益のうち 15 万余元を資本に組み込むことが財政庁から指示された [遼寧省档案館所蔵:JC10・3296g]。この結果,1925 年に民間の持ち株数が増え,銀行などの大口株主の持ち株数に端数がみられるようになった。

このようにみてくると設立初期には省財政からの出資があったが,その後は直接は省からの資金をうけずに企業運営されていたという点で,資本金の上では,次第に自立していったといえる。

２）原料調達

　東北（関東州を含む）に存在した紡績工場で1931年当時操業を続けていたものには内外綿株式会社（以下内外綿と略す）・満洲福紡株式会社（以下満洲福紡と略す）・満洲紡績株式会社（以下満洲紡績と略す）・奉天紡紗廠の4工場があった。この4工場のうち，奉天紡紗廠以外は日本資本によって経営されていた。これら日本系工場では主としてインド棉，アメリカ棉，中国関内棉を使用し，東北産の棉花はほとんど使用していない（表2参照）。これに比べ，奉天紡紗廠は東北産の棉花を中心に使用している。このように在地棉花使用は奉天紡紗廠に特徴的なことで，その集荷方法には日本側商工会議所も注目していた。

　東北産の棉花は，従来繊維が短く高級品の製造に不適といわれてきた。しかし満鉄や関東庁において品種改良が行われていた［満鉄 1931：66, 1935：153-163］。また中国側でも奉天紡紗廠の設立にあたって，東北産棉花を使用することを予定しており，作付け指導を行っていた。この結果，1931年時点では年間生産量は2000万斤といわれ，このうち機械紡績に向くのは400万斤から500万斤程度だったといわれる［満鉄 1931：67］。

　奉天紡紗廠は，東北産棉花の使用によって原料費を安く抑えることを可能にし，日本製品や在華紡の製品に対する競争力を持っていた。また東北産棉花の独特の買いつけ方法の確立は，原料費を低く抑えるための重要な要件だった。表2にあげた満洲福紡・満洲紡績・奉天紡紗廠の3工場の各産地棉花の平均価格に注目してみよう。奉天紡紗廠は元で表示され，他は円を単位とするため，簡単に価格を直接比較することはできない。しかし奉天紡紗廠はインド棉アメリカ棉よりも東北産棉花を安く買っているのに対して，満洲紡績は東北産棉花をインド棉よりも高い価格で購入している年のほうが多い。ここから，奉天紡紗廠は他の工場よりも有利な条件で東北産棉花の価格を決定することができたと考えられる[1]。

　では奉天紡紗廠が使用していた集荷方法は具体的にどのようなものだったのだろうか。1921年11月20日づけの奉天紡紗廠側から省政府への呈文には以下のように述べられている。

　　操業開始をひかえ多くの原棉が必要となってきた。去年省長と財政庁の訓令によって棉産各県に棉花作付けを奨励した。この春，本工場では人員を各県に派

遣して作付けを奨励してきた。棉産県のうち南部西部の15県で秋には派遣員が買付てくる。今年買付が少ない場合は、農家は幻滅して来年作付けを減らしかねない。信用を得るためにもできるだけ買付したい［遼寧省档案館所蔵：JC10・3293a］。

このように奉天紡紗廠は操業開始前の1921年の春からすでに棉花の作付け奨励をし、生産された棉花を積極的に買い取ることで、農民の生産意欲の維持を図っていた。さらに作付け時期、6月、集荷時期に人員を派遣して棉花購入の約束をとりつけていた。その方法は、農家に対し、他への販売を厳禁するというとりきめを行って、立替金として10畝につき奉票50元を貸し、原綿の苗ができるころにさらに50元を貸与、収穫時に価格のなかから貸し出した金額を控除し、原綿価格は荷を渡した時点での市価で決定するというものだった。この立替金は無利子となっていた［奉天商業会議所 1927：4］。また東北随一の棉花生産量と品質を誇る遼陽には奉天紡紗廠の買いつけ専門の出張所が存在した［奉系軍閥档e］[2]。

表2　各工場棉花使用情況

奉天紡紗廠

		インド棉	中国棉	アメリカ棉	東北棉	その他	合計
1926	数量（斤）	637,000		1,245,000	3,213,000	670,000	5,765,000
	価格（元）	1,524,888		2,988,292	6,414,412	1,328,840	12,256,432
	斤あたり価格	2.394		2.400	1.996	1.983	2.126
1927	数量（斤）	435,000		1,563,000	4,152,000	310,000	6,460,000
	価格（元）	2,613,205		9,470,630	21,097,005	1,568,443	34,749,283
	斤あたり価格	6.007		6.059	5.081	5.059	5.379
1928	数量（斤）	531,000		1,963,000	3,985,000	710,000	7,189,000
	価格（元）	10,534,225		45,673,800	63,785,922	12,300,555	132,294,502
	斤あたり価格	19.838		23.267	16.007	17.325	18.402
1929	数量（斤）	745,000		2,531,000	4,789,000	673,000	8,738,000
	価格（元）	31,296,322		107,004,322	177,615,223	23,894,300	339,810,167
	斤あたり価格	42.008		42.277	37.088	35.504	38.889

各年度は1月から12月まで［満鉄 1931：38］

満洲紡績株式会社

		インド棉	中国棉	アメリカ棉	東北棉	その他	合計
1926	数量（斤）	3,724,176	1,269,628	222,672	174,895		5,391,371
	価格（円）	2,213,759	872,389	144,857	115,489		3,346,494
	斤あたり価格	0.594	0.687	0.651	0.660		0.621
1927	数量（斤）	4,949,829	39,730	582,860			5,572,419
	価格（円）	2,348,326	19,576	275,137			2,643,039
	斤あたり価格	0.474	0.493	0.472			0.474
1928	数量（斤）	3,813,656	1,658,082	42,827	49,869		5,564,434
	価格（円）	1,886,804	783,037	21,176	24,398		2,715,415
	斤あたり価格	0.495	0.472	0.494	0.489		0.488
1929	数量（斤）	5,612,796	1,475,223		82,114		7,170,133
	価格（円）	2,635,008	723,991		42,148		3,401,147
	斤あたり価格	0.469	0.491		0.513		0.474

各年度は11月から10月まで［満鉄 1931：43］

満洲福紡株式会社

		インド棉	中国棉	アメリカ棉	東北棉	その他	合計
1926	数量（斤）	1,625,680	39,080	263,840		31,710	1,960,310
	価格（円）	851,169	18,757	155,209		25,067	1,050,202
	斤あたり価格	0.524	0.480	0.588		0.791	0.536
1927	数量（斤）	2,416,870		442,620	32,160	128,640	3,020,290
	価格（円）	1,090,103		229,837	12,865	60,254	1,393,059
	斤あたり価格	0.451		0.519	0.400	0.468	0.461
1928	数量（斤）	2,570,130	32,610	351,290		13,860	2,967,890
	価格（円）	1,202,074	19,406	286,941		7,002	1,515,423
	斤あたり価格	0.468	0.595	0.817		0.505	0.511
1929	数量（斤）	3,062,810	317,610	404,950		20,020	3,805,390
	価格（円）	1,294,876	138,836	256,975		12,415	1,703,102
	斤あたり価格	0.423	0.437	0.635		0.620	0.448

各年度は12月から1月まで［満鉄1931：48］

　このような買い付けを継続するために奉天紡紗廠は省政府に積極的に働きかけ，各棉産県の行政の協力を仰いでいた［奉天商工会議所1928h：9-10］。

　例えば，奉天紡紗廠は1923年6月11日付の呈文で省政府に原料購入についての配慮を依頼している。その呈文では，日本資本による紡績工場が設立され，原料の需要が厳しくなることを予測し，奉天紡紗廠の原料確保のためには，奉天省産の棉花をすべて奉天紡紗廠で購入することを理想とし，日本側工場が買うことができないように，省公署の命令によって，棉産県での奸商による日本人商人をはじめとする外国人商人への棉花販売を禁止し，価格高騰を防ぐこと，奉天紡紗廠の原棉購入特権を保障するよう依頼している［遼寧省档案館所蔵：JC10・3296b］。

　これを受けて省公署は6月19日付指令で棉産各県宛に「産棉各県に密命する。状況を考慮し随時法律を定め，禁止せよ。また当該地の大義に理解ある士紳と連絡をとり援助をあおげ」との指示した［遼寧省档案館所蔵：JC10・3296c］。これに対する具申のなかには，具体的な方法として，「各区長・警察官に厳しくとりしまらせるとともに，商会に手紙でこの旨しらせ，外国人には売らないようにする」［遼寧省档案館所蔵：JC10・3296d］，あるいは「警甲所・各区長に連絡し，大義に理解ある士紳と協力し棉業を管理，農民に棉の作付けを増やさせるとともに，商人には外国人に棉花を販売することを禁止させる」［遼寧省档案館所蔵：JC10・3296e］と提案し，行政・警察機構とともに商会を中心とした士紳つまり在地の有力者に協力させる方針を出していた。

　実際の買いつけ過程は県によって若干違いがあるようだが，おおむね農民が馬車で県城や駅の棉花市場に持ち込み，仲買人が買いつけた。仲買人は奉天紡紗廠

の代理店として奉天紡紗廠に提示された価格によって委託収買を行っていた。仲買人の手数料は7分から1割5分程度で，仲買人の本業は凌源県の場合，飯店や旅館経営者とされており，おそらく派遣員を受け入れているそうした「客桟」が受託業務をおこなっていたと考えられる［満鉄1936］。

　このような独占的な購入を維持できたのは，買付時期にあたる初夏から秋にかけての時期に銀行からの原棉買付のための融資をうけていたことも大きい。奉天紡紗廠が工場の拡張を計画しはじめる1928年では，バランスシートにおける銀行からの借りた資金の大半が棉花買いつけにあてられていたと考えられる。檔案から追えるだけでも5月27日付1回分の報告で100万元の借り入れがあったとされている［遼寧省檔案館所蔵：JC10・3296h］。このほかにも，1度に500万元や1000万元単位の融資をうけている［奉天商工会議所1928：11-12, 1928c：2-3など］。

　さらに奉天紡紗廠は棉花購入に際して，域内関税にあたる「銷場税」の免税措置を受けていた。開業前から奉天紡紗廠は省政府に対し，銷場税免税も依頼していた。これに対し，税務督辦孫寶綺は免税に反対していたが，最終的には奉天紡紗廠は免税の特権を取得した[3]［遼寧省檔案館所蔵：JC10・3293a, 3293b, 3293c, 3293d；奉天商工会議所1928g：9-10］。

3）販路確保

　奉天紡紗廠にとっての主要な顧客は奉天市内の織布業者，靴下製造業者，タオル製造業者だった。彼らは奉天紡紗廠が創業する以前の1920年代初期には，日本人や中国人の綿糸取扱業者を通じて日本製綿糸を購入し材料としていた［奉天商業会議所1920：13-14］。しかし，1929年になると使用する綿糸の上位を奉天紡紗廠製品が占めるようになった。『満洲華商名録』（1932年）にあがる靴下製造工場の「来貨地」には，奉天の日中綿糸商と大連営口の貿易商とともに奉天紡紗廠の名前があがっている。『満洲経済調査彙纂』12輯（1929年11月）掲載の調査では「当地支那側機業者の使用する綿糸，シルケット，人造絹糸等は主として奉天に於ける日本及支那側の扱商より仕入れられ，直接大阪，上海等の産地より仕入れられることは殆どない。その産地別としては大体に於て奉天紡紗廠物が大部分を占め，次は上海物で日本物は現在のところ比較的少数である」とされて

いた［奉天商工会議所 1929b：4］。

　これら奉天繊維製品製造業はタオル製造業で16番手を，織布業においては大尺布が10番手から16番手を使用しており，これらが主力商品であったため，奉天紡紗廠の能力と見合っていた。また大尺布からややきめの細かい花旗布へと売れ筋が変化しはじめると奉天紡紗廠側も16番手から20番手へと生産の中心商品をシフトするようになった［遼寧省档案館所蔵：JC10・3299b］。

　大口の顧客としては，各省の被服廠での軍服や軍需品への原材料供給や，製粉業者の小麦粉袋用綿布があり，先物取引が行われていた。特に1928年は受注が好調であったようで，増産計画のために臨時工を雇い入れている［奉天商業会議所 1928：7；奉天商工会議所 1928e：10］。またこれらの受注に応じるためか，あるいは在庫を維持するために他の織布業者からの製品を買い占めて補っていた［奉天商工会議所 1928d：3］。

　このほか小売については雑貨商に代理店としての名前を与え，製品を販売させた。また，販路拡大のために毎年創立記念日にあたる10月1日には工場での販売会も行っていた［奉天商工会議所 1928f：12-13］。

　以上のようなマーケティングがどのような実績をもたらしたのか，同時期に遼陽に建設され紡績織布ともに行っていた満洲紡績と比較しながら検討しておこう。表3は両工場の販路ごとの実績を比べたものである。それぞれの所在地では一定の販路を確保しているが，長春では奉天紡紗廠は綿糸の販売量は満洲紡績を凌駕している。しかし綿布になると満洲紡績にはおよばない。また満洲紡績は哈爾濱をも市場圏に含み都市部に強い。都市部以外では奉天紡紗廠が四洮線・瀋海線という中国側によって建設された鉄道沿線での販売がのびている。特に瀋海線は鉄道開通以前から奉天の後背地にあたり，奉天紡紗廠にとっては有利にはたらいている。他の日本側の報告では棉糸布の販路は吉林省，黒龍江省の各県に最も多く生産額の60%を占め，花旗布・粗布が最も多いことも言われている［奉天商工会議所 1928b：5-6］。

表3　奉天紡紗廠と満洲紡績株式会社の販路比較

奉天紡紗廠販路

		1926	1927	1928	1929
綿糸	奉天	5,000	6,000	7,300	6,500
	長春	3,200	4,300	3,100	2,500
	四洮路	1,600	2,200	2,100	2,300
	瀋海路	500	700	1,200	1,300
	京奉路			1,300	1,300
	東清路				3,500
	その他	3,226	2,221	2,125	3,383
	合計	13,726	15,421	17,125	20,783
綿布	奉天	55,300	49,200	65,700	62,200
	吉林	21,200	25,000	31,300	30,500
	黒龍江	14,300	15,300	13,000	12,300
	長春	12,400	14,500	16,700	17,300
	四洮路	16,700	2,100	25,200	22,200
	瀋海路	7,100	7,000	6,500	13,400
	京奉路	8,600	12,000	11,300	15,600
	東清路	15,000	13,500	10,500	13,700
	その他	29,276	29,775	43,784	40,993
	合計	169,876	187,275	223,984	228,193

単位：綿糸（梱），綿布（疋）［満鉄 1931：39-40］

満洲紡績株式会社販路

		1926	1927	1928	1929
綿糸	遼陽	1,212	1,804	2,440	3,275
	奉天	447	513	863	2,688
	鉄嶺	2,235	5,235	2,428	2,391
	長春	911	3,977	2,618	4,796
	哈爾濱	20	633	357	105
	安東	752	810	92	323
	東北内その他	1,417	119	79	43
	東北外				
	合計	6,994	13,091	8,877	13,621
綿布	遼陽	11,308	72,601	47,277	42,526
	奉天	3,200	1,200	840	
	鉄嶺		5,600	620	
	長春	45,900	182,240	153,000	129,600
	哈爾濱	1,900	26,000	37,380	18,600
	安東		3,600	300	
	東北内その他	18,680	900	760	460
	東北外	600	600		
	合計	81,588	247,741	240,177	191,186

単位：綿糸（梱），綿布（疋）［満鉄 1931：44-45］
説明：合計の誤差は原史料のままとする。

　また奉天紡紗廠は原綿の収買において銷場税の免税措置をうけていたが，生産品についても銷場税の免税をうけていた。1929年になると免税について省政府レベルで議論され，基準がきびしくされたが，市価の7割の価格と見積もっての徴税であり，他の企業よりは依然として優遇措置をうけていた［奉天商工会議所1929：6］。

　奉天紡紗廠はこのように東北で広範囲に市場を確保してはいた。ただし，商品販売においても，免税措置と軍需品への原材料供給という政府の影響力が強い顧客に依存する側面もあった。

むすび

　以上の企業経営実態からみて，奉天紡紗廠は一定の実績をあげていたといえよう。遼陽の日本人経営による満洲紡績は，1926年から1929年の4年間のうちで1926年から1928年までが損益差はマイナスとなっており，利益のでた1929年も前年度からの繰越損のために次年度繰越金もマイナスとなっていた［満鉄1931：46］。これに対して，奉天紡紗廠は1929年まではつねに利益をあげていた

4)。

　表4は1923年から1930年のバランスシートから作成した損益の一覧である[5]。損益の差益を経常利益とみなすと，経常利益は初年度は約30万元だったが，年々増加し1929年には約5261万元となった。総資本対経常利益率を計算すると，1923年は4.75%であるが，年々増加し，1928年の41.03%を最高値とし，1929年には33.04%となっている。このような収益業績を踏まえて，1930年には工場の拡張もおこなった。1929年初頭に董事監査会議と省政府に提出した報告書には，「現在本工場は紡錘2万錘で，10から16番手の糸を生産している」，しかし「現在社会の需要は16から20番手のやや細めの糸でなければ販売をのばすことができない。紡錘1万錘を増設し発展を図らねばならない」と述べられていた［遼寧省档案館所蔵：JC10・3299b］。奉天紡紗廠は1929年段階で当初予定していた低価格品である太番手の市場で優位に立ち，日本製品や上海製品が優位であったやや細番手の市場獲得を新たなターゲットとし始めていた。

表4　奉天紡紗廠の総資本と負債合計

	民国12年	民国13年	民国14年	民国15年	民国16年
a 総資本（固定資産＋流動資産）　単位：元	6,324,506.94	7,575,725.64	8,244,861.45	11,433,996.07	26,861,518.07
b 負債合計（固定負債＋流動負債）　単位：元	6,024,092.84	7,015,382.09	6,810,015.10	9,766,582.77	19,729,173.28
経常利益(a-b) 単位：元	300,414.10	560,343.55	1,434,846.35	1,667,413.30	7,132,344.79
総資本対経常利益率(%) (a-b)/a	4.75	7.40	17.40	14.58	26.55

	民国17年	民国18年	民国19年
	61,925,635.81	159,239,668.34	131,686,552.34
	36,517,322.82	106,627,047.52	142,205,958.01
	25,408,312.99	52,612,620.82	-10,519,405.67
	41.03	33.04	

単位：元、民国12年から民国17年までは「奉大洋」だて，ただし民国18年以降は「現大洋」だて
説明：民国19年については経常利益がマイナスのため総資本対経常利益率は計算しない。
出所：民国12年［遼寧省档案館所蔵：JC10・3296i］，民国13年［遼寧省档案館所蔵：JC10・3296j］，民国14年［遼寧省档案館所蔵：JC10・3296k］，民国15年［奉系軍閥档a］，民国16年［遼寧省档案館所蔵：JC10・3299a］，民国17年［奉系軍閥档c］，民国18年［奉系軍閥档d］，民国19年［遼寧省档案館所蔵：JC10・3308］

　満洲事変直後に行なわれた日本側の調査では「業績は（中略）極めて良好にして，他社の遠く及ばぬところである」といわれ，高い評価が与えられていた［満鉄1931：40］。

　1930年ごろの東北における綿糸布の需給は，綿糸では中国国産品が優勢で77%

のシェアを占め，綿布では日本製品が優勢を保ち 63%のシェアを占めていた。東北では手機による綿布生産が現存したため，手機で使用される 16 番手 20 番手の綿糸が輸移入綿糸の中心だった［満鉄 1935：43］。しかし中国国産品のうち東北以外の製品の量は次第に減少し始めた（表 5 参照）[6]。これは，東北産が上海近郊や天津で造られる製品の市場に参入しつつあることを意味している。さらに，東北紡績業のなかでも奉天紡紗廠の生産高が最も高かった（表 6 参照）。

表5　東北における輸移入綿糸量

	輸入数量	移入数量	合計
1926	64,914	243,028	307,942
1927	40,457	225,474	265,931
1928	56,889	204,296	261,185
1929	44,797	194,993	239,790
1930	36,553	172,832	209,385

出所：［満鉄 1935：43］

表6　紡績会社生産比較

会社	所在		1926	1927	1928	1929
満洲福紡	(周水子)	綿糸（梱）	5,468	8,438	8,537	10,509
内外綿	(金州)	綿糸（梱）	13,306	8,248	11,461	15,620
満洲紡績	(遼陽)	綿糸（梱）	9,295	11,132	8,764	13,665
		綿布（疋）	196,036	139,633	235,456	201,340
奉天紡紗廠	(奉天)	綿糸（梱）	13,726	15,421	17,125	20,783
		綿布（疋）	169,876	187,275	223,984	228,193

出所：［満鉄 1931：51-52］

「満洲国」期になると，奉天紡紗廠は日本側資本に経営が移譲された。しかし，日本側経営陣，および「満洲国」の産業計画は，張氏政権期の奉天紡紗廠を中心とした綿業構造を継承した。生産は，従来から東北地域で需要の高かった太番手に照準を合わせていた。また原料綿の買上は，満洲棉花協会，満洲棉花会社，などの棉作奨励機関，買上機関をつくり統制しようとした［満鉄 1935：13］。その際，省長‐県長の命令伝達を活用していた［満鉄 1935：95］。製品においても，原料調達においても奉天紡紗廠の運営方法が引き継がれていた。

つまり，こうした従来からの奉天紡紗廠の事業方針とその経営展開は，結果として東北を中国から切り離そうという「満洲国」の方針と適合する側面をもっていた。張氏政権の東北の自立的発展を目指そうとした経済制度とその実態を，初期の段階では「満洲国」が継承したのである。その限りで，張氏政権は東北が中国本部に従属するのではない自立した発展を目指していたといえるだろう。この一定の経済的自立に依拠して地域権力と地域社会は中国本部に対して地域主義とも呼ばれる自主性を保持していた。「満洲国」成立に際して，地域主義を標榜する一部の在地有力者層はこのため「満洲国」にとりこまれていくことにもなっ

たのである。

注

1) 内外綿はインド棉とアメリカ棉を主として用い，東北棉はほとんど使用していない［満鉄 1931：47］。
2) 奉天省の名称は 1929 年 1 月に遼寧省と改称され，これにともない奉天紡紗廠も遼寧紡紗廠と改称された。
3) たびたび省政府内では奉天紡紗廠の原料購買に課税すべきであるという議論がされていた［奉天商工会議所 1928g：9-10］。
4) 1930 年には工場拡張とアメリカ棉の高騰で損益差がマイナスとなった。また 1931 年は満洲事変の影響をうけ，軍隊警察など従来の政府関係からの制服の発注をうけられずに赤字となった［奉天興信所 1932：151-152］。
5) 貸借対照表については［上田］を参照されたい。
6) 張暁紅はその研究のなかで中国人資本による中小の織布業者の発展を指摘するとともに，東北市場の綿布の 3 割以上が東北産であったことを指摘している［張］。

文献

上田貴子（2003），『近代中国東北地域に於ける華人商工業資本の研究』大阪外国語大学言語社会学会 142p.
澁谷由里（1997），『張作霖政権の研究―「奉天文治派」からみた歴史的意義を中心に』（博士学位論文，京都大学，1997 年）207p.
張暁紅（2007），「1920 年代の奉天における中国人織物業」『歴史と経済』第 194 号 pp.46-55.
西村成雄（1984），『中国近代東北地域史研究』法律文化社 490p.
―――（1996），『張学良―日中の覇権と「満洲」』岩波書店 275p.
奉天興信所編（1932），『満洲華商名録』201p.
奉天商業会議所（1920），「奉天に於ける支那側紡織業調査」『満蒙経済時報』第 88 号 pp.13-14.
―――（1924），「奉天に於ける支那側織物業」『奉天商業会議所月報』第 143 号 pp.1-4.
―――（1926），「満洲に於ける綿糸布発展の過去」『奉天商業会議所月報』第 163 号 pp.13-14.
―――（1927），「注意を要する紡紗廠の原棉大量買付計画」『奉天経済旬報』第 1 巻第 19 号 p.4.
―――（1928），「紡紗廠の大活況」『奉天経済旬報』第 3 巻第 10 号 p.7.
奉天商工会議所（1928），「紡紗廠原棉買付」『奉天経済旬報』第 4 巻第 2 号 pp.11-12.
―――（1928b），「紡紗廠吉林進出」『奉天経済旬報』第 4 巻第 3 号 pp.5-6.
―――（1928c），「活躍する紡紗廠」『奉天経済旬報』第 4 巻第 5 号 pp.2-3.
―――（1928d），「紡紗廠綿布買占」『奉天経済旬報』第 4 巻第 5 号 p.3.
―――（1928e），「紡紗廠製織盛況」『奉天経済旬報』第 4 巻第 7 号 p.10.
―――（1928f），「紡紗廠秋期売出」『奉天経済旬報』第 4 巻第 9 号 pp.12-13.
―――（1928g），「紡紗廠免税運動」『奉天経済旬報』第 4 巻第 11 号 pp.9-10.
―――（1928h），「紡紗廠長の要請」『奉天経済旬報』第 4 巻第 13 号 pp.9-10.
―――（1929），「紡紗廠税に悩む」『奉天経済旬報』第 5 巻第 13 号 p.6.
―――（1929b），『満洲経済調査彙纂』第 12 輯（奉天に於ける支那側の工業）111p.

南満洲鉄道株式会社総務部調査課編（満鉄と略す）(1931),『満洲の繊維工業』252p.
南満洲鉄道株式会社総務部資料課（満鉄と略す）(1933),「満洲に於ける紡績業及棉花栽培の将来」『満鉄調査月報』第 13 巻第 11 号 pp.257-264.
南満洲鉄道株式会社経済調査会（満鉄と略す）(1935),『満洲紡績業に対する方針及満洲に於ける棉花改良増殖計画』立案調査書類第 6 編第 3 巻 354p.
南満洲鉄道株式会社総務部資料課（満鉄と略す）(1936),「奉山沿線に於ける棉花取引状態」『満鉄調査月報』第 16 巻第 2 号 pp.199-208.
『奉系軍閥档案史料彙編』[奉系軍閥档], 遼寧省档案館編 (1990), 江蘇古籍出版社・香港地平出版社, 全 12 巻
    a「奉天紡紗廠第四期営業報告書（1926 年）」第 6 巻 pp.244-245.
    b「奉天紡紗廠商股股款数目表（1928 年）」第 8 巻 pp.58-59.
    c「奉天紡紗廠第六期営業報告書（1928 年）」第 8 巻 pp.59-61.
    d「遼寧紡紗廠第七期営業報告書（1929 年）」第 9 巻 pp.409-410.
    e「遼寧紡紗廠概略（1930 年 6 月 1 日）」第 10 巻 pp.89-92.
遼寧省档案館所蔵, 奉天省公署档案（JC10),「省議会咨請撥官款籌辦紡紗廠」（案巻 3287)
    a「1919 年 11 月 22 日省議会咨」
    b「1920 年 3 月 30 日奉天省財政庁長王永江呈」
    c「1920 年 4 月 12 日奉天省長張作霖指令」
    d「1902 年 6 月 16 日奉天省財政庁長王永江呈」
遼寧省档案館所蔵, 奉天省公署档案（JC10),
  「奉天紡紗廠購置機器, 津滬等処紗廠調査各海関綿棉紗進口等件」（案巻 3288)
  「関于調査津洋滬等処紗廠情形」(1921)
遼寧省档案館所蔵, 奉天省公署档案（JC10),
  「奉天紡紗廠収支報告書及選挙董事各項」（案巻 3292)
    a「1921 年 10 月 15 日紡紗廠長佟兆元呈」
    b「考送北洋学習紡織学生簡章」(1921)
遼寧省档案館所蔵, 奉天省公署档案（JC10),
  「奉天紡紗廠呈請採購穰棉請免関税並□設道義直接廠内以利運輸」（案巻 3293)
    a「1921 年 11 月 20 日奉天紡紗廠総理佟兆元協理林成秀呈」
    b「1921 年 11 月 30 日奉天紡紗廠総理佟兆元協理林成秀呈」
    c「1921 年 12 月 27 日税務督辦孫寶綺呈」
    d「1922 年 1 月 6 日奉天省政府訓令」
遼寧省档案館所蔵, 奉天省公署档案（JC10),「関于創設奉天紡紗廠各件」（案巻 3294)
    a「議決建議籌設紡紗廠一案之理由辦法」(1921)
    b「1922 年 11 月 21 日奉天紡紗廠総理孫祖昌呈」
遼寧省档案館所蔵, 奉天省公署档案（JC10),
  「奉天紡紗廠商股営業損益清冊及修建事項」（案巻 3296)
    a「1923 年 4 月 25 日奉天紡紗廠総理孫祖昌協理韓岡岑呈」
    b「1923 年 6 月 11 日奉天紡紗廠総理孫祖昌協理韓岡岑呈」
    c「1923 年 6 月 19 日省公署指令奉天紡紗廠・訓令単開各県」
    d「1923 年 6 月 30 日北鎮県知事呈」
    e「1923 年 6 月 30 日義県知事呈」
    f「奉天紡紗廠十二年度営業情況報告記録」(1924)
    g「1924 年 5 月 6 日財政庁庁長王永江呈」

h「1924年5月27日奉天紡紗廠総理孫祖昌協理韓岡苓呈」
　　i「奉天紡紗廠第一期営業報告書」(1924)
　　j「奉天紡紗廠第二期営業報告書」(1925)
　　k「奉天紡紗廠第三期営業報告書」(1926)
遼寧省档案館所蔵，奉天省公署档案（JC10），
　　「奉天紡紗廠十六，十七年営業報告」(案巻3299)
　　a「奉天紡紗廠第五期営業報告書」(1928)
　　b「民国19年遼寧紡紗廠第八次董事監察会議録」
遼寧省档案館所蔵，奉天省公署档案（JC10），
　　「奉天紡紗廠十六—十八年度営業純益，資産負債清冊並職員履歴会議清冊」
　　（案巻3302）
　　「奉天紡紗廠職員履歴清冊」(1928)
遼寧省档案館所蔵，奉天省公署档案（JC10），
　　「奉天紡紗廠民国十九年資産負債表」(案巻3308)
　　「資産負債数目表」(1931)

6 1930年「中原大戦」と東北・華北地域政治の新展開

西村 成雄

はじめに

　1930年9月18日付,張学良の「維護和平」通電によって,中原大戦は事実上の終結をむかえた[1]。張学良は蒋介石の主導する中華民国国民政府の政治的正統性を支持し,その正統性を拒否し別に国民政府を樹立しようとしていた閻錫山,馮玉祥,汪精衛らの反蒋介石連合勢力を否定する立場をとった。張学良は,同年11月12日から18日に開催された中国国民党第3期4中全会に参加し,中央委員待遇を与えられ,これより先10月9日には国民政府の陸海空軍副総司令職に就任し,北平に行営設立を準備しつつあった。それは,反蒋介石連合勢力としての閻錫山らの「国民党中央党部拡大会議（1930年3月）」派の勢力範囲を,張学良が政治的に相続することを意味していた。翌1931年はじめにかけて華北地域を政治的軍事的に接収することになった。

　東北政務委員会は,河北省,山西省,察哈爾省,北平市,天津市の3省2市をその支配下に置いた。このような新しい支配領域における行財政政策の展開という側面からみるとき,東北地域と華北地域の政治的統合というリージョナルな政治的意思と,国民政府レベルの東北政務委員会に対するナショナルな政治的統合への意思という,交錯する2つの政治空間がとらえられる。そこで,まず中原大戦後の東北政務委員会のもとで形成されつつあった華北を含めたリージョナルな政治空間とその行財政政策の展開過程を,遼寧省档案館蔵「全宗JC10,奉天省長公署,東北政務委員会（行字第12号）」の「92案巻,東北区財政会議（民国20年）」から再構成してみよう。

I.「東北区財政会議」からみたリージョナル・イシュー

「東北区財政会議」の会議録は，張学良の出席した1931年1月26日の開会式と第1次会議から，第11次会議（2月7日）までが確認されている。ただし，第2次会議から第5次会議までと，第10次会議の記録は未確認のため，欠落部分として残さざるをえない。

さて，財政会議第1次会議への出席者と欠席者は次のとおりであった。

出席会員	主席	張学良	
	秘書長	呉恩培	
	遼寧省政府主席	臧式毅	
	察哈爾財政庁長	文光	
	河北財政特派員	荊有岩	
	河北財政庁長	姚鋐　呉鶚代	
	熱河財政庁長	姜承業	
	黒龍江財政庁長	龎作屏	
	吉林財政庁長	栄厚	
	遼寧財政庁長	張振鷺	
	辺業銀行総裁	彭賢	
	東北政務委員会財務処長兼東三省官銀号総弁	魯穆庭	
	東三省官銀号会弁	呉恩培	
	天津市財政局長	劉亥年　屠潮代	
欠席会員	山西財政庁長	仇曾詒	
	北平市財政局長	王韜	
	東省特区行政長官公署派員	宋汝賢	

開会典礼では，張学良が大要次のような演説を行なった。今回の財政会議には，冀晋察遼吉黒熱の7省と北平・天津2市およびハルピン特区の財政代表，関係者が参加し共同討論を行なうが，その唯一の目的は「一致して中央政府の財政革新の政策を遵奉すること」にある。とくに財源となる賦税制度の改革が重要で，「釐金制度は，とくに民を疲弊させる悪税であり，今日，中央政府は毅然として廃止し，対外的には関税自主を実施し，対内的には近代的良法を施行し，新税を創設する…一度徴税の後は再度徴税せず，かつ税率の妥当性と人民の負担は平均するようにし，また，予算制度の実施や中央税地方税の区分を行うこと，これらが刷

新の主旨である」と強調しつつ，財政支出の抑制と附加税の過重を改善することが共通の第一の課題だとした。さらに，孫中山総理の建国方略・建国大綱にもとづき，今日の「訓政」段階にあっては「中央政府の財政革新政策を遵奉し，悪税はすでに一律廃止し，新税は施行されたばかりで，かつ多くは中央に所轄されている…ただ，収支適合の原則にもとづいてのみ無益の経費を削減し，有用の需となしうる。侵蝕せし私を杜ぎ『公家』の用に充てる。建設経費に充当すべきことこそ中心的課題である」と述べ，「中央政府の財政革新政策」を「収支適合の原則」のもとで実施すべきだとした。また，幣制問題についても，「現在のところ，ただちには統一しがたく，金融の現状もそれぞれに歴史的経緯がある。しかし，いずれも財政こそ中心的課題であり財政の整理が軌道にのれば，金融もしだいに安定し，幣制の統一的改革も期待しうるであろう」と論及し，財政金融政策の重要性と，各地域の歴史的経緯をふまえた幣制改革をも展望していた。

この張学良演説は，1930年12月3日の国民党中央政治会議での東北情勢報告とあわせて考えると［秦編：252-257］，明瞭に国民政府との財政的統合を志向するものであるとともに，東北政務委員会という中央政府と省政府の中間的位置にある地域的政治統合組織体として，中央政府に対するある種の「自律性」を主張する側面をあわせもつものであった。東北政務委員会の政治的二重性が如実にあらわれていた。とくに税制の問題は，まさに国民政府としての「革新財政政策」の重要な一環であった「釐金廃止・営業税導入」という方針を，各地方政府の側がどのように受容するのかという現実的な問題として対中央交渉が展開していたことに関連していた。この点はすでに別稿で論じたのでここではふれない［西村2000］。

ところでこの財政会議には「審査会規則」8ヶ条があり，本会議で決定できない場合審査会に付託するものとしていた。審査会は甲.予算組，乙.賦税組，丙.泉幣組の3組に分かれ（第3条），それぞれ5人の会員から構成され（第5条），最終的には3人の署名により有効となり（第7条），それは3日以内に大会本会議に提出するものとしていた（第6条）。各審査会メンバーは次のとおりであった。

　　　預算組　　魯穆庭　張振鷺　栄厚　王韜　姚鋐

賦税組　荊有岩　張振鷺　栄厚　龐作屏　姜承業
泉幣組（幣制問題）　文光　彭賢　呉恩培　寧恩承　魯穆庭

　東北地域および華北地域の財政金融政策の立案にかかわる責任者を網羅した布陣とみることができ，この財政会議は東北辺防軍・副総司令行営とならんで，実質的にみて張学良を主席とする東北政務委員会の中枢機関を構成していた。
　そこで，財政会議の審議内容について論及しておこう。
　財政会議第6次会議記録（1931年2月2日）によれば，出席会員は，第1次会議出席者のうち張学良を除き，第1次で欠席していた山西財政庁長仇曾詒，北平市財政局長王韜，東省特区行政長官公署財務処長宋汝賢，および辺業銀行総稽核（監査役）寧恩承を含み，15人の参加であった。遼寧省政府主席臧式毅は「請假」欠席であった。会議は張振鷺が主席となり，以下の議題討論と決議がなされた。
　まず，第5次会議からの継続審議項目をみると，第15項議題の主題は産業保護政策をめぐる問題であり，「幼稚産業」の育成という輸入代替工業化戦略との関連で磁器，製紙，ソーダ生産は免税措置をとり，ビールと製粉はすでに「幼稚」段階を超えた産業へと発展しつつあったことになる。東北地域における産業発展段階を象徴するものであった。
　第16項議題は，国税と地方税の区分と新旧税のとりあつかいに関する議題で，所得税や相続税は実施ずみで，市地税（地税）は相続税にくり込んで試行することとし，使用人税と使用物税はしばらくみあわすこととなった。税収体系の再整備が国民政府税制との関連で実施されつつあった。
　第17項議題は，裁釐（釐金廃止）に伴う損失額についての調査を実施することにあった。
　2月2日の第6次会議での新たな議題は3項あり，中央政府の政策が，地域財政にどのように影響するのかが明瞭に示される重要な政治的争点となっていた。
　第1項議題は，損失税収額を確定し，最近年の預算案と対照させて不足分をどう補填するのか，また，支出をどう節減するのかを検討することであった。
　第2項議題は，損失税収額の補填と節減の具体額を張学良副総司令に送り，判断をあおぐものとすることとなった。あきらかに，国民政府の釐金廃止と営業税

新設政策などとの関連で，東北政務委員会レベルでの対応が論議され，かつ早急に解決を迫られていたことが読みとれる。

　第3項議題は，営業税導入をめぐる商人側の動向に対応して，「官商争執」の可能性を推測しつつ何らかの対策が必要なことを議論したもので，「非公開」としてとりあつかう処理をとった。

　第7次会議は1931年2月3日に開催され，欠席を願い出た遼寧省政府主席臧式毅を除き15名が出席した。

　討論事項は，第6次会議の継続審議として，次の議題がとりあげられた。

　第4項議題は，徴税事務管轄権をめぐる問題で，東北政務委員会レベルと各省レベルとの対応をどう調整するかという点に意見の相違があり，ある者は政務委員会委任が妥当と主張したが，まず各省で管轄すべきことが確認された。

　第5項議題は，統税徴収機関の設置についてであったが，さしあたり，各省の財政庁内に設置されることとなり，税務管轄は各省のレベルで対応することとなった。

　第6項議題は徴税機関名称問題にすぎないようにみえるが，税目を冠するかどうかは「各省」の判断による，という対応のなかに垂直的行財政統合過程における緊張関係の一局面をみる必要があるといえよう。

　第7項議題は，営業税徴収の特税局長の任命という人事権にかかわるもので，いわゆる「肥缺（有力ポスト）」の配分をめぐって，従来通り，財政特派員と財政庁長の間で選任するということとなった。

　第8項，第9項議題とも徴税事務にかかわる問題であったが，とくに第9項では各省政府と東北政務委員会の管轄権限をどう位置づけるのかという行政機構システムのあり方をめぐる認識が前提となっていた。中央政府と地方各省政府との中間的行政機構としての東北政務委員会のある種の不安定性が示されていたといえよう。

II．東北財政・金融制度設計をめぐる地方・中央の矛盾

　第7次会議では，第9項の審議終了後，ひきつづいて各会員からの提議があり，

そこには黒龍江財政庁長，政務委員会財務処長，熱河財政庁長，辺業銀行総稽核（監査役）らからの議案が出されていた。ここでは，辺業銀行の総稽核・寧恩承の2つの提議をめぐる議論についてみておきたい。

「東北各省において中国西洋財政専門家を招聘し，財政設計委員会案を設置する案」という寧恩承提案の主旨は，中央政府には「設計委員会」が組織され9人の外国人顧問が招聘され成果をあげているとして，主に外国人を招聘して「設計委員会」を組織し財政問題の研究解決をはかろうとしたことにあった。しかも，東北政務委員会レベルでの組織化を考えており，政務委員会の政策立案能力を外国人顧問の招聘を通じて向上させようとするものであった。これは，前年1930年に発足し年末に報告書をまとめた東三省金融整理委員会での活動にもとづく経験を拡大した提案にほかならなかった。

ところが審議の過程で，主席の吉林財政庁長の栄厚は，こうした設計委員会設置には賛成であるが，各省財政庁内にはすでに財政委員会があって随時研究しておりすでに実施ずみだと主張し否定的見解を述べた。遼寧財政庁長の張振鷺も，国税には財政部の設計委員会があり，各省レベルで外国人を招聘することは事実上困難であろうという判断を下した。さらに，河北財政特派員の荊有岩は，「地方税は各地方で研究し，国家税は財政部案で対応すべきで，財政部には設計委員会がある以上，地方には不必要だ」と述べ，また，「もし必要なら各省財政庁が設置する方がよく，政務委員会レベルの設置は中央にとって問題が生じかねない」と主張し，各省レベルの既得権益確保と，中央政府からみて政務委員会権限の増大をもたらすこうした政策は採るべきではないとした。そして，決議では，「この提案は，各省区市の財政主管機関において専門家を招聘し，それぞれに委員会を組織するものとし，各省共同の組織としての設計委員会は暫時延期する」として見送られることになった。

この議論は，第1に，東北政務委員会という行政組織が，中央政府との関係のなかではなお不確定な政治的位置にあることを示しており，第2に，各省の権限との関係においても各省レベルの抵抗があることを示している。つまり，ここには中央と各省，中央と政務委員会，政務委員会と各省の三者関係がなお定型化されていない過渡的性格が刻印されているといえよう。とくに，東北・華北の7

省2市を統括する政務委員会レベルの財政会議そのものが先例をひらく経験であったことと，これが中央政府との関係でどのような位置にあるのかはなお不分明であったからである。東北政務委員会のこの不確定性は，逆に中央政府による政治統合の制度化への模索を意味するとともに，その後，1931年12月末の西南政務委員会の成立を許容する先例ともなった[2]。

そのもとで，寧恩承の次の第2の提議「各省区市は金庫制度と新式の官庁会計法を導入し，積弊を除去する案」も見送られることとなった。寧恩承は金庫制度や新式官庁会計法の研究と実施は「設計委員会」があれば解決すると強調し，さらにそうすれば「各徴収機関の不正行為は減少させることができる」と主張した。これに対し，栄厚は，「現在，遼寧省は東三省官銀号が代理省庫であり，吉林省は永衡官銀号が代理省庫であり，黒龍江省は広信公司が代理省庫となっている。金庫制度は従来からの中央政府の規定により取り扱っており，その手続も完備している。会計法も新式官庁簿記を採用しているが，ただ各県の税局はなおその段階には到っていない」と結論づけ，提案にいう「将来の進歩」を求めるとする主旨を否定した。他の会員からも，財政庁は「会計法」に従って処理しているとの反論が出された。こうして，決議では「この提案は，各省区市の財政主管者の参考とする」こととなった。

寧恩承の提議の核心は東北政務委員会レベルの独自な「東北設計委員会」の設置にあったが，これは張学良に収斂する政治的求心力の表われであり，東北地域社会のひとつの方向性を示すものであった。もちろん，東北各省，華北各省市の遠心力が働いており，その結果，寧恩承の2つの提議はいずれも却下されたことになる。しかし，1931年2月5日の第9次財政会議で河北財政特派員の荊有岩が提議した「東北金融を統一し国民経済の発展を図る案」は，あきらかに，東北全体の金融政策の立案という新たな課題に対応するものであった。

荊有岩の提案は次のような内容を含んでいた。第1に，一国の国民経済発展のためにはまずその金融的基盤を強化しなければならず，さらにそのためには「権力を集中し，十分なる資本をもつ中央銀行」が不可欠である。この中央銀行は銀行券発券の独占権をもち，貨幣統一と信用強化をはかり，一般の金融機関に対しては監督指導する地位にあり，調整と救済の全責任を負うものである。これが，

東西各国における中央銀行にほかならない。第2に，中国では領域が広く，各地の金融情勢はきわめて複雑で，一挙に全国をある銀行のもとに統一できない。地方の状況を斟酌すれば，先づ数省区を聯合させ中央銀行の性質を備えた地方銀行を設立して全国中央銀行の先駆とする。第3に，近年来，東北各省の国民経済は疲敝の極にあり危機的状況にある。その主な原因は金融の紊乱にあり，その原因は統一的金融機関の欠如にある。東北各省の金融機関は「散沙」のようで「紙幣繁雑」にして信用はきわめて不安定となっている。根本的な救済のためには，各省を統一した中央銀行の性質を備えた基盤の強固な金融機関を設立することにある。第4に，具体的にはまず東北各省の省立金融機関を統合する。吉林の永衡官銀号，黒龍江の広信公司，河北の河北省銀号などをすべて東三省官銀号に統合し，新たに中央銀行的地方銀行を設立する。本店は遼寧とし支店を各省に設置する。その後，基金を集め銀行券を各省に流通させ「法定価格」をもって各省の「複雑紙幣」を回収し，その他の民間銀行には発券させない。こうすれば東北各省の金融は統一され，省間商業貿易はさらに発展するであろう。第5に，この中央銀行的地方銀行は，一方では国庫・省庫の代理義務を負い，他方では発券独占の特権をもち，一般市中銀行に対し監督指導を行ない，金融恐慌を未然に防ぎ，発行額を調整し，金融の安定を図る。これは「営利」を目的としていないわけで，従来のような各省の省立金融機関の附属営業機構は一律禁止すべきである。

　このような5点にわたる河北省も含めた「東北金融統一案」に対し，以下のような議論がされた。

　まず，荊有岩が議案の説明を行ない，東北地方に中央銀行的地方銀行を設立し，そのもとでの幣制の統一をはかるべきことを主張した。これに対し，第9次会議主席の辺業銀行総裁彭賢は，将来中央銀行が中国の紙幣統一を実施し各省都にその支店が設立されるのは当然である以上，東北に自分で設立する必要はない，と反論した。荊有岩はこれに対し，中央銀行が設立されるのを待っていては人民の苦痛は除去できないとしたが，彭賢は，東北には日本側の金票以外に，8～9種類の紙幣があり，また地方各銀行，政府とも巨額の負債があるもとで，大銀行に改組するとしてどのように返債するのかと質問した。これに対し，寧恩承は，中央銀行には2種類あって，アメリカではそれぞれの地域の「分区銀行」がひとつ

の中央銀行を組織し、ヨーロッパでは各国にひとつの中央銀行がある。中国の場合、土地が広大なのでアメリカの制度をとるべきであろう。また、金融と財政は因果関係にあり、中央銀行があれば、物価は調節され、為替レートにも有利であると主張した。

政務委員会財務処長兼東三省官銀号総弁の魯穆庭は、寧恩承の意見に道理があると賛意を表しつつも、東北の政治状況からみると漸進策をとるべきだとし、ここではすぐに解決できぬのではないかと述べた。寧恩承は再度、東北でも将来必ず実現すべきだと述べ、彭賢も、政治的統一は将来幣制統一を実現するだろうと応えた。最後に、魯穆庭は、本提案についてはすでに組織されている金融整理委員会に審議を付託するとして、決議も「幣制の統一は原則的には実施すべきであるが、なお詳細な研究が必要なため、金融整理委員会に付託し長期的に審議する」と結論づけた。

すでにこの頃（1931年初頭）、遼寧省での幣制改革による現大洋票の流通範囲は増加し、全流通量の67%を占めるに至った。こうした展開は、吉林省や黒龍江省でも哈大洋票の信認が増加しつつあることとも関連しあっていた。東北・華北を含む財政会議の1931年冒頭の開催は、一方で、東北政務委員会の華北への政治的影響力と財政的基盤を拡大する側面をもち、他方で、東北地域そのものを中心とした財政金融統一を志向する政策立案を提起しうるほどの資本主義的経済発展を前提としていたといえるだろう[3]。

Ⅲ．華北財政統合をめぐる東北政務委員会とナショナル・イシュー

そこで次に、同じく、遼寧省档案館蔵の「全宗JC10、奉天省長公署」「4824案巻、平津等処財政整頓案」に残された記録から、主として河北財政特派員である荊有岩による華北地域の財政統合政策の一局面を復元してみよう。これは上記財政会議開催に至るまでの前史ともいうべき国民政府と華北における政治的統合の緊張関係というナショナル・イシューを読みとることができるだろう。

遼寧省档案館所蔵の案巻4824「平津等処財政整頓案」は「関於華北財政整頓案」とも称され、すでにふれた1931年1月26日からの財政会議開催前までに、

華北地域へ進駐し接収の任にあたった当事者間のやりとりが含まれている。ここでは，張学良への報告電報を中心に，華北接収過程とその財政的統合政策の実態の一部をとりあげてみたい。

1930年末から31年初めにかけての財政問題の焦点は，国民政府中央の釐金廃止政策が，どのように東北政務委員会や各省に緊張関係をはらみながら受容されようとしていたのかに示されていた。なぜなら，その政策は各地域の税収問題と直結していたからであり，東北政務委員会の管轄する東北4省と華北3省2市もその例外ではなかった。とくに，河北財政特派員として派遣された東北政務委員会メンバーの荊有岩は，行政組織上，国民政府の行政院財政部系列に属し，同時に張学良の指揮下にあるという二重性を帯びざるをえない政治的立場に置かれていた。

1931年1月5日付の荊有岩から天津の張学良副総司令宛の電報は大略次のように提案していた。裁釐（釐金廃止）が実施されたあと，棉紗・火柴（マッチ）・水泥（セメント）の統税に転換する作業にとりくんでおり，また所得税など新税に関しては河北新税籌備委員会を新設し検討を加えたく，遺産税（相続税）についても6ヶ月以内に原案を作成する予定ですすめたい，と。これに対し，天津の張学良は10日付でこう指示した。所得税や遺産税の準備は当然行うべきだが，これは全国的なものなので，河北省の財政部特派員公署から財政部に建議し法制化をはかるのが妥当である。また，財政会議に提案して討論するのがよい，と。

ここでいう財政会議については，1月7日付瀋陽滞在中の張作相が張学良に，東北3省の裁釐をどうすすめるのか，税収減をどう補填するのかについて早急に東三省の財政主管者を瀋陽に召集し討論した上で，決裁を仰ぎたいと電報していた。9日付張学良の張作相（輔帥）宛返電では，「三省財政会議の召集は必要」だと述べたことによって，三省財政会議開催が本決まりになった。その後，開催準備のなかで，東北3省だけではなく東北政務委員会管轄の新たな華北地域の財政庁責任者を含む財政会議（1月26日）が開催されることになった。

さて，裁釐にかかわる新税徴収問題について，北平の荊有岩は1月5日付で特種消費税徴収にあたっての基準4項目を張学良宛に提案し，張学良も7日付返電の中でこれをすでに財政部に転電したことを伝えた。第1は，「省内あるいは省

外への搬出は，特税貨品の徴収とし，1回限りの生産販売併徴とする」，第2は，「国外への輸出は特税貨品の徴収とし，原料と生鮮物は一律に徴収する」，第3は，「国外からの輸入は特税貨品として徴収し，河北省所轄の港からの直接輸入は，海関進口（輸入）税を徴収するとともに，特税を徴収する。ただし，すでに他省において特税を徴収ずみの再輸入は免税とする」，第4に，「他省からの輸入は特税貨品の徴収とし，未徴収の場合は徴収する」。

このような税制度の切り換えに伴う現場での対応については，張家口駐在の察哈爾省政府の劉翼飛主席に対する張学良の指示（1月7日付）でも，特税徴収準備は河北省の特派員の荊有岩と協議されたいとしていた。それは「天津海関監督公署」の場合もそうであり，河北省政府の王樹常主席の張学良宛電報（1月6日付）にも示されていた。北平税務監査公署も，1931年1月1日付裁撤命令の引きつぎの指示を張学良に求め，河北省の財政特派員に移交する手続を求めていた。3項の特税（棉花・火柴・水泥）はすでに国税として規定されていたことから，これらの徴収は今後河北財政特派員公署がとりあつかうことになったからである。

また，捲菸税（タバコ税）も国税化されることになったことについて，1930年12月30日付で財政部長宋子文は，張学良宛に次のような電報を送っていた。「東3省および河北のタバコ税収は中央に統一するという原則ですでに同意を得ているが手続中である。現在，中央のタバコ税剰余金で基金をつくり庫券6000万元を発行し，券面価格1000万元とし兄（張学良）に利用いただきたい」と。これは，国民政府中央の東北政務委員会側へのある種の譲歩を示しており，一挙に国税化することによる，各省の抵抗と税収率の低下を防ぐ目的で，中央の権限で税収の再配分を通じて政治的統合のシンボルとしての意味を付与させるものでもあった。

しかし，これに対して河北財政特派員の荊有岩は張学良の決裁を仰ぎつつ，以下のような批判的コメントを残していた。「タバコ税手続は統一され，実施されるだろうが，将来，税収は実質的に留用すべきか，あるいは財政部に回収されるのか，月毎に再度協議し交付されるのか。東北各省の毎年当りタバコ税は1000万の単位の収入であったのが，今日僅かに1000万の公債のみではとうてい足ら

ない状況にある」。つまり，庫券（公債）による中央からの交付金として今後，毎月わが方に支給されることになるのかどうかが不明確だと批判した。

　しかし，大勢は動かしがたく，1930年12月26日付宋子文の張学良宛の徴税機構再編要請についての問いあわせに，張学良は基本的に同意するにいたる。すなわち，宋子文の電報はこう述べていた。「各省の菸酒と印花の両局はすでに合併改組し，4中全会の『刷新政治』議案原則にもとづき，経費を節減し，河北の菸酒・印花の両局を整理し，各省と同時に印花菸酒税局に編成し一本化する。一本化については，すでに賛同いただき，次に該局の正副局長は，菸酒・印花の両局局長を合併後の正副局長にする件御指示いただきたい」。国民政府は河北の菸酒と印花の両局を合併し，印花菸酒税局とするに際し，人事権を中央が保持しつつも，もとの人事を異動させないという対応を示していた。張学良もこれについて12月29日付で承認を与えていた。これと同じ事態はすでに12月21日付，荊有岩の張学良宛電報にもあらわれていた。すなわち，荊有岩は12月20日付宋子文からの電報を受けとったが，そこには，河北省の統税事項は「特派員」に責任をもたせると表明されていたが，同時に2人の中央派遣の人員に援助させるとしていた。これに対して荊有岩は，河北省の統税はすでに麺粉を除いて実施していること，そのうえに財政部から2人の援助があるのは「徴税権限」にかかわる問題であり，かつ，かれらと相談することが果たして妥当か裁決を仰ぐとした。張学良は，12月27日付返電で「財政部は周と宋の2名を派遣し，統税の徴税開始準備作業を支援するとのこと，かれらと協議し準備するよう希望する」として，財政部側との調整を行なうよう指示した。

　これらの経過からみて，国民政府中央の釐金廃止政策と統税新設の政治的緊張関係が，東北政務委員会レベルでどのような状況に置かれていたのか，その一端があきらかになったといえよう。国民政府からみれば，一方では，地方である東北政務委員会に対し中央の政策をどのように受容させうるのかが問題となっており，その限りで徴税機関の人事権を保持しつつ一定の妥協をはかったり，また財政部から直接人員を派遣するなどの垂直的行政統合を企図し，他方では，東北政務委員会という中間的統括機構の存在をフルに利用しつつ，張学良を通した省レベルへのコントロールを強化する課題に直面していた。

もちろん，東北政務委員会は「臨時」的な組織で，やがては廃止されるとする議論が底流していたが，1930年後半期中原大戦後の政治情勢の中では，むしろ張学良の国民党内での優位する立場が東北政務委員会の存続を保障するものとなっていた。その意味で，東北政務委員会が華北地域をも管轄する事態の出現こそ，国民政府にとっても自己の政治的意思を東北・華北へ浸透させるうえで，それをひとつの有効なシステムとして機能させる条件を与えることになった。すでに述べた1931年1月26日からの財政会議はその表われでもあった。

むすび

　以上，中原大戦後の東北政務委員会の歴史的位置とその役割を，行財政政策をめぐる中央政府との相互関連の中に位置づけてきた。限られた側面からではあるが，次の2点が東北・華北地域政治史の特色として浮かびあがってくるだろう。
　第1に，中華民国国民政府の中央政権としての形成期に占める東北政務委員会の歴史的位置は，中央集権的な国民国家形成にとっての1段階を明示するものであり，政務委員会モデルともいうべき政治的統合過程を生みだした。それは，単に東北4省に限定されず，華北3省2市に及ぶ政治的影響力を行使し，同時にひとつの行政単位として新たな制度的機能を果すものであった。しかも，東北地域社会のひとつの，しかし重要な原型を提供しつづけてきた華北地域社会との政治的・経済的・社会的リンケージは，1920年代を通じた資本主義的発展を基盤として準備されたものでもあった。とくに，金融空間においては，瀋陽の現大洋票の兌換保障が天津地域の金融と密接にリンケージしあう特徴をもっていた。ここにも日本側の東北地域切り離しという企図が歴史の現実を無視，ないし軽視するという側面を含むものであったことを証明する根拠がある。東北政務委員会はその中間的政治機構としての不安定性にもかかわらず，まさに中原大戦を経て，華北をも含む地域的政治共同体としての制度化を実現しつつあった。おそらく，国民政府の政治統合モデルのひとつとしての政務委員会方式は，こうしたいくつかの地域的政治共同体の形成として構想されうるものであろう。その過程こそ，ここでとりあげた垂直的行財政統合政策をめぐる中央政府との交渉過程であり，さ

まざまな政治的矛盾をはらむ緊張関係があった。

　第2に，東北政務委員会が，対内的には各省からのさまざまな要求を吸収する機能を果しつつ，対外的（対中央政府）には各省利害を代表する機能を果していたことである。政務委員会が中間媒介的機能をもつことによって，各省は直接的な中央政府からのコントロールを一定程度緩和することが可能であったし，中央にとっては東北・華北地域をゆるやかではあるが政治的制度としてひとつのまとまりをもたせることが可能で，国民政府全体の政治空間に組み込むことができることとなった。そこに東北政務委員会の歴史的役割と中華民国国民政府の政治的統合における政務委員会モデルともいうべき実態が示されていた[4]。
さらに，国民政府にとってのナショナル・イシューとしての東北政務委員会の華北地域への政治的影響力の増大は，たしかに今後の政治的統合の展望にある種の困難をもたらす要因であった。しかし同時に，東北地域社会と華北地域社会の一定程度の統合過程が展開していたことによって，1931年9月18日以降，日本軍の東北へ軍事的進攻と占領政策のなかで，華北地域社会は東北からの「流亡（ディアスポラ）」社会集団を受け入れうる基盤を形成しつつあったととらえられる。もちろん，東北地域社会内での「反満抗日武装闘争」などとともに，華北や上海地域へ「流亡」した東北人のなかから組織された「国土回復運動」は，ディアスポラ・ナショナリズムとしての凝集力をもって，東北や華北地域のリージョナル・イシューをナショナル・イシューとして再構成する起動力を供給することとなった。この華北への「流亡東北人」の政治的凝集力は，やがて「抗日救亡」イデオロギーの担い手として華北政治空間にあらわれ，その後，南京の政治勢力を含む全国的政治空間に重要な役割を果たすことになる［西村 2006, 2007］。

　　　※本稿は『東アジア研究』誌（大阪経済法科大学，第47号，2007年3月）に
　　　　所収された論文を基礎に加筆修正したことをお断りする。

注
[1]「中原大戦」については，さしあたり，陳（2002）を参照。
[2] 東北政務委員会の「臨時」的性格をめぐる政治的矛盾については，康（2003）を参照。なお，西南政務委員会に関しては，西村（1999）を参照。
[3] 東北における金融幣制統一政策とその実態については，西村（1992, 1993）を参照。
[4] ナショナル・イシューとしての統合過程には政治的，軍事的，外交的，経済的，社会的，イデオロギー的など諸空間における展開があるが，たとえば，中国国民党組織

そのものの東北地域政治の包摂過程は，最も典型的な中央・地方関係における政治的矛盾を示していた。日本側の同時代的観察として，奉天総領事林久治郎（1930）など参照。なお外務省記録「満蒙政況関係雑纂，国民党部関係」（A.6.1.2.1-3）も参照。最近の議論として，郭（2006）を参照。

文献

奉天総領事林久治郎（1930），「東三省ト国民党トノ関係」（大阪経済法科大学間島史料研究会編『満洲事変前夜における在間島日本総領事館文書（下）』大阪経済法科大学出版部，2006，文書番号 11337）pp.213-215.（なお本文書は『日本外交文書』昭和期 I 第 1 部第 4 巻［1994，文書番号 520］pp.701-803 にも所収されている）

康越（2003），「張学良政権下における政治機構―東北政務委員会を中心に」『東アジア研究』（大阪経済法科大学アジア研究所）第 37 号 pp.35-49.

西村成雄（1992），「張学良政権下の幣制改革―『現大洋票』の政治的含意」『東洋史研究』第 50 巻第 4 号 pp.1-47.

――――（1993），「中国域内『周辺部』における通貨統合―満洲事変前夜の『哈大洋票』」（松田武・阿河雄二郎編『近代世界システムの歴史的構図』渓水社）pp.209-233.

――――（1999），「国民政府形成期における政治統合のダイナミズム」『シリーズ中国領域研究』第 11 号 pp.19-27.

――――（2000），「中国東北における釐金廃止・営業税新設政策と日本奉天商工会議所―『満洲事変』前夜の日中経済関係の一側面」（衛藤瀋吉編『共生から敵対へ』東方書店）pp.249-270.

――――（2007），「1930 年代前半期東北人『流亡ナショナリズム』の形成―国民政府『政治統合』と『東北要因』」『近きに在りて』第 51 号 pp.59-68.

陳進金（2002），『地方実力派與中原大戦』国史館 413p.

郭正秋（2006），「易幟後蒋在東北地方政権上的合作與争闘」（原載『理論学刊』済南，2006 年 5 月）『復印報刊資料：中国現代史』2006 年第 10 期 pp.65-68.

秦孝儀主編（1981），『中華民国重要史料初編，対日抗戦時期，緒編（一）』中国国民党中央委員会党史委員会 pp.252-257.

西村成雄（2006），「20 世紀 30 年代前半期中国東北人民族主義話語辨析」『近代中国，東亜與世界』会議論文集（中国・日照），pp.195-204.

7 日中戦争前期上海の印刷業界の苦悩と希求
── 『芸文印刷月刊』（1937～1940）を通じて ──

貴志 俊彦

はじめに

　19世紀以降の中国において、上海こそが印刷メディアの生産および消費の拠点都市であり、印刷業もさかんだった。ただ、印刷業とひとくちに言っても、印刷メディアができあがるまでのサプライ・チェーンには、製紙、活字鋳造、植字、製版、インク、凸版や凹版などの印刷、さらに装丁など、さまざまな分業作業が集積されていることに留意されなければならない。上海の印刷業界にとっても、経営の継続のためには印刷紙やインク、鋳造活字など関連産業との連携は必須であった。たとえば、上海の在地製紙工場としては、協昌、裕豊、江南、志成、宝華、天章、大中華、龍章、上海など10数軒あったが、もっとも必要とされた新聞用の印刷紙（News Printing Paper）を生産していたのは協昌、志成、宝華、競成、天章などにすぎなかった［芸文印刷月刊（以下、月刊）Ⅱ-12：23］。これらの工場による生産量はけっして多くはなく、新聞用の印刷紙の多くは輸入品に頼っていた。その輸入先は、カナダが第1位で全体の40％、アメリカが20％、そのほかドイツ、オーストリア、スウェーデン、ノルウェーなどヨーロッパ諸国であり、中国との対外交易が活発であることが印刷業の発展にとって前提となっていたことを物語っている[1]。インクや、当時の先端的な印刷機器も、イギリスやアメリカなどからの輸入品が多く使われていた。

　上海の印刷業については、C.A.リード（Christopher A. Read, 2004）による優れた研究がある。リードは、1876年から日中戦争が勃発する1937年まで、上海を拠点とした物質文化（産業）と精神文化との相互影響について、知識基盤経済と

密接にかかわる印刷業と出版業を通じて総合的に考察した。彼は，上海の手工業的な印刷業がマニュファクチュア的な印刷業へ脱皮する過程で，なお伝統産業に規定される中国型の「印刷 - 資本主義（print-capitalism）」が残っていることを中国の印刷業界のひとつの特徴であると指摘した。本稿は，リードが提示した上海印刷業の特長について，彼が踏み込まなかった戦時下の上海の印刷業界をめぐるトピックについて考察を加える。なぜなら，印刷の原材料の高騰と品薄にあえいだ戦時下こそ，上海の印刷業界をめぐる経営環境の特質を明らかにできると考えられるからである。ここでの基礎資料は，日中戦争が勃発する半年前の 1937 年 1 月に上海で芸文印刷月刊社（のち芸文印刷局出版部）が発行した『芸文印刷月刊（The Graphic Printer）』である[2]。

なお，張樹棟等は，1937 年 8 月第 2 次上海事変勃発後の上海の印刷業について，商務印書館などの印刷工場が破壊されたものの，北平や南京とは違い，なお印刷企業は 200 余あり，そこで従事する者も 1 万人もいて，なお娯楽や文化の「孤島」として機能していたこと，それが 1941 年 12 月太平洋戦争勃発後，上海の租界にも日本軍は侵攻した結果，商務印書館，中華書局，世界書局，光明書局，兄弟図書公司など大手の出版業者でも，封鎖を余儀なくされたり，刊行物を停刊に追い込まれたりして，致命的な打撃をうけたことを指摘している。しかしながら，印刷業じたいがどのような影響を被ったか，その具体的な状況は記されていない［張ほか：第 15 章第 4 節］。

I．『芸文印刷月刊』の創刊

『芸文印刷月刊』は，約 2 年の間に 25 冊発行されたにすぎない業界誌だったが，当時全国で唯一の印刷業の専門誌だと謳われており，同誌ほど長期にわたって発行された印刷業界の専門誌はなかった。たとえば，類似の専門誌である中国印刷学会の『中国印刷雑誌』は創刊号が出版されるとすぐに停刊されたし，兪訪濂が編集した月刊の『印刷界』は 10 余期出版されたところで停刊，中国美術製版印刷函授学校が 1935 年 2 月に創刊した『中華印刷雑誌』もわずか 2 期で停刊しており［劉 1939d：30］，『芸文印刷月刊』のように途中停刊はあったものの計 25

期も刊行したものはなかった。

　芸文印刷月刊社の親会社であった芸文印刷局は，上海フランス租界の甘世東路185号にあった。その前身は1929年に林鶴欽（H.C.Ling）が上海で創設した芸文書局鋳字印刷廠であり，その印刷設備を継承した芸文印刷局の規模は中程度だったが，漢字と欧文の活字が揃っているなど工場の設備は比較的新しいものが多かった。また，林の経営管理も頗る斬新だったといわれる。というのも，林鶴欽はアメリカ留学，研修の経験があり，なかでもピッツバーグのカーネギー工学院（Carnegie Institute of Technology）の印刷プログラムでは，工芸，技術，品質管理，人事管理などを習得した。林鶴欽は，アメリカで習得した知識および技術を上海で実践しようとした。芸文印刷局では，印刷，活字の販売，組版の代行，印刷代行，月刊誌の印刷刊行を主たる業務内容としており，とくに印刷業界向けの専門誌として発行された『芸文印刷月刊』は主力雑誌だった。

　また，『芸文印刷月刊』の編集長を務めた劉龍光（Karl Liu）は，福建省福州の出身で，上海の光華大学を卒業して，すぐに芸文印刷局に就職した。上海が1937年8月以降「孤島」となってからも，芸文印刷局に出版部が設置され，『芸文印刷月刊』のほか，『名著新訳（英漢対象）月刊』，『小説月刊』，『英美雑誌精華（英文版）』の3種の定期刊行物を発行することができたのは，劉龍光らの活動によるところが大きい。実際，『名著新訳月刊』，『小説月刊』の編集長も，劉龍光自身が兼任した。創刊当初の『芸文印刷月刊』は，この林鶴欽と劉龍光という2人の人物によって支えられており，掲載された記事やレポートも，この2人の執筆によるものがもっとも多かった。

　さて，『芸文印刷月刊』第1巻第1期（1937年1月）に掲載された社主林鶴欽の「発刊詞」によると，「新聞，書籍，雑誌，伝単，ポスターなどの印刷品は現代の文化の宣伝，商務の発展に主要なる道具であり，公私の機関，学校，銀行も印刷品を必要としないところはなく」，それゆえ同誌の発刊の目的は，①印刷技術の向上，②同業者間の不必要な競争の抑制，③印刷品の品質改善の提唱，④印刷材料の広告を掲載，⑤文化界の参考読物として提供，⑥印刷業界唯一の交流の場を提供し，「印刷人材」を育成することにあった［林1937：1-3］。

　こうした言動の背景には，中国が印刷の「発明国」であるにもかかわらず，印

刷技術が欧米諸国，そして日本に遅れをとっていると認識していたことがある。商務印書館に対して貢献した張元済も，『芸文印刷月刊』に対する感想のなかで，「欧米の印刷界，そして隣国日本にも，日々精緻で美しくないものはない。一方，わが国は，ただ粗略なばかりで，衰退の状況によって心が和らぐことはない。貴月刊はひとりこの弊害を矯正しており，深く賛美に値する」と述べ，中国の印刷業の遅れを嘆いていた［月刊 I -7：18］。

ただ，中国における印刷技術が遅れをとっていたとは思われない。19 世紀末からの光緒期には，すでに電気鍍金銅版，写真銅亜鉛版による凸版印刷，平板のコロタイプ印刷，彫刻銅版の凹版印刷などが導入されていた。さらに，1920 年代には，写真石版，オフセット印刷，凹版の写真製版，カラー写真製版などの新しい印刷技術が導入された。これらのうち，電気鍍金銅版の凸版印刷が寧波で最初に導入されたのを除けば，そのほかのすべての技術が上海で最初に導入されていた［劉 1937：6-7］。こうした印刷技術とともに，欧米から欧文用ライノタイプの新しい活字自動鋳造機や，同じくライノタイプの印刷機，さらに代表的な 2 回転印刷機のミーレ印刷機が入っていたため[3]，いずれも輸入型の技術ではあったが，C.A.リードが描いた 1920 年代の上海の出版ブームのもとになるスピード印刷の基礎が形づくられていたのである。

1）紙面と販売価格

『芸文印刷月刊』の紙面づくりは，アメリカの印刷業界誌 *The Inland Printer* や，日本の『印刷雑誌』がモデルとされたようだ。これらの雑誌からの中国語翻訳の記事が，隔号に 1 本は掲載されていることからも，そのことがうかがえる。その影響のためか，創刊号の表紙はドーリング紙にカラー印刷をおこない，本文はベージュ色のドーリング紙を用いるといった凝りようだった。サイズは四六倍版で広告ともで 60 頁程度，全文宋朝体 4 号組みという型式をとった［劉 1985］。なお，本稿で使用している上海市新四軍歴史研究会印刷印鈔組の影印版は白黒紙で，創刊号の凝りようはうかがうことができない。

つぎの第 1 巻第 2 期（1937 年 2 月）からは購読料（郵送費込み）が必要とされ，中国国内の場合 1 冊 2 角の定価をつけ，定期購読のシステムをとった。同誌の収入源は，この購読料と広告掲載料によった。広告は，掲載箇所によって，特

等（裏表紙），優等（表紙裏），普通（本文の前後）に分けられ，1ヶ月全面を掲載した場合，それぞれ40元，30元，10元にランク分けされた［月刊Ⅰ-1, Ⅰ-1b］。

2）頒布ルート

『芸文印刷月刊』は，印刷業界の専門誌であったから，読者は個人というよりは工場や商店という法人が多かった。

創刊号（1937年1月）は，当初上海の印刷業関係者約500，天津，北平，広州，香港，シンガポールなどの国内外の印刷業者500と推計されて，発行部数を1000部と見込んだが，結局余分も含めて3000部が刷られた。当時，全国的な印刷企業の一覧名簿などなく，発送先は電話番号簿から適当に選んだようである。見本という意味から，創刊号のみ国内および南洋各地の印刷業に無料で配布された。ところが，その後寄贈を希望する連絡があとをたたず，あらたに2000部が増刷され，結局5000部が印刷された。しかし，第1巻第2期（1937年2月）の有料化後の読者は，おおよそ1500程度と見込まれた。表1のとおり，1937年5月時点では，読者の半分近い42％弱が上海市内，これに江蘇や南京の読者数を加えると，55％近くが江南地方の読者だった。ただ，伝統的印刷技術の源流地として有名な四川の読者が15％，さらに雲南，遼寧，甘粛，察哈爾，南洋，のちには日本にまで，頒布ルートが広がっていたことは特筆に価する。

表1 『芸文印刷月刊』定期購読者比較表（1937年5月18日現在）

省名	％
上海	41.9
四川	15.2
南京	6.2
江蘇	5.9
北平	4.6
湖北	4.1
広東	3.9
浙江	2.5
香港	2.1
山東	1.8
天津	1.8
福建	1.8
江西	1.3
青島	1.0
山西	1.0
遼寧	0.8
広西	0.8
（南洋）	0.8
甘粛	0.5
湖南	0.5
安徽	0.5
河北	0.3
陝西	0.3
雲南	0.3
察哈爾	0.3
計	100.0

出所：［月刊Ⅰ-6：1］

3）記事内容

『芸文印刷月刊』の記事内容は，印刷そのものの一般啓蒙知識，国内外の新しい技術・設備・材料などの紹介，印刷業の企業経営や人材育成に関する問題をとりあげるとともに，広告も多く掲載されていた。また，第1巻第4期（1937年4月）からは読者の投稿欄である「雑俎欄」が加えられ，読者の裾野を広げるような試みが実施された。海外情報

は，おもに日本の『印刷雑誌』やイギリスの雑誌 *The British Printer* からの翻訳を掲載していた。これらの海外の業界雑誌は，『芸文印刷月刊』がモデルとしていた雑誌だった。

　掲載された記事に頻繁に登場するひとつのトピックは，印刷業界に携わる労働者をめぐる問題があった。当時の工会（労働組合）は，各印刷工場別で組織されていた。それゆえ，争議は，あくまでひとつの工場内の問題が取り扱われ，他の印刷工場のことは取りあげられることはなく，それゆえ労働者の待遇が問題にされることはほとんどなかった。争議の相手も，あくまでも自社の社長が相手だった。工会がない小さな工場は，賃金も低く，ときには研修生に仕事を任せることもあった。また，賃金も月毎の支払いが慣習となっていたため，繁盛していようがいまいが，職業についている労働者は職を持ち続け，失業者はいつも失業状態といった有様であった[4]。労働者も女工は少なく児童労働が多いのが特徴で，そのため印刷業に従事する職工の賃金は一般労働者の賃金と比べても低く，多くても毎月20元前後にすぎなかった［劉1940：9-10］。

　こうした業界の状況であったから，印刷工場内における衛生問題，とくに植字工の健康問題は深刻だった。実際，植字工10名のうち8名ほどが肺結核にかかっていたといわれる。工場内に配列される活字板の間には十分な空間がなく，一定の時間働けばすぐにのどに不快感を覚えた。また，植字部にある植字枠や活字には少なからず鉛の粉が漂っており，活字板の間で働いている最中にこれを吸引してしまうと，それらはすぐに肺に到達してしまった［陸：41-42］。さらに，夏季の工場内では工員が熱中症や流行性の伝染病にかかったりすることも問題視されていた［劉1939b：33-34］。油による工場内の空気の不良も問題だった。印刷業者は零細であるために，労働者の労働環境が確保されず，こうした病気が蔓延していたのである。

　また，『芸文印刷月刊』の記事には，戦時下の経済不況下であえいでいた印刷業界が，1年あるいは1年半あたり10軒の印刷業者のうち2軒が倒産するという過酷な状況についても言及している。その原因は，市場の不況によることは当然であるとしながらも，値引き競争の弊害にあったことも指摘された。値引き競争の背景には，印刷機や原料の低質，労働者の勤務の過酷，業界内部の分裂など

があり，業界全般としても決して望ましい環境にはなかった。林鶴欽は，こうした弊害を克服し，業界の安定をはかるためには，アメリカの UTA（United Typothetae of America）にならった同業協会の発足が必要であると指摘している［林 1937b：14-15］。こうした認識は，1936 年の政府および国民党の方針に即したものであり，上海市でも鉛印業同業公会が発足していたが，問題は同業公会への加入を促し，組織を強化することにあった。公会の事務事項は，①業界の改良調査研究，②会員からの請求事項，③会員間あるいは非会員との紛争や労使間の争議の調停，④政府や党，商会からの委託事業，⑤会員の営業上の弊害の除去，⑥会員の営業に必要な支援，⑦同業の教育や公益事項，などであった［月刊Ⅰ-2：28］。1937 年 5 月，国民党中央党部民衆訓練部は，「修正公司行号不入公会制裁弁法」を公布して，企業，商店で公会に加入しないものへの罰則を強化したため，上海市彩印業同業公会などは公会に未加入の同業者に対して，8 月までに加入するように督促した［月刊Ⅰ-6b：37］。こうして，政府主導による印刷業界の組織化が進んだ。また，組版の同業公会だった公会報版組は，1937 年 1 月に新聞の公定価格を定め，値引き競争に歯止めをかけようとした。その取り決めをみると，全ページ掛けの老五号の場合は新聞 2 ページと広告 2 ページで 360 元，新五号は同じ条件で 420 元，4 ページ掛けの老五号ならば同じ条件で 150 元，新五号ならば 180 元であり［月刊Ⅰ-2b：16］，決して安い価格とはいえなかった。

4）日中戦争の影響

　上海では，1937 年 8 月におこった第 2 次上海事変により，共同租界では，蘇州河以北の虹口楊樹浦や閘北，浦東一帯市区が「戦区」になり，南市，滬西一帯は空爆にあって壊滅的打撃を受けたため，これらの地域にいた印刷業者は 9 割までが営業停止に追いやられた。とくに，上海の楊樹浦一帯に集中していた比較的規模の大きい大業，三一，天一，商務，世界などの平版印刷工場や，「戦区」にあった活版印刷業者の被害は甚大だった。一方，「非戦区」であったフランス租界や共同租界の中区，西区などでは，かろうじて営業を続けることができた。芸文印刷局もフランス租界甘世東路中にあったため，直接の被害は免れた。ただ，紙原料の倉庫は「戦区」に多く，運搬のために雇った白系ロシア人などの外国人労働者に対する運搬費用が嵩み，紙原料の高騰や品薄，営業資金＝現金の不足に

よって，第 1 巻 9 期（9 月号）から頁数の削減という措置をとらざるをえなくなった［月刊Ⅰ-9，Ⅰ-9b；林 1937c：15-16］。また，上海の郵便局が営業停止になったために，『芸文印刷月刊』発行の第 1 巻第 9 期から 12 期にいたる 4 期分の雑誌は配送ルートが確保できず，定期購読者の手に渡らないケースもあった［林 1937d：15］。こうした状況下にあって，結局 1937 年 12 月，第 1 巻 12 期分を発行したところで停刊してしまった。戦争の影響で，印刷の原材料が高騰し，印刷業界が不況へと導かれただけでなく，その影響は出版業界，そして教育界にも及んだ。

停刊後の 2 年近くの間，林鶴欽はアメリカに数ヶ月，南洋に 2 ヶ月ほど視察旅行に赴き，後述するように現地の同業者との交流をはかった。一方，劉龍光は芸文印刷局内の各セクションで実習を積み重ね，また関係する書籍を読み漁る日々を過ごしたり，工場内の労働者に英語を教えたり，中国語の補習を課して過ごしたという［劉 1940c：7］。ただ，芸文印刷局の活動じたいが停止したわけではなく，『芸文印刷月刊』を復刊する前年の 1938 年 10 月に『名著選訳月刊』の発売が開始された。これは，英語と中国語と併記して掲載した大衆的な読物雑誌だった［月刊Ⅱ-1：1］。

Ⅱ．『芸文印刷月刊』の復刊と戦時下の影響

1939 年 7 月，上海をとりまく情勢が安定を取り戻しつつあるとき，『芸文印刷月刊』はようやく復刊の運びとなった。ただ，復刊当時の物価の高騰はすさまじかった。劉龍光が見た『上海公共租界工部局年報』によると，1936 年の収入指数を 100 とすると 1939 年は 119.09 にまで上昇しており，上海の生活費も 1936 年比 203.25％上昇していた。一方，貨幣価値は急激に下がり，1939 年の法幣 1 元は 1936 年時の 4 角 9 分 2 釐にしか相当しなかったと報告されている。それゆえ，総合的に見て，給与指数は 1936 年を 100 とすると，1939 年は 58.59 にまで落ちていたのである［劉 1940b：7-8］。このように印刷業界をめぐる環境は急激に悪化していたが，以下のように戦時下にあっても芸文印刷局の企業努力は続けられた。

林鶴欽は，復刊第1期の「復刊詞—献給南洋僑地」において，将来の『芸文印刷月刊』の発展の可能性を南洋の中国系の同業者に見出したことを明らかにしている。林が訪れた南洋とは，フィリピンのマニラ，ジャワ島のスラバヤやバタビア，そしてシンガポールなどだった。マニラやシンガポールでは，中国系の印刷所がそれぞれ20～30あり，新聞社も各3～4社あった。一方，スラバヤやバタビアでは，同じく中国系の印刷所が10数軒，新聞社が2～3社あり，その他の小都市でも，中国系の印刷所があったと報告している。林鶴欽は，こうした中国系の印刷所の多さに驚くとともに，同業者のまとまった統計がないことを残念がった。彼は，地元の中国系の人々との交流に感激し，南洋滞在中，『芸文印刷月刊』のことを地元の印刷業界や新聞社に積極的に紹介したという［林1939：10-11］。こうした活動をふまえ，復刊第1期の裏表紙に「香港，マニラ，シンガポール，ジャワ各埠の新聞社及び印刷業者，注意せよ！」と題して芸文印刷局が販売する活字の宣伝を掲載し，海外華僑との連携を促そうとした。

　復刊後の『芸文印刷月刊』は，停刊前と比べて，わずかながら異なる点があった。たとえば，①「中国印刷業界名人の肖像と小伝」は停止する，②予定していた「書報介紹（書籍・雑誌の紹介）」は当面特別の欄を設けない，③「雑爼」の欄は「読者園地」に改め，同業者の投稿をさらに積極的に働きかける，という点だった［劉1939：7］。また，第2巻第2期（1939年8月）からは，それまで書き手が林鶴欽や劉龍光に偏っていたことを回避するために，文化界や印刷業界に詳しい馬頌徳，呉康卿の2名を，あらたに特別執筆者として招聘し，紙面の活性化を試みようとした［劉1939：8］。

　『芸文印刷報』が復刊されてから1ヶ月あまりの間に，上海以外の定期購読者はもとの3割ほど増加した。しかし，紙の価格が高騰していたのに頁数が多くなったことや，以下のように芸文印刷局による発行物が増えたことから，1939年10月発行の第2巻第4期から値上げに踏み切ることになった［月刊Ⅱ-4b，Ⅱ-4c］。

　芸文印刷局は，翌11月からあらたに32ページ掛けの『小説月刊』（1年の購読料3元，1冊3角）を発行した。1940年5月には，さらに『英美雑誌精華』，『児童月刊』を定期刊行することになった［劉1939c：8］。ただ，物価の上昇はとどまることを知らず，まもなく各雑誌の年間購読料は4元に値上げされた。こ

うして，芸文印刷局は5種類の雑誌を刊行するようになり，翌6月劉龍光が『名著選訳月刊』と『小説月刊』の事務作業多忙きわめることになると，『芸文印刷月刊』の主編をやめ，代わって上記の馬頌徳がこの任を継ぐことになった［月刊Ⅱ-6：1］。

加えて，芸文印刷局は「銅模部」を新設し，上海市内の出版社，新聞社などの業者に，銅製活字を鋳造し販売する業務も加えた。これを採用した企業は，『字林西報』，『泰晤士報』，『大陸報』，商務印刷所，中華印刷廠など100以上の大企業および中小企業であり，銅製活字は芸文印刷局のヒット商品となった［月刊Ⅱ-1c］。

戦時下にはあったが，林鶴欽は人材の養成にも目を配った。欧米の制度を模倣して，まず1939年1月自社内に芸文工読社を新設して，貧困児童のための勤労学生制度を導入した［劉1939e：40］。他の企業でも，印刷人材の育成が意識されていなかったわけではない。たとえば，1934年に李石曽の資金援助によって設立された上海図書学校には，学生54名のうち印製科の学生21名が在籍していた。ここには実習のための印刷場，通称「工読印製社」が付設されていた［劉1937b：46-48］。芸文工読社は，こうした先行的なモデル機関にも影響を受けていたのである。

しかし，印刷業界は，依然として物価の高騰と印刷原料の不足に苦しんだ。たとえば，図1にみられるとおり，紙，インク，そして消耗品などの高騰は予想をはるかに超えていた。しかも品薄の状況であったため，買いだめに走り，状況はさらに悪化した。活版印刷

図1　印刷の主要材料の値上率比較

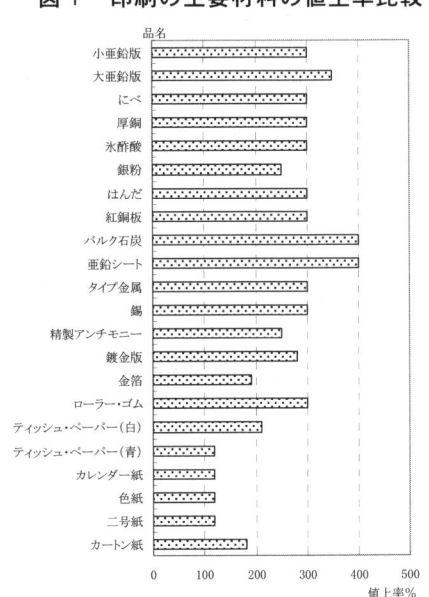

品名	
小亜鉛版	
大亜鉛版	
にべ	
厚銅	
氷酢酸	
銀粉	
はんだ	
紅銅板	
バルク石炭	
亜鉛シート	
タイプ金属	
錫	
精製アンチモニー	
鍍金版	
金箔	
ローラー・ゴム	
ティッシュ・ペーパー（白）	
ティッシュ・ペーパー（青）	
カレンダー紙	
色紙	
二号紙	
カートン紙	

値上率％

出所：［呉：13-14］

業の同業組合だった上海鉛印業同業公会は，1939年6月26日に新聞各紙において，「外貨が暴騰し，材料が高騰している。同業の協議により，即日各商品の原価を一律3割増とし，商品代金は現金で徴収する」ことを各界に了承してほしい旨を掲載した［月刊Ⅱ-1b：35］。つづけて，翌7月20日からは，手続費を5％加えることを除けば，印刷費，装丁費は公会が定めた標準価格に準じて商売するように各店舗に通達した［月刊Ⅱ-2：31］。さらに，8月1日に公会の書版組は，書籍印刷工の賃金を保証するための緊急通知を発した。すなわち，公会が定めた組版の労働賃金は同業者間で遵守しなければならず，違反した業者には罰金を課すとの通達だった。すなわち，植字工の賃金は1000字毎に7角だったが，これを1角まけて6角で請け負った場合，1000字毎に違約金2角が課せられるとのことだった。たとえば，10万字の書籍を印刷した場合，違約金は20元にもなったのである。公会は違反者に対して違約金の支払いを命じるが，もしこれに不服がある場合は専責委員会，ときには懲戒委員会がその処理にあたることになっていた［月刊Ⅱ-3b：27］。印刷工，鋳造工の賃金も定められたほか，紙のサイズによる価格も決められた［月刊Ⅱ-3c：43-44］。もちろん公会報版組も，新聞印刷工の賃金対策をおこなった。

9月から電力も2倍以上に値上がりしたことから，同月1日から印刷費の価格を新たに設定しなおした。たとえば，亜鉛を含む4ページ掛けの印刷は毎月260元，これを含まない印刷は280元，8ページ掛けサイズは4ページ掛けの6割として計算するなどが決められた［月刊Ⅱ-4：30］。ところが，物価の高騰は，その後も続き，1940年に入るとこの賃金では生活が維持できなくなった。そこで，2月から4ページ掛けの印刷工賃は，9000字以内ならば毎月290元，1万8000字以上ならば380元にまで上げることになった［月刊Ⅱ-8：12］。

輸入されていた印刷用紙の不足は深刻だった。中国への紙の輸出国であったオーストリアは1938年にドイツ第3帝国に併合され，さらに1940年4月ノルウェー，スウェーデンにもナチス・ドイツが侵攻した。その結果，ヨーロッパの紙の供給国はほとんど戦火に落ちてしまい，当然中国での紙の値段に影響を及ぼした。その結果，戦前500枚あたり2～3元にすぎなかった価格が，20倍以上の40元にも値上がりした。この値上がりは，輸入品であるために為替レートに作用され

たことも推測できる。ただ，当時の論評によると，紙の値段が高騰した最大の要因は，投機分子による紙の買占めが原因だったという指摘は見過ごすことはできない[5]。中国の印刷業，出版業を閉塞状況に追い込んだ要因は，戦争の勃発という外的要因のみならず，その機を利用して利益をむさぼろうとした「投機分子」の存在が大きかったことを示しているからだ。

紙の値段は，さらに1枚あたり12元にまで値上がりしたため，内地各省へ向けての輸送が滞り，上海周辺の省でも紙不足が深刻な事態となった。その窮余の一策として，福建，浙江，安徽各省の国産紙の原料供給地が注目されることとなった。たとえば，浙江省では1939年7月1日から新聞や出版物には一律国産紙を使用することが定められた。この決定にもとづき，浙江省文化教育事業委員会は，省内の刊行物編集者を集めた座談会を開き，国産紙を利用することを促した。そこで，省内で価格の安い淡い茶色の国産紙を使って雑誌『老百姓』を数期刊行したところ，結果が良好だったことから，7月から『東南日報』，『正報』，『決勝』などの印刷所で国産紙が使われ始め，これに同調した書店や雑誌社なども同様に国産紙を利用するにいたった［月刊Ⅱ-2b：19］。こうして国産紙の需要が増えると，その増産をはかるとともに，浙江省東部の金華などでは同地で産出された杉や竹などの省外の搬出を禁止するなどの措置をとった［月刊Ⅱ-10：11］。

他方，国産紙の原料供給地をもたない上海では，大手の龍華造紙廠が戦争の影響で生産力を低下させた。上海市内では新たに義源，華豊など5軒の製紙工場が設立され，毎日60余tの生産量をあげたが，これでも上海の毎日の消費量の3割を満たすにすぎなかった［月刊Ⅱ-11d：18］。政府は，こうした事態に対応すべく，官営の製紙工場設置の方策をたてた。実業部と福建省政府による温渓造紙股份有限公司設置の計画がそれだった。工場の場所は，杉の産出で有名な福建省延平県で，生産品は新聞用紙と高級洋紙だったが［柳：40］，この政府系工場がどれだけ需要を満たしたか確かなところはわからない。このほか，上海ではフィリピン系華僑の林書晏が上海市場における紙の不足を鑑みて，市内の星加坡80号に光華博記造紙股份公司を起業したような例もあった。この工場からは，毎日5万枚あまりの紙を出荷した［月刊Ⅱ-5：15］。そのほか，政府レベルでも，地方レベルでも，こうした製紙工場の設置が試みられた。

インクの原材料の輸入が不足すると，印刷用インクの価格も当然高くなった。上海でインクを製造する主要な業者は，康脳脱路の赫水，麦家圏の公盛，茄勒路の同盛協記，武定路の三興，文監師路の通文，長沙路の大来，厦門路の大鵬，大通路の利豊，成都路の恒成，温州路の礼興など10数軒あった。ところが，インク業者のブローカーの言によると，物価高騰のおり，一般の商店や工場は必需品と思われる印刷物以外には出費を節約するようになったため，印刷所の業務は暇になり，それにともなってインクの販売も縮小されているという事態に陥っているとのことだった［月刊Ⅱ-5b：15］。

凸版用の印刷活字も，材料不足から高騰が続いた。凸版活字製造の同業組合である上海鉛字銅模製造業同業公会は，活字の原料が2倍以上に高騰したことから，8月10日にポンドで量り売りする業者には7月1日に定めた価格よりポンドあたり1角5分の値上げを認め，そうでない業者には一律3割の値上げを許可することとした［月刊Ⅱ-3：8］。

製版の材料も高くなった。とくに製版の材料は欧米からの輸入品が多かったために，1937年の上海事変を契機に不景気となり，1939年9月第2次世界大戦が勃発すると，ヨーロッパ市場からの原料輸入が困難になって，営業はままならない状態となった。なぜなら，戦争の開始は，国内外の製版業にとって必須の亜鉛版や銅版が，まずは軍備の増強に供されることになったからである。とくにドイツ製の化学原料が途絶したことで，製版業は急速に営業が滞ってしまった［于：36］。

写真印刷業の場合も，原料の高騰を反映して，上海市照相製版業の同業公会が，1939年8月1日から，亜鉛版や銅版などを公会が決めた価格で現金販売することを決定した［月刊Ⅱ-2c：28］。

こうした原材料の品薄と価格の高騰の影響は，印刷物の質的低下へと導いた。また，多くの弱小な印刷業者は倒産の憂き目に遭った。さらに，印刷業界の低迷は，当然出版業界にも波及した。1938年10月から1年間，商務印書館，中華書局，世界書局，大東書局，開明書局，正中書局といった大出版社が発行した新書を見ると，一般書の出版は773種で，大戦勃発前に比べると904種の減，教科書の出版は127種，同じく116種の減，その他書籍は734種の出版で2165種の減

だった。結局，3185種の書籍が減少したということになり［月刊Ⅱ-10b：11］，出版量は3割程度に落ち込んだ。

こうした出版業界の不振は，教育界にも影響をもたらした。たとえば，貴州省教育庁は戦時の大衆教育のために教科書が減少し，印刷も困難になったことから，学生1人当たり毎学期少なくとも3冊の本を筆写しなければならなかった。これを貴州省全省で計算すると，毎学期5万冊の本を筆写することになり，年間になおせば10万冊という数だった［月刊Ⅱ-11e：29］。

印刷メディアがコミュニケーション・テクノロジーとして占めていた地位は，次第に危うくなった。その背後には，印刷業の衰退という現実があった。『芸文印刷月刊』も1940年7月発行の第3巻第1期をもって，再び停刊せざるをえなくなった。

むすび

以上見てきたように，上海の印刷業は対外依存型産業部門であったため，対外交易の動向に準じて浮沈した。1920年代の上海の印刷業，出版業が繁栄したのは，対外貿易の隆盛という経営環境があって，はじめて成立するものであったことが認められる。さらに，印刷業の急速な隆盛は，結果的に中小の零細な印刷業を林立させることになり，日中戦争を契機として外国からの原材料，機器類の輸入が困難になると，とたんに経営が逼迫する状況を導いた。

こうした経営環境の悪化のなかでも，芸文印刷局のように印刷物を多様化させたり，定価や販売ルートを改善することで対応しようとした業者もいた。林鶴欽が試みようとした中国の印刷業の技術や経営の底上げは，そうした企業努力を促すことに一定程度の効果があったことが推測される。しかしながら，戦争という圧倒的な物量消費を促す経済環境のなかで，こうした一部の先駆的な企業人も，劣悪になる経営環境に急速に飲み込まれていかざるを得なかった。上海で営業の道をとざされた一部の抗日派の印刷業者は，その後，奥地重慶で営業を続ける者もいた。この過程は，印刷というコミュニケーション・テクノロジーの「大後方」のみならず，延安地域への伝播でもあり，上海からの「技術移転」ともいうべき

現象でもあった。さらに，この現象は，印刷業者の移動にともなって，香港，シンガポール，アメリカにも拡散し，戦後の華僑出版業の起源のひとつともなった。

さらに，中国建国直後の1950年代初頭，芸文印刷局は中国科学図書公司と合併し中科芸文印刷廠となり，さらに1956年には工場を北京に移転し，新たに中国科学院印刷廠として成立した［上海出版志編纂委員会編：第5篇第1章第1節］。また，『芸文印刷月刊』の編集者劉龍光は，建国後北京の人民出版社出版部副主任及び技術編集となって『毛沢東選集』の刊行に携わり，人民出版社の特約編集者・審査員，中国印刷技術協会第1回理事，中国民主促進会文化出版委員会委員などの要職を歴任した。芸文印刷局の人々は，日本の印刷技術の先進性を評価しながらも，抗日姿勢を貫いたことから，中国ではその歴史的評価は高い。戦後渡米した林鶴欽も，現在は中国印刷業の創始者として評価されている。

> ※本稿は，2007年5月26日に香港浸会大学にて開催された"International Conference on 'Foreign' Communities, Immigration, and Influence in Modern Asia"に提出したディスカッション・ペーパーを大幅に加筆修正したものである。また，本稿は，日本学術振興会科学研究費補助金・基盤（A）（課題番号15202014）による研究成果の一部である。

注

[1] 「海関華洋貿易報告」によると，紙の輸入について，19世紀末から20世紀初頭の光緒・宣統年間では毎年数十万元から100万元程度にすぎなかったが，近10年来その額が5000万元以上に達していると記録されている［柳：38］。

[2] 本稿で利用するのは，1985年10月に上海市新四軍歴史研究会印刷印鈔組が影印・発行した『芸文印刷月刊（1937-1940）』上・下巻であり，一部欠落号がある。

[3] ライノタイプの植字機は，上海，香港にイギリスのマンチェスターにマーゲンターラー・ライノタイプ・アンド・マシナリー（Mergenthaler Linotype & Machinery Ltd.）の支店があり，故障のときにはすぐ修繕できるサービスが整っていた。ライノタイプの印刷機が中国で導入されたのは，1900年前後のこと。1930年代には，もはやポピュラーな印刷機として知られていた。ライノタイプ3号の印刷機ならば，毎時2800枚の印刷が可能だった。1890年に開発されたミーレ印刷機は，版盤の1往復に圧胴が2回転する円圧印刷機で，その後も改良が加えられ，印刷スピードが早くなっていった。1930年代後半，商務院書館は30余機，ブリティッシュ・アメリカ・タバコ公司は40余機を保有していた［月刊IおよびIIの関連広告］。

[4] こうした点から見ると，アメリカの労働組合との違いが歴然としている。つまり，アメリカでは，組合が労働者の雇用を請け負っていたため，賃金は一律で日払いが基本であった［林1939b：9-11］。

[5] ［II-11：11，II-11b：34，II-11c：39］。実際，上海の製紙工場は，1940年半ば，印刷工場は生産ラインを回復し，市場のニーズに呼応すべく紙の生産を急ピッチで進めようとした。この年の4月，上海の製紙工場が購入予約をした紙パルプの輸入量は

300t に昇り，価格に直せば 28 万元あまりという額であり，それまでの最高額だった［月刊Ⅱ-12：23］。

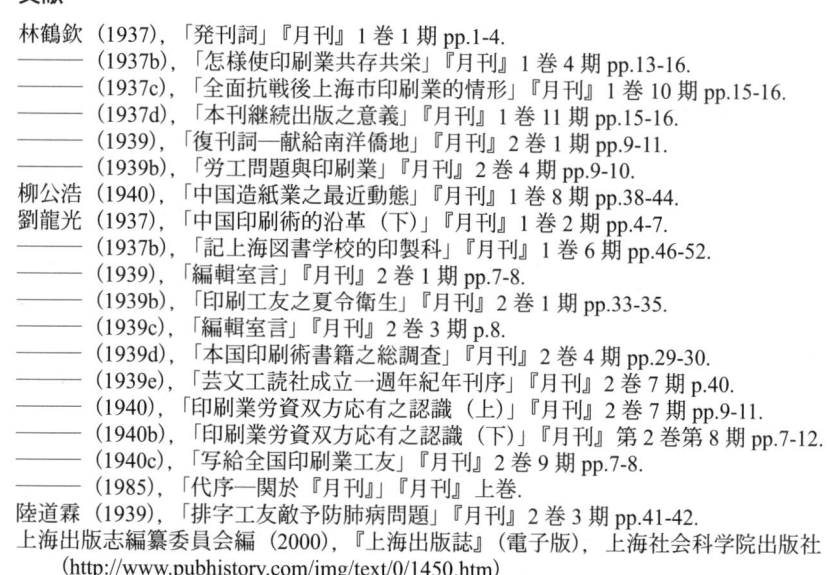

文献

林鶴欽（1937），「発刊詞」『月刊』1 巻 1 期 pp.1-4.
──── （1937b），「怎樣使印刷業共存共栄」『月刊』1 巻 4 期 pp.13-16.
──── （1937c），「全面抗戦後上海市印刷業的情形」『月刊』1 巻 10 期 pp.15-16.
──── （1937d），「本刊継続出版之意義」『月刊』1 巻 11 期 pp.15-16.
──── （1939），「復刊詞─献給南洋僑地」『月刊』2 巻 1 期 pp.9-11.
──── （1939b），「労工問題與印刷業」『月刊』2 巻 4 期 pp.9-10.
柳公浩（1940），「中国造紙業之最近動態」『月刊』1 巻 8 期 pp.38-44.
劉龍光（1937），「中国印刷術的沿革（下）」『月刊』1 巻 2 期 pp.4-7.
──── （1937b），「記上海図書学校的印製科」『月刊』1 巻 6 期 pp.46-52.
──── （1939），「編輯室言」『月刊』2 巻 1 期 pp.7-8.
──── （1939b），「印刷工友之夏令衛生」『月刊』2 巻 1 期 pp.33-35.
──── （1939c），「編輯室言」『月刊』2 巻 3 期 p.8.
──── （1939d），「本国印刷術書籍之総調査」『月刊』2 巻 4 期 pp.29-30.
──── （1939e），「芸文工読社成立一週年紀年刊序」『月刊』2 巻 7 期 p.40.
──── （1940），「印刷業労資双方応有之認識（上）」『月刊』2 巻 7 期 pp.9-11.
──── （1940b），「印刷業労資双方応有之認識（下）」『月刊』第 2 巻第 8 期 pp.7-12.
──── （1940c），「写給全国印刷業工友」『月刊』2 巻 9 期 pp.7-8.
──── （1985），「代序─関於『月刊』」『月刊』上巻．
陸道霖（1939），「排字工友敵予防肺病問題」『月刊』2 巻 3 期 pp.41-42.
上海出版志編纂委員会編（2000），『上海出版誌』（電子版），上海社会科学院出版社
　　（http://www.pubhistory.com/img/text/0/1450.htm）
王建輝（2006），『出版與近代文明』河南大学出版社 448p.
呉康卿（1939），「印刷主要材料漲価之今昔比較」『月刊』第 2 巻第 3 期 pp.12-15.
于魯若（1939），「製版材料之恐慌」『月刊』2 巻 7 期 pp.36-37.
張樹棟等（1988），『中華印刷通史』（電子版），電子版製作者：武漢大学新聞與伝播学
　　院高術新媒体技術研究中心（http://www.cgan.net/book/books/print/g-history/）
上海市新四軍歴史研究会印刷印鈔組影印（1985），『芸文印刷月刊（1937-1940）』上・
　　下巻，736p．680p．
　　「芸文印刷月刊広告簡章」Ⅰ-1（1937 年 1 月）
　　「定価表」Ⅰ-1b
　　「上海市鉛印業同業公会章程」Ⅰ-2（1937 年 2 月）
　　「上海市鉛印業同業公会報版組公議価目表」Ⅰ-2b
　　「本刊各埠定戸比較表」（載至廿六年五月十八日止）Ⅰ-6（1937 年 6 月）
　　「上海市彩印業同業公会催告未入会同業限期入会」Ⅰ-6b
　　「張元済先生肖像及小伝」Ⅰ-7（1937 年 7 月）
　　「本刊重要啓事」Ⅰ-9（1937 年 9 月）
　　「芸文印刷局非常時期之服務」Ⅰ-9b
　　「芸文印刷局刊物之一　名著選訳月刊」Ⅱ-1（1939 年 7 月）
　　「上海鉛印業同業漲価」Ⅱ-1b
　　「芸文印刷局出品鉛字之五大優点」Ⅱ-1c
　　「滬印刷業新訂価格」Ⅱ-2（1939 年 8 月）

「浙江省報紙改用土紙－東南日報等均改用土紙印刷」Ⅱ-2b
「滬照相製版業聯合漲価」Ⅱ-2c
「滬市鉛字銅模再度漲価」Ⅱ-3（1939年9月）
「上海鉛印業同業公会書版組之同業制裁弁法」Ⅱ-3b
「上海鉛印業同業公会書版組公議之標準価目表」Ⅱ-3c
「上海市鉛印業同業公会報版組漲価公告」Ⅱ-4（1939年10月）
「芸文印刷月刊啓事一」Ⅱ-4b
「芸文印刷月刊啓事二」Ⅱ-4c
「華僑在滬設厰造紙」Ⅱ-5（1939年11月）
「滬市油墨售価上漲」Ⅱ-5b
「芸文印刷月刊緊要啓事」Ⅱ-6（1939年12月）
「滬市小型報印刷費漲価」Ⅱ-8（1940年2月）
「浙東禁止紙類出口」Ⅱ-10（1940年4月）
「滬市書業戰後営業衰落」Ⅱ-10b
「挪瑞報紙来源更欠」Ⅱ-11（1940年5月）
「滬市購囤白報紙者又形活躍」Ⅱ-11b
「為白報紙囤戸進一言」Ⅱ-11c
「浙東禁止紙類出口後，滬造紙厰業務発達」Ⅱ-11d
「減少印刷困難，学生須抄写課本」Ⅱ-11e
「受欧戦拡大刺激，滬市造紙業突趨発達」Ⅱ-12（1940年6月）

Christopher A. Read (2004), *Gutenberg in Shanghai, Chinese Print Capitalism, 1876-1937*, University of Hawaii Press, 391p.

8 日中戦争前期における
中国共産党の党軍関係について
——中共党史研究再考——

田中　仁

はじめに

　わが国における中共党史研究の現状について，高橋伸夫は「研究上の方向感覚の喪失」に起因する研究の衰退・停滞——中共の「正統史観」から距離を置きつつどのように再構成するかについて基本的戦略を描くことができなかった——と概括したうえで，「断絶-連続」（革命は社会の断絶をもたらしたのか，それとももたらさなかったのか）および「構造-行為者」（革命は社会経済構造の必然的産物か，それとも構造とは無関係に革命家集団が持ち込んだものか）という革命認識に関わる2つの次元をふまえた中共党史叙述の「4つの解釈図式」（「構造-断絶」「構造-連続」「行為者-断絶」「行為者-連続」の各モデル）を提示する［高橋］。ここで高橋が中共党史にかかわるナラティヴを4象限に整理し，なおかつ中共中央党史研究室『中国共産党歴史』（2002）に代表される公式党史を「構造-断絶」モデルに措定することによって，これまでの諸研究の叙述の質を吟味・意識化して「構造-断絶」モデルに代替する研究戦略を提唱していることは，有意義な問題提起であろう。

　筆者は，2002年に上梓した『1930年代中国政治史研究—中国共産党の危機と再生』において，中国ソヴェト革命の挫折（革命根拠地の解体と長征）によって存在そのものの危機に直面した中共が抗日民族統一戦線政策の展開を媒介として新たな政治局面の創出に成功し「第2次国共合作」に結実していく過程（政治

的再生）に多面的考察を加え，1930年代なかばにおける中共の実態とその全体像の提出を試みた［田中2002, 2007］。

　高橋の提言をふまえて同著を振り返ったとき，確かにそれが「党史・革命史とは区別される一般政治史」［田中2002：3-13］として「革命史観においての自由」［石川：92-93］を志向したものであったが，(1) 研究史上の位置づけを専ら中国近代政治史あるいは中共党史をめぐるこれまでの諸論点に関連づけて行っていること（「中国」の事象を普遍化・一般化しようとする発想の希薄さ）；(2) 関連する1次史料を最大限に収輯・吟味しそれらの意味連関を追求したものの，その一方で当時の中共指導者の思考を規定していた——従って史料の内容が有する——枠組みそのものの相対化（脱構築）の試みが必ずしもしかるべき成果を獲得することができなかったことを，今後自ら省察を加えるべき反省点としておきたい。

　とするなら，中共党史研究における方法上の突破は，どのように具体化しうるのだろうか。本稿では，そうしたひとつの試みとして，主たる考察時期を1938年11月7日（中共6期6中全会終了後）から41年1月5日（皖南事変発生の前日）の797日に限定し，なおかつ指導者の日々の活動を記した「年譜」，「党・政・軍」諸系統の全成員を明示した「組織史資料」，発信者と受信者を特定しうる「電報」類に着目しこれらを活用することによって，中共権力の中枢部分とりわけその党軍関係の特質についての初歩的考察を試みる。

　20年来の史資料の公開によって中共党史研究をめぐる研究環境は劇的に変化したが，そのなかで，本稿が「年譜」「組織史資料」と「電報」に着目したのは以下の事情による。すなわち，考察対象とする時期における政治局レベルの指導者の「年譜」がおおむね出版されている。この「年譜」から，われわれは個々の指導者が何月何日にどのような会議に出席してどのような発言をしたのか，またどのような内容の文書を作成し誰宛の電報を発信したのかを知ることが可能になった。また「組織史資料」は本稿で用いる全国版のほか一級行政区から県級にいたるまで編纂された。これらによって，われわれは中央から方レベルまでの中共（「党・政・軍」）の組織の全体像を了解しうる条件を獲得した。さらにさまざまな資料集に散在している電報類は，少なくとも当該時期の党中央（延安）と中

央局レベルの間の対内的コミュニケーションが主として電報によって行われていたことを示しているように思われる。筆者は，電報という媒体の性質上（発信者と受信者を特定しうること），中共の政治過程を復元しうる資料として活用できると判断している。

資料の数量的分析は，すでに王奇生（2004）や村田（1999）らによって試みられているが，これらはいずれも既成のデータベースを利用した考察である。自らデータベースの構築を試みるのであればそのための作業量を考慮に入れざるを得ず，従って考察の対象とする時期を適切な範囲に設定する必要があった。本稿では考察対象を上記の797日に設定したのであるが，それではこの約800日は，中国政治および中共党史においてどのような時期であったのか。

1937年7月の盧溝橋事件を発端とする日中全面戦争は（9月，「第2次国共合作」発足），翌38年10月の日本軍による武漢・広州占領以降こう着状態となり，中国政治は新たな局面を迎えることになる。中共6期6中全会はこの武漢・広州陥落をはさんだ9～11月に延安で開催された。中共の組織問題に関して言えば，この会議において，軍事・政治・組織の各方面における毛沢東の指導権の拡大，書記処の実体化，党による軍隊の指導（その機構的保証），辺区権力の二重性（中央政府に認知された地方政府という側面と辺区地域社会の承認を受けた地域権力という側面），中央局・区委員会による辺区党組織の構築という日中全面戦争期の中国政治史における中共の組織編成が一元的組織機構として確立する［田中2002：60］。

日中全面戦争期の中国政治は，「抗日」を共通課題とする国民党と共産党との政治的連携を前提として，中国が有するあらゆる資源を「抗日」のために動員することを基本的特質としていたが，国民政府軍が軍規違反を口実として中共系の新四軍9000を殲滅した41年1月の皖南事変は国共関係に甚大な衝撃を与えるとともに，中国政治を大きく変容させることになった[1]。

本稿が対象とする約800日において，中共党史上，ヨーロッパ戦争勃発にともなう「第2次帝国主義戦争」認識，新民主主義論の提起，山西新軍事件，百団大戦をめぐる延安・総部の関係，そして華北・陝北「摩擦」問題から皖南事変にいたる国共関係の悪化など周知のことがらが存在する。本稿ではこうした諸問題に

は言及せず，中共の権力中枢における党軍関係の特質に焦点を絞って考察する。

皖南事変を契機としてそれまでの党軍関係に存在していたある種の歪みが結果的に正されることになったが（後述），こうした背景下の中共権力は，延安整風運動を経て1949年の国家権力奪取を可能にする権力編成を獲得する［高］。従って，延安整風運動の前段階にあたる約800日間における中共権力の実態解明は，1950年代から1970年代なかばにいたる毛沢東時代の中国政治の構造と特質を検討するための意味のある研究課題でもあるとしなければならない。

Ⅰ．『中共中央文件選集』にみる「中央」文献の性格

中央档案館編『中共中央文件選集』(1989～92年) には，本章が対象とする1938年11月7日から41年1月5日にいたる時期の178文献が収録されている。まず，この178文献の性格について検討する。

1）作者について

文献の作者は，「中央委員会」7，「政治局」3，「中央」31，「書記処」84，「軍委」20，軍委をのぞく中央機関16，個人23である。

「中央委員会」による7文献は「対時局宣言」「賀電」「悼電」「国民党・蔣介石宛電報」「告全党同志書」などである。「政治局」による3文献は，中共6期6中全会閉幕直後の1938年11月9日に出された「関於北方局及分局的通知」と「関於中原局委員会的通知」の2文献を除けば，39年8月25日の「関於鞏固党的決定」の1文献が『文件選集』に収録されているのみである。

本稿が対象とする約800日において，「政治局」による文献が事実上に1文献にすぎず，これに対して「書記処」による文献が84文献に達していることは何を意味しているのであろうか，そして単に「中央」とする31文献は「政治局」あるいは「書記処」とされる文献とどのような違いがあるのであろうか。

『中共中央文件選集』には，遵義会議から中共6期6中全会開催前および皖南事変から毛沢東が書記処・政治局を「主宰」するにいたる1943年3月までの文献を，それぞれ188，135件を収録している。このうち，文献の作者が「政治局」であるものは，1935年1月～38年9月が11件，41年1月～43年3月が7件で

ある。この両時期にはさまれた800日における「政治局」文献が1件にすぎないことは，当該時期の中共権力中枢部の編成におけるある種の実態を反映したものであるとしなければならない。

同時に，「軍委」20文献および軍委正副主席「毛，王」による13件の存在は，この時期における中共の意思決定において軍事委員会が重要な位置を占めていたことを示すものである。

2）文書の形式について

形式に注目すると，178文献のうち，「決議」が1，「決定」が15であるのに対して，「指示」が136件と全体の4分の3を占めている。このほか「通知」と「訓令」がそれぞれ2件確認できる。

「決定」15件の内訳は「政治局」1，「中央」7，「書記処」4，「宣伝部」2，「青委」1であり，「指示」136件の内訳は「書記処」78，「中央」23，「軍委」18，「宣伝部」など9，「毛，王」など19である。

「決議」「決定」「指示」という文書の形式の違いは，何を意味するのであろうか。

筆者は，「決議」が意思決定権限を有する成員内部に明確な異論が存在することを前提として議決によって組織の意志が決定されることを意味しているのに対して，「決定」はは意思決定手続き（議決あるいは葉議による合意）を明示することなくそれが組織の意志であることを示すものであり，また「指示」（「通知」「訓令」）は上部機関の意思を統属する下部機関に強制力を伴いながら伝達することであると考える。

当該時期における決議が1939年10月10日の「中央関於反奸細闘争的決議」の1件に過ぎないことは，1935年1月〜38年9月に9件の「決議」が確認しうることと明らかな対照を確認することができる。このことは，6期6中全会の前後において中共権力中枢部における質的転換があったこと，換言すれば，この会議を契機として「中共は毛沢東を中心として団結しなければならない」という王稼祥が伝達したコミンテルンの指示をふまえた権力中枢の再編の結果であったとしてよいであろう[2]。

3）文献の来源と形態

『文件選集』所収の178文献の来源は,「原件」36,「原抄件」89,「原複写件」1,「原油印件」29であり，また刊行物からの収録として『新中華報』5,『解放』7,『共産党人』12,『六大以来』4がある[3]。

また「電報」による意志伝達を前提としていることを確認しうる文献は67件である。このことは，当該時期における中共中枢部と下部組織との意志疎通のかなりの部分が電報によって行われていたことを示している。

Ⅱ．政治局・書記処と「中央」

1）政治局・政治局常務委員会・書記処・軍事委員会の成員

表1は，中共中央組織部・中共中央党史研究室・中央档案館『中国共産党組織史資料』(第3巻)に示された本章が考察対象としている時期の政治局・政治局常務委員会・書記処と中央革命軍事委員会の成員である。

1980年代なかば以降陸続と出版された中共指導者の年譜のなかで，『張聞天年譜』は，会議の出席者を明示している点で貴重である。表2は，同書に依拠して，政治局（常務）会議と書記処会議がいつ開催され，誰が参加したのかを整理したものである。

張聞天の項目に「②」としたのは，この『年譜

表1 政治局，政治局常務委員会，書記処，中央革命軍事委員会の成員

政治局	政治局常務委員会	書記処	軍事委員会
◎張聞天	張聞天	張聞天	
毛沢東	毛沢東	毛沢東	◎毛沢東
王稼祥			○王稼祥
王明	王明	王明	
周恩来	周恩来	周恩来△	○周恩来
任弼時			任弼時
秦邦憲	秦邦憲	秦邦憲△	
康生		康生	
陳雲	陳雲	陳雲	
項英		項英△	
彭徳懐			彭徳懐
張浩			張浩
△劉少奇			
△朱徳			○朱徳
△鄧発			
△凱豊			
△関向応			
			葉剣英
			賀竜
			劉伯承
			徐向前
			林彪

出所：[中共中央組織部ほか：28-30, 65-66]より作成
政治局：◎「総負責人」，△「候補委員」　書記処：△延安に常駐せず or 不在　軍事委員会：◎主席，○副主席

表2 会議の開催状況と出席者

において彼が会議を主宰したと記載していることによる。また出席者に関する同書の記載には，有資格者と列席者を区別する場合と一括して掲げる場合の2種類の記載方法が存在する。前者の場合の列席者は「51，52…」と記した。

表2においてまず看取しうる問題は，書記処会議と政治局会議の開催日の偏在性（規則性を有していないこと）である[4]。第2に書記処の成員ではない王稼祥がほぼすべての会議に正式メンバーとして出席しているのに対して，『組織史資料』において政治局のメンバーとされる張浩が書記処会議における有資格者と記録されていないことである[5]。

2）政治局と書記処の関係

6期6中全会は「関於中央委員会工作規則與紀律的決定」によって政治局と書記処の関係，および中央局・中央分局の権限を規定していた。

すなわち，政治局は，(1) 中央委員会全体会議前後の時期における党のすべての政治・組織工作を指導する権限を有すること，(2) 少なくとも3ヶ月に1回開催すること，(3) 政治局会議の開催には半数以上の政治局員の出席を要し，決定および文書の採択には半数以上の成員の同意を要すること，(4) 個人が政治局委員の委任を経ないで政治局あるいは全党の名義の文書を発表することはできないこと，を規定している。また書記処については，(1) 中央委員会の組織・実施面での日常工作を処理すること，(2) 政治局会議の招集と政治局に対する工作報告，(3) 政治局決議の執行（重大な緊急事態が発生し，ただちに政治局会議を開催できない時には新たな決定をしてもよい。中央委員会名の宣言・決議・電文は事後的に政治局会議の批准と追認を要する），(4) 書記処会議は少なくとも週1回は開催して中央の日常工作と各党委に対する回答を処理すること，(5) 中央所在地の政治局委員は書記処会議に出席しうること，(6) 中央各部・各中央局分局の工作は経常的に書記処に報告しなければならないこと，(7) 中央各部の重要問題の処理と回答・各部の重要スタッフの任用と転出には書記処の批准が必要であること，(8) 中央各部は下級党委各部門の工作を指導しうるが，重要な問題は書記処の指導を仰がなければならないこと，と定めている[6]。さらに中央局・中央分局は中央の決議・方針・指令のもとで中央を代表して各地区の党のすべての工作を指導するとし，同時に中央委員会・中央政治局・中央書記処の決議・指令を

完全に執行しなければならないとされた。

　すなわち「決定」が企図した政治局と書記局の関係は，成員の合意を前提とする中共の意志決定機関としての政治局と中央の日常業務処理機関としての書記局という関係であり，週1回開催される書記処会議と3ヶ月ごとに開催される政治局会議のサイクルであった。この「決定」に基づいて，6中全会後最初の書記局会議である1938年11月30日の会議は，書記処会議は「毎週1回，水曜日を例会とする」ことを決定していた［中共中央党史研究室張聞天伝記組編：593］。

　6中全会閉幕後，政治局会議が最初に開催されたのは1939年7月であるが，表2が示すように，「決定」が企図した書記処会議と政治局会議のサイクルは現実のものとはならなかった。当時の「中央」の意思決定のあり方・実態とこのサイクルとの間にある種の乖離があったと考えられる。

　また王稼祥が延安在留の政治局員として書記処会議に出席していることは，上の「決定」によって明らかである。これに対して張浩は，6期6中全会において政治局において活動するという1936年1月の決定の追認を受けることができなかったと推測される[7]。康生と項英について，上述の『組織史資料』は書記処の成員であったが政治局常務委員ではなかったとしているが，両人が政治局常務委員でもあったとする指摘も存在する[8]。この理解に従えば，書記処と政治局常務委員会の構成員はまったく同一であったということになる。

　「決定」の規定が明示するように，「中央」の文献は政治局の半数以上の成員——すなわち6〜7人[9]——の同意（会議での議決あるいは討議による合意，稟議）によって作成されたと考えられる。本章が考察の対象としている約800日における政治局委員の延安常駐者は張聞天・毛沢東・王明・陳雲・康生・王稼祥であり，劉少奇は1939年3月〜11月まで，任弼時は40年4月以降，周恩来は39年6月〜8月，40年4月と7月〜8月，秦邦憲は40年12月以降の各時期に延安に滞在している。こうした状況を勘案すれば，「中央」の文献は延安に滞在するすべての政治局委員の合意によって作成されたとしなければならない。

3）「中央」の意志と毛沢東

　それでは本章が考察の対象としている800日において，個々の政治局の成員が「中央」の意志形成にはどのように関わったのであろうか。この点に関連して，

『組織史史料』は、「6 中全会の後、コミンテルンの指示と毛沢東を主として中共 7 全大会を準備するという 6 中全会決議の精神をふまえて、張聞天は徐々に党内の「総負責」の工作を主体的に毛沢東に引継いでいった。1939 年初め以降、中央の会議は依然として張聞天が主宰し中央秘書処も一貫して張が当っていたが、実際上、彼はもはや党内の「総負責」ではなかった。7～8 月の政治会議の後、張聞天は宣伝部と幹部教育部の工作に責任をもつのみとなった。40 年 5 月、張聞天と中央秘書処は毛沢東が住む楊家嶺に移り、毛はすべての中央工作を引継いだ。こうして彼は、宣伝教育部とマルクス・レーニン学院の工作にのみ責任を有するだけになった」[中共中央組織部ほか：26] と述べていることは、この問題を考察する上で我々に重要な示唆を与えている。すなわち、(1) 張聞天が中央の会議を主宰していたこと；(2) 39 年 7～8 月の政治局会議以降、張は宣伝部と幹部教育部の工作のみを分担するようになったこと；(3) 中央秘書処は 40 年 5 月に張のもとを離れ毛沢東に引き継がれたこと、がそれである。

　『毛沢東年譜』『張聞天年譜』『陳雲年譜』『王稼祥年譜』から、「中央」文献の起草者に関する 58 件の記載見出すことができる。このうち、1939 年の抗戦 2 周年の中共宣言や 7～8 月開催の政治局会議の決定が張聞天の起草によるものであり [中共中央党史研究室張聞天伝記組編：613, 617]、さらに翌月の中共参政員の意見を周恩来が起草しているように [中共中央党史研究室張聞天伝記組編：617]、必ずしも毛沢東が党中央の大事を排他的に統括していたわけではない。1939 年秋以降、張聞天が理論・教育問題、陳雲が組織問題という個別分野の文献の起草に当たっているものの、全党の方針に関わる文献、および軍事問題に関する重要文献は基本的に毛沢東が起草するようになっていく[10]。

Ⅲ. 軍事委員会と党軍関係

1) 中央革命軍事委員会とその成員

　1937 年 8 月に洛川で開催された中共中央政治局拡大会議は、毛沢東を主席とする中共中央革命軍事委員会を組織し、中共中央が各抗日根拠地の武装闘争と軍事建設を指導する軍事指導機構とすることを決定した。この委員会は 11 人で構

成され，毛沢東を書記（主席），周恩来と朱徳が副書記（副主席）に就任した。38年11月，王稼祥が副主席となった。中央軍委総部は延安に置かれ，対外的には八路軍延安総部と称した。下部機構として総参謀部，総政治部，供給部，衛生部などの工作機構が設置された。軍事委員会発足当時の11人の委員とは，毛沢東・周恩来・朱徳・彭徳懐・任弼時・葉剣英・張浩・賀竜・劉伯承・徐向前・林彪である［中共中央組織部ほか：65-66］。

本稿が考察対象としている時期において，政治局員のうち，毛沢東・王稼祥・周恩来と彭徳懐の4人が軍事委員会委員を兼任し，張聞天・王明・任弼時・秦邦憲・康生・陳雲・項英の7人は兼務していなかったことになる（表1）[11]。

紅軍の八路軍への改編は，組織上，1937年8月22日に国民政府軍事委員会が朱徳・彭徳懐を国民革命軍第八路軍正副総指揮に委任したことを受けて，23~25日開催の政治局拡大会議が中共中央革命軍事委員会を設置し，25日に同委員会が紅軍の国民革命軍第八路軍への改編を命令することによって実現した。さらに同軍の前線への出動をふまえて，29日には政治局常務委員会は軍委前方分会を設置している。

表3は，軍事委員会が正副書記と総指揮部を構成する正副総指揮・政治部主任と参謀長および3師師長によって構成されていたことを示している[12]。このことは，八路軍の前線への出動によって，軍事委員のなかで中共中央所在地の延安にいるのは毛沢東1人であるという状況が生み出されることになった[13]。

表3　軍事委員会委員の八路軍における職務

	軍事委員会	八路軍	軍委前方分会
毛沢東	主席		
周恩来	副主席		
朱徳	副主席	八路軍総指揮	書記
彭徳懐	委員	八路軍副総指揮	副書記
任弼時	委員	八路軍政治部主任	委員
葉剣英	委員	八路軍参謀長	
林彪	委員	一一五師師長	委員，一一五師軍政委員会書記
賀竜	委員	一二〇師師長	委員，一二〇師軍政委員会書記
劉伯承	委員	一二九師師長	委員，一二九師軍政委員会書記
徐向前	委員	一二九師副師長	
張浩	委員	一二九師政訓処主任	委員

出所：［中共中央組織部ほか：65-66, 1336, 1345, 1367, 1385, 72-73］より作成

2）軍事委員会総政治部と王稼祥の役割

1937年10月，前後方の諸部隊の政治工作を統一・強化することを目的として軍事委員会総政治部が，任弼時（毛沢東が代理）と譚政を正副主任として延安に設置された。同部は，新四軍として編成されることになる南方游撃部隊をふくむ中共系全部隊の政治考察を統括することになった［王健英2004：380-381］。

1938年8月，政治局常務委員会は，モスクワから帰国した王稼祥を総政治部主任（対外的には八路軍政治部主任代理）とすることを決定し，前方の八路軍総部のそれを野戦政治部に改称させた［王健英 2004：382］。王の軍事委員会副主席就任（11月）以降，軍事問題にかかわる「中央」文献は毛沢東軍委主席と王稼祥副主席（総政治部主任）によって策定・示達されることになった。このことは，軍事委員会の意志決定が成員多数の合意を前提とする政治局のそれとは質的に異なっていたことを示している。

3）延安発信電報に見る書記処と軍事委員会の関係

筆者は，『八路軍文献』『新四軍文献』『毛沢東軍事文選』『中共中央文件選集』『中共中央北方局』『南方局党史資料』から本章が考察対象とする797日における電報文献546件を抽出し，その日付・件名・発信者・受信者をMS-Access資料として整理した[14]。ここでは，延安を発信地とする電報264件[15]を用いて書記処と軍事委員会の関係に関する若干の考察を試みる。

この延安発信の電報264件の発信者の内訳は，①中央政治局2，②中央書記処86，③軍委9，④軍委総政治部8，⑤中央9，⑥中央＋軍委12，⑦書記処＋軍委4，⑧軍委＋総政治部4，⑨書記処＋総政治部1，⑩毛沢東22，⑪毛＋王26，⑫毛＋王＋α13，⑬毛＋朱6，⑭毛＋朱＋王40，⑮毛＋朱＋王…2，⑯王…5；⑰軍委毛王6，⑱軍委毛…3，⑲軍委政治部王譚1である。

このうち②中央書記処発信の86電報の受信先について，「並」「転」の後の記載および個人宛を除外したときの受信者は，(1) 中央局と中央分局（北方局，中原局，南方局，東南局，山東分局，華中局，西北局，晋察冀分局，各中央局，各分局，南委）；(2) 中共地方組織（晋察晋区委，晋東南区委，晋西北区委，粤委，晋绥区党委，冀魯豫区党委，各省委・市委，各区党委，各中央区及各分局区委党委；(3) 軍組織（前総，一一五師，一二〇師，一二九師，三ヶ師・各師，新四軍

八路軍新四軍各首長各領導同志，各負責同志，各級政治機関），のほか，(4) 晋西北軍政委員会，陝甘寧辺区；(5) 各弁事処；(6) 各電台；(7) 重慶，桂林，香港，上海，西安，山東，晋西北，晋西南が含まれる。

これに対して，「軍委」関連電報（③④⑧⑯⑰⑱⑲）36 電報の受信先について，「並」「転」の後の記載および個人宛を除外したときの受信者は，基本的に前総，聶区（軍区），三ヶ師（各師，三ヶ師師部），四軍（新四軍軍部），山東縦隊，三五八旅，陳支隊，華北及山東各部隊，考察団，各兵団首長，各兵団首長及政治部，各師・旅政委・政治部主任など軍組織に関わる各部門である[16]。

このことは，党「中央」の日常業務を担っていた書記処が党組織とともに軍・行政各組織に対して指示・伝達する権限を有していたのに対して，軍事委員会はその権限が軍隊系統に限定されていたことを示している。

4）第一八集団軍総部発信の電報について

1940 年 4 月，朱徳は第一八集団軍総部を離れ，洛陽での衛立煌と会談の後，5 月 26 日に延安に到着した［中共中央党史研究室編 1986：221-223］。『八路軍文献』には 1940 年 6 月 28 日～12 月 2 日に第一八集団軍総部から各兵団首長に宛てた 15 電報が収録されているが［中国人民解放軍歴史資料叢書編審委員会：174-211］，そのいずれもが，総部不在の朱徳を発信者の筆頭に掲げている[17]。このことは，下部組織に対する指揮権（作戦指導）を行使する際に，組織内正統性を担保する総司令である朱徳の名義を用いることが必須であったことを示すものであろう。同時にそれは，この段階における軍事方針の策定と作戦指導をめぐる軍事委員会と第一八集団軍総部との関係がどのようなものであったのかという問題でもあった。

むすび

表4が示すように，延安の指示を受け取る中央局・分局における党軍関係はその中枢に位置する人物に中枢的人物の兼任と，少なからずの不在者が見られる。従って，本章が考察の対象とする時期における中共の党軍関係については，その相互関係に関してさらに踏み込んだ検討がなされなければならない。

152　第1部　制度変容と社会的凝集力

　この時期の中共の党軍関係におけるもうひとつの問題は，中央と新四軍との関係である。すなわち政治局員である項英が東南局書記・新四軍軍長・軍事委員会新四軍分会書記を兼任することによって，組織上，両者の関係の核心部分に位置

表4　第一八集団軍総部，北方局，軍委前方分会の成員

中共中央北方局		第一八集団軍総司令部		中央革命軍事委員会前方分委員会	
常委	朱徳	総司令	朱徳	書記	朱徳
常委	彭徳懐	副総司令	彭徳懐	副書記	彭徳懐
書記	楊尚昆				
常委	朱瑞 (-39.4)				
		参謀長	葉剣英△		
		副参謀長	左権		
		政治部主任	王稼祥△		
		野戦政治部主任	傅鐘 (-40.5) 羅瑞卿 (40.5-)		
		野戦政治部副主任	陸定一		
				委員	任弼時△
				委員	張浩△
				委員	林彪△
委員	聶栄臻△			委員	聶栄臻△
				委員	賀龍△
				委員	劉伯承△
委員	関向応△			委員	関向応△
委員	鄧小平△				
委員	彭真△				
委員	程子華△				
委員	郭洪涛△				

出所：［中共中央組織部ほか：147-8，1336-7，72-3］より作成
注：△は総部所在地不在者

聶栄臻：晋察冀軍区司令，関向応：第一二〇師政治委員，鄧小平：第一二九師政治委員，彭真：北方局晋察冀分局書記，程子華：冀中総隊政治委員，郭洪涛：北方局山東分局書記

葉剣英：南方局委員（重慶）王稼祥：軍委副主席（延安）

任弼時：モスクワ→延安，張浩：延安，林彪：モスクワ，賀龍：第一二〇師師長，劉伯承：第一二九師師長

していたものの，非党員の葉挺を軍長に戴いていたこと，および項英をふくむ軍委新四軍分会の全成員が中央軍事委員会の成員でなかったことは，第一八集団軍総部・軍委前方分委員会と顕著な相違が存在していた。

　高華は，抗戦初期の武漢におかれた中共中央長江局やその後の重慶の南方局で

は,指導部を構成する成員間の関係が「相互連携」「相互尊重」と称しうるものであったとしているが [高:265-266],本稿が考察の対象とした 800 日の延安は,こうした権力中枢における同志的関係がなお保持されていたと見るべきであろう。皖南事変の後,陳毅・軍長代理と劉少奇・政治委員によって新四軍が再建されることによって,こうした相違は基本的に解消されることになる。同時にそれは,延安整風運動によって毛沢東を中核とする新たな党軍関係の構築へと向かう条件が生み出されるものでもあったのである。

注

1) 張玉法は,皖南事変以前の国共関係が中共の聯蒋抗日と国民党による中共に対する事実上の認可であったのに対して,事変以降,国共がそれぞれ抗日を遂行し両者の衝突が高まったとしている [張:304-305]。
2) 1937 年 11 月に王明・康生らモスクワに滞在していた中共政治局のメンバーが帰国し,書記処の集団指導体制が敷かれた。この後,延安の中央と武漢に置かれた長江局とのあいだの意志疎通に深刻な齟齬が発生,コミンテルンは,王稼祥を介して「毛沢東を首とする指導のもとで問題を解決すべきであり,指導部には親密に団結するという雰囲気が必要である」と指示した。38 年 9~11 月の 6 期 6 中全会はこのコミンテルン指示をふまえて開催された。
3) このほか「目次」で『毛沢東選集』を指示し未収録の文献が 6 件である。
4) 1938 年 11 月 30 日から翌年 6 月 8 日まで書記処会議のみが開催されている。ところが 7~8 月の政治局会議以降,政治局会議開催と書記処会議開催が並存するようになる。
5) 1939 年 2 月 1 日,3 月 4 日,4 月 26 日,5 月 4 日の書記処会議。
6) この「決定」について,王健英 (2004) は中央書記処の性質・任務・職責と紀律について具体的に規定した最初の文献であるとしている [386]。
7) 1936 年 1 月 17 日の政治局会議は彭徳懐と張浩が「政治局で工作する」ことを決定していた [中共中央組織部ほか:29]。このことと関連して,王健英 (2004) は 6 中全会は「彭徳懐を中央政治局委員に追認した」としている [385]。
8) 王健英の 1937 年 12 月政治局会議に関する叙述で,「12 月 12 日,会議は王明・陳雲・康生を中央書記処書記に増補することを決定した。これによって中央常務委員が張聞天・毛沢東・王明・康生・陳雲・周恩来・張国燾・博古・項英の 9 人によって構成されることが明確となった」としている [王健英:380]。
9) 『組織史資料』が提示する当該時期の政治局委員は張浩を除外すると 11 人で [中共中央組織部ほか:28-29],その過半数は 6 人である。一方,王健英 (2004) は 6 期 6 中全会が劉少奇を政治局の正委員に増補したとするが [385],であれば政治局委員は 12 人となり,過半数は 7 人となる。
10) 1940 年 7 月 7 日の「為抗戦三周年紀念対時局的宣言」「関於目前形勢與党的政策的決定」がともに毛沢東起草であることに留意したい [中共中央党史研究室編 1993:195-196]。
11) 任弼時は 1938 年 3 月に軍事委員会を離任している。『組織史資料』は,この 11 人のなかの「張」が張浩ではなく張聞天あるいは張国燾を指すという見解もあると注記

している。また王稼祥は 1938 年 11 月の副主席就任と同時に委員となっている［中共中央組織部ほか：65-66］。

[12] 八路軍一二九師は第 4 方面軍第 4 軍と第 31 軍に陝北紅軍の一部とともに編成された。第 4 方面軍総指揮・徐向前は、張国燾脱党後の旧第 4 方面軍を統括しうる人物であった。一方、コミンテルン第 7 回大会の新方針を陝北に持ち帰った張浩は、1936 年 1 月以降政治局の一員として張国燾が樹立した「第二中央」との調停工作にあたり、事態の収拾に決定的役割を果たした。

[13] 1937 年 12 月、武漢に中共中央長江局（書記：王明）が設置された。周恩来と葉剣英はその一員として武漢で活動した。武漢陥落後、両人は重慶の南方局の主要メンバーとなった。

[14] 文献の来源は、『八路軍文献』209、『新四軍文献』238、『毛沢東軍事文集』24、『中共中央文件選集』38、『中共中央北方局』23、『南方局党史資料』14 である。

[15] 電報の発信地は、延安 264 件のほか、一八集団軍総部所在地 115 件、重慶 9 件、新四軍総部所在地＝皖南 42 件、江北地区 83 件である。

[16] このほか「中原局」宛のものが 1 件、「冀中」「河南」「山東」「長沙」とするもの各 1 件を見出すことができる。

[17] このうち、6 月 28 日、7 月 22 日、8 月 20 日、26 日、9 月 2 日、7 日、16 日、10 月 5 日、11 月 26 日、27 日、12 月 1 日、2 日発信の各電報は、「朱総」あるいは「軍委」に同報している。

文献

石川禎浩 (2006)、「通史と歴史像」（飯島渉・田中比呂志編『21 世紀の中国近現代史研究を求めて』研文出版) pp.85-101.
高橋伸夫 (2006)、『党と農民—中国農民革命の再検討』研文出版 238p.
田中仁 (2002)、『1930 年代中国政治史研究—中国共産党の危機と再生』勁草書房 294p.
村田忠禧 (1999)、「中共党大会政治報告の用字・用語の変化と中国政治の変動」『現代中国』第 73 号 pp.44-68.
程中原 (1993)、『張聞天伝』当代中国出版社 796p.
高華 (2000)、『紅太陽是怎様升起的—延安整風運動的来龍去脈』中文大学出版社 705p.
毛沢東 (1993)、『毛沢東軍事文集』(2)、軍事科学出版社・中央文献出版社 820p.
南方局党史資料徴集小組編 (1986, 1990)、『南方局党史資料』(1)〜(5)、重慶出版社.
田中仁 (2007)、『20 世紀 30 年代的中国政治史—中国共産党的危機與再生』江沛・趙永東・劉暉・劉柏林訳校、天津社会科学院出版社 313p.
王健英 (2004)、『中共中央機関歴史演変考実—1921-1949』中共党史出版社 629p.
王奇生 (2004)、「"革命"與"反革命"—1920 年代中国三大政党的党際互動」第 49 回東方学者会議提出論文.
徐則浩 (2001)、『王稼祥年譜』中央文献出版社 519p.
張玉法 (2001)、『中華民国史稿・修訂版』聯経出版社 685p.
中共中央北方局資料叢書編審委員会編 (2002, 1999)、『中共中央北方局』（綜合巻、抗日戦争期・上冊）中共党史出版社 297, 603p.
中共中央党史研究室 (2002)、『中国共産党歴史』（第 1 巻）中共党史出版社 1058p.
———編 (1986)、『朱徳年譜』人民出版社 568p.
———編 (1989)、『周恩来年譜』人民出版社・中央文献出版社 845p.
———編 (1993)、『毛沢東年譜』（中巻）人民出版社・中央文献出版社 618p.

中共中央党史研究室張聞天伝記組編（2000），『張聞天年譜』（上下）中共党史出版社 1334p.
中共中央文献研究室編（2000），『陳雲年譜』（上巻）中央文献出版社 583p.
中共中央組織部・中共中央党史研究室・中央档案館（2000），『中国共産党組織史資料』（第3巻）中共党史出版社 1521p.
中国人民解放軍歴史資料叢書編審委員会（1994），『八路軍文献』解放軍出版社 1129p.
────（1988, 1994），『新四軍文献』（1）（2），解放軍出版社 804, 942p.
中央档案館編（1989-92），『中共中央文件選集』（18巻）中共中央党校出版社．
周国全・郭徳宏（1991），『王明年譜』安徽人民出版社 208p.

9　顧頡剛の「疆域」概念

島田　美和

はじめに

　1936年11月，李守信ら「蒙古軍政府」及び関東軍の連合軍が綏遠省へと西進し，綏遠省軍との軍事衝突が起きた。いわゆる「綏遠事件」(以下括弧取る)である。抗戦直前に勃発した綏遠事件は，日本の中国内モンゴルに対する政治的軍事的意図がよりいっそう明確化した事件であった。北平や上海など大都市では知識人を中心に，中国の一部である綏遠省を日本の領域化から守る援綏運動が繰り広げられた。綏遠事件は，徳王ら中華民国からの離脱を求めるモンゴル族側からみれば，南京国民政府設立に伴い省制が敷かれたモンゴル族の故地を奪還する目的を擁していた。他方，国民政府からみれば，モンゴル族の背後に日本軍が存在することは明らかであり，綏遠事件とは日本の内モンゴル西部への本格的侵攻であるばかりか，華北への直接的危機を意味していた。このような中，中国の漢族知識人も，日本の「満洲国建国」による東北部失陥から華北分離工作を経て日中戦争期に至るまで，常に自らの「国土」を失う危機感を持っていた。とりわけその地理的条件から，北平の知識人達は，「救国」の主張を言論によって民衆へ伝えることを責務とし，様々な言論活動を行った。では，こうした漢族知識人は「救国」すべき中国の「国土」すなわち中国の「領域」をどのように策定，認識していたのであろうか。五族共和の下に建国された国民党政権下において，抗戦前から抗戦期を通じて漢族知識人は漢族以外の満洲族，モンゴル族，チベット族，回族が居住している非漢族居住地域，いわゆる「辺疆」(以下括弧取る)をどのようにとらえ，またいかなる論理をもって「中国」の一部として取り込んだのだろうか。

従来の研究では，漢族と非漢族との関係を見る場合，国民政府期の民族政策や知識人による民族概念の形成過程を検証することが主流であった。顧頡剛に関する研究では抗戦期における顧頡剛の個人史や民族論を検討し，彼のナショナリズムの側面を重点的に解明している［小倉；村田：84-96］。他方，学術史では，顧頡剛と傅斯年や費孝通など他の知識人における民族観を比較し，顧頡剛の学問的位置づけを試みている［竹元：126-138；黄：156-167］。さらに，「辺疆史」「疆域研究」「西北（西北開発）研究」の分野では，地理学，歴史学，社会学に従事する他の知識人の思想と営為が検証されている［趙：118-125；吉開：32-48；片岡：1-62］。

　しかし，これら先行研究では，知性界における知識人の思想連鎖を分析するに留まり，抗戦期における中央や地方政治などの現実の政治の動向と学術の連動性については考察が加えられていない。知識人の辺疆概念の形成を考察するには，民族政策史と学術史の2つの視角を用い，現実の政治の文脈の中で，知識人がいかなる役割を果たしたのか，を再度検討する必要があろう。

　本稿では，戦前期において歴史地理雑誌（例えば『禹貢』など）を刊行し，抗戦期に至り「辺疆学会」を組織した歴史家の顧頡剛[1]を取り上げ，抗戦前から抗戦期における漢族知識人の中国「疆域」概念の形成過程と辺疆への関心及びその実践について検討を加える。さらに，そうした顧頡剛の「疆域」概念の形成及び辺疆研究と，中央政府ならびに地方政府の民族政策との関わりを検証し，抗戦期における政治と学術の関係を明らかにしたい。

Ⅰ．傅斯年と顧頡剛の「疆域」認識

1）日本のシノロジーとの関係

　中国知識人による辺疆への関心は，日本の中国への植民地侵略に対する国防意識とともに現れた。中国は1894年の日清戦争敗北により台湾を失い，1904年の日露戦争では遼東半島（関東州）を奪われ，1915年には日本政府の「21ヶ条要求」を受け入れた。これら各局面において，中国国内では愛国主義的色彩を帯びた反帝国主義運動や反日抗議活動が行われた[2]。1931年には，満洲事変が勃発し，

中国は東北部を実質的に失った。その後，日本軍は中国東北部を基点として熱河・平津地域へさらなる侵略を始め，中国知識人の国防意識はより顕在化し，中国の「疆域」及び国境に近く非漢族居住地域である辺疆地域への関心が高まった。

とりわけ，傅斯年[3)]は，日本の東北奪取に対して『東北史稿』を執筆することによって，歴史学の立場から中国東北部が中国の「領土」であることの歴史学的実証を試みた。傅斯年は，『東北史稿』において，イギリスやドイツで修得した実証主義的歴史分析の手法を用い，日本側が主張する満洲での権益に関する歴史学説を否定した。その日本側の歴史学説とされたのが，当時中国国内において流布していた「田中上奏文」[4)]において，東洋史学者矢野仁一が提唱したといわれる「満蒙は歴史上支那の領土に非らず」の言説である[5)]。傅斯年は『東北史稿』の中で，「『満洲』という一語は日本人が意図的に作ったものである」と「満洲」という言葉を否定した。さらに，「満洲は地名でもなく政治区域名でもない」とし，「南満」「北満」「東満」等の名詞は，「中国を専ら侵略し区分するために作られた名詞であり，民族的，地理的，政治的，経済的な根拠がない」と矢野仁一の論を退けた［傅：3］。この傅斯年の学説は，リットン調査団の調査書にも転用され，国際連盟による日本の満洲国建設を否定する論拠となった。

それに対し，矢野仁一は1933年の『満洲国歴史』において，田中上奏文が偽書であるということを踏まえたうえで，中国東北部を「満洲」という中国とは異なる独自の地域と位置づけ，中国の領土ではないことを主張し，新たに傅斯年の『東北史稿』及び「リットン調査書」に対し反駁を行った。［矢野：332］。このように，満洲事変勃発後，日本の学術界が日本の帝国植民地形成にその論拠を与えるという手法に対し，中国学術界も同じく『東北史稿』執筆により歴史学的手法を用いて中国東北部を中国の領土であることを主張した。それは，満洲を争点とする中国と日本のナショナリズムの衝突を背景として，中国の近代学術が，国民国家を目指す中国政治の正統性を保証する作業の始まりであった。以降，日本の華北進出に伴い，中国国内では国防の観点から，国境地域すなわち辺疆地域を中国の一部として論証する学術的作業が必要となった。

2）『禹貢』月刊における「民族」概念の転換と「疆域」観

日本軍は1931年の満洲事変以降，華北の中華民国からの分離独立を図るため，

華北分離工作とチャハル・綏遠地域を対象とする内モンゴル工作を実施した。他方，内モンゴル地域では，1933 年 7 月から徳王らモンゴル知識青年を中心とする高度自治運動が始まり，1934 年 4 月には百霊廟蒙政会が成立するなどモンゴルナショナリズムが高まっていた。中国東北部の失陥に引き続き，華北地域におけるモンゴル人の自治運動と日本軍の勢力拡大を背景として，中国知識人の国防意識はますます高まった。そこで，彼らは歴史学や地理学など学術的手法によって中国の「疆域」や「民族」に関して分析を試み，言論の立場から中国の保全を図った。それが 1934 年 2 月，顧頡剛を主編として北平の知識人が参集し，中国の歴史地理を学術的見地から取り扱った『禹貢』半月刊（以下略称：『禹貢』）である。

顧頡剛は「疑古派」，すなわち当時主流であった中国上古史における伝統史学を懐疑し，史料から丹念に実証していく歴史学の手法をとった歴史家である。その分析手法は，北京大学の同窓であった傅斯年から多大な影響を受けていた。また，顧頡剛は直接辺疆地域へと赴き，アモイと広州に赴任していた時期には南方を中心に，北京に戻ってからは 31 年に河北，河南，陝西，山東の 4 省を巡歴した［小倉：顧頡剛先生主要学術活動年表］。『禹貢』の発刊は，そうした顧頡剛の辺疆への関心と国防意識が融合し，学術的見地から中国の領土策定を担保することを目的としていた。1934 年 3 月の『禹貢』発刊詞では，「民族」と地理研究の不可分性が提起され，その理由は以下のように説明された。

> 我々の地理学は発達しておらず，民族史の研究もまたどのように根拠を得ればよいのだろうか。…… 我々の侵略を企んでいる東の隣人は，「本部」という名を用い我々の 18 省を呼び，辺疆の地は，従来からあったものではない，と我々に暗示をかけている。［顧 1934］。

顧頡剛は，中国での「本部」という単語の普及が，18 省以外の中国の領域での日本軍の勢力拡大を助長させたとした。さらに，「本部」という語の普及の原因は，かつて中国が日本の地理学を輸入したこと，そしてその背景として中国の地理学及び民族学の後進性があったことを指摘した。このように，中国東北部の失陥は，顧頡剛ら知識人に，今後日本の学術に依存することなく，自立的に中国の地理と民族を研究する必要性を痛感させた。

1936年末以降，北平では抗日機運が最高潮に高まり，1937年1月10日，顧頡剛は「中華民族の団結」を発表し，その中で中華民族と五族の違いを述べた。

> 血統が同じものの集団は，種族と呼ぶ。共通の歴史背景，生活方式，団結した民族的情緒を持った集団を民族と呼ぶ。我々の国家には，皆よく知っているように5つの民族に分けることができ，従って辛亥革命の後は「五族共和」の旗印を掲げた。しかし，我々は中国の版図の中にはたった一つの中華民族のみが存在していることをしっかりと認めている。この民族の中にある各種族，彼らの栄光と恥辱は一致し……。我々は中国を一つの独立自由な国家として成り立たせるならば，先ず国内の各種族の団結から取り組まなければならない。

　顧頡剛は「種族」と「民族」の概念を区分けし，「中華民族」というひとつの民族概念と，その下に「中華民族」を構成する5つの種族として「五族共和」における従来の「五族」を再定置した。しかし顧頡剛は，「国内の諸族の中で漢族がもちろん文化的に最も高く，先進的地位を獲得しているが，指導する責任も負っている。」と「五族」の関係性は平等ではなく，漢族の優位性を明確に述べた。このような認識の下，顧頡剛は国内の「種族」を団結させるために，3つの辺疆工作を提案した。第1の経済建設では，資源の開発，とりわけ内地から農業および工業の専門家が辺疆地域へ赴き技術指導すること，第2の文化面では，学校教育の場において，辺疆地域では現地の言語を用い漢語を第2言語とすること，内地では漢語を第1言語，モンゴル語，ウイグル語，チベット語を第2言語とすること，などが提案された。第3の政治面では，辺地の人材の活用と漢人腐敗勢力の除去を訴えた［顧1937］。この顧頡剛の辺疆工作案では，漢族の主導的役割が確認できる。

　こうした民族概念の転換と辺疆認識については，顧頡剛主編の『禹貢』においてより一層議論が進められた。1937年1月，斉思和は「種族と民族」を発表し，顧頡剛の民族観をより詳しく説明した。そこでは，国民政府の民族理論を検討するために，まず清末以降の種族主義に基づく孫文の「民族」の定義が再検討された。斉思和は，孫文が「民族主義」第1講で述べた「民族」概念における「民族」の構成要素を，同じ血統・言語・宗教・風俗習慣であると説明した。そして，この孫文の理論に対して「中山先生の民族主義の最も大きな欠点は，民族に対する古くさい観念と民族と種族の区別を見落としていることである」と否定した。斉

思和は，顧頡剛の主張と同じく，「民族」を構成するのに最も重要な条件を「感情」や同胞的「情緒」であるとした。そしてこの「情緒」は，「共同の歴史的背景，辛い経験，共通の栄光と屈辱の記憶によって，また外国の圧力が内部における団結的情緒を刺激することにより形成される」とした。さらに，斉思和は，「種族」を物質現象，生物現象，先天的，自然現象のものであり，「民族」を，心理現象，政治現象，後天的，精神的・主観的なものであると定義した［斉：1-10］。こうして『禹貢』では，「種族」と「民族」とが区別され，南京国民政府が掲げる孫文の「五族共和」概念とは異なる新しい「民族」概念が提出された。

そしてこの概念は，『禹貢』において内モンゴル西部地域を「中国の国土」として認識する際にも引用された。37年7月，『禹貢』察綏専号では，陳増敏がチャハル・綏遠の地理的特色について分析を行った。そこでは，内モンゴル西部地域の歴史的特色として，半農半牧地帯であり，それらを生産様式とする2大集団が存在し，その両者が戦争や衝突，通商などによって接触，同化してきたことが挙げられた。しかし，この2大集団間の闘争は，清朝初年で終了したとする。その理由は以下のように述べられた。

> いわゆる種族とは，もともと血統を指す。国内諸族がお互いに接触を頻繁にすることで，血統においては早くに混血し，また別に系統が成立した。ただ血統を根拠として境界を定めることはできない。……かつ，種族と民族は異なり，民族の構成は種族の条件，種族の構成についてはさらに説明する必要はなく，この点については，斉思和先生が『種族と民族』の一文において詳しく説明している。民族は民族意識により成り立ち，種族は血統によって成り立つものである［陳：12-13］。

ここでは，従来の「五族共和」にみられる種族的民族論ではなく，「種族」と「民族」の概念を明確に区別した斉思和の「民族」概念が適用された。すなわち，『禹貢』において綏遠・チャハル地域の民族構成について，後天的に形成された民族意識によって，「血統」が異なるモンゴル族と漢族は同じ民族意識を共有できるという論拠が示された。そのことは同時に，彼らにとってチャハル・綏遠地域を中国の「疆域」内とみなし，中国の一部として包含する理論的根拠となった。

この中国「疆域」設定は，この時期における顧頡剛の辺疆地域での活動を理論面で支えた。1936年9月顧頡剛と譚其驤は，綏遠事件を含む綏東問題と移民開

墾について検討するため，燕京大学辺疆問題研究会を開催した［『顧頡剛日記』2007：529-534］。そして，1937年4月には，西北開発移墾促進会が設立され，その活動として同年7月，五原で開墾事業に携わる段繩武とともに西北考察団が組織され，綏遠，蘭州，甘粛省，西蔵地区など中国西北部の調査が行われた［『顧頡剛日記』2007：668-671］。顧頡剛の蒙地開墾に関する研究と開墾事業の推進は，清末以降民間レベルで行われていた漢族による蒙地開墾が顧頡剛らの学術団体による辺疆開発思想によって担保されたことを意味する。それには，顧頡剛および『禹貢』派知識人らが確立した「民族」観や中国の「疆域」設定が背景にあったことは否定できない。このような顧頡剛の戦前期における辺疆観と辺疆工作活動は，抗戦期においてさらに具体化していった。

Ⅱ．抗戦初期の昆明：中国の「疆域」と「民族」概念をめぐって

1）顧頡剛の「疆域」観：中国の「領土」について

　1937年7月7日，盧溝橋事件が勃発し日中戦争が始まった。1938年4月の国民党臨時全国代表大会では「中国内の各民族は，歴史の変遷によりすでに融合し一つの国族となった」と，五族共和からひとつに融合した「国族」の概念が強調され，国内の各民族に向けて抗日戦における精神面での一体化を図った。他方，顧頡剛が所属する北京大学をはじめ，北平および天津の学術機関は，雲南省昆明への西遷を余儀なくされた。顧頡剛も昆明へ移り，1938年10月に雲南大学文史系の教授に就任した。昆明では，昆明版『益世報』紙がこうした知識人達の言論の場のひとつとなった。顧頡剛は，抗戦力を向上させるため，この『益世報』誌に2つの文章を執筆し，中国の「疆域」と「民族」概念についての新しい定義を発表した。その文章とは，ひとつは，1939年1月1日に発表された「『中国本部』という名を早く廃棄すべき（以下略称：「中国本部」）」（1938年12月23日）であり，もうひとつは同年2月13日に掲載された「中華民族は一つ」（1939年2月9日）である。顧頡剛はそれぞれの文章の中で，「中国本部」と「五大民族」という2つの名詞の廃棄を提唱した。

　「中国本部」では，中国の疆域について新たな解釈を発表した。「一番心が痛む

出来事は，帝国主義者がわれわれを分裂させるいくつかの名詞を捏造し作り上げ伝わってきてから，われわれは騙されて気軽にその名詞を使っていることである」。顧頡剛は『禹貢』発刊詞と同様に「本部」という名詞が中国人によって使用されていること，それが日本の地理教科書を翻訳したものであること，そしてその「捏造者」は日本人の学者すなわち矢野仁一であることを説明した。しかし，顧頡剛は日本の帝国主義による中国への侵略よりも，むしろ中国知識人が中国の歴史地理を研究してこなかったことに非があるとした。そこで顧頡剛は，自ら中国の疆域設定を試み，「華北，華中，華南，華西」の領域について再解釈を行った。従来，華北とは黄河流域，華中とは長江流域，華南とは珠江流域，そして華西とは長江上流を指す。しかし，顧頡剛は華北を満蒙（シベリア以南から陰山以北），華西を新疆と西蔵（アルタイ山脈からヒマラヤ山脈），華中を陰山以南から淮河秦嶺崑崙山一帯，そして華南を淮河秦嶺崑崙山一帯から南は南海に至るまで，と再定義した。顧頡剛はその根拠として「国家の実際の境界と自然区域からわが国の全境域を区分するべき」であるとした。すなわち顧頡剛は，従来漢族の伝統的文化観に基づく「華」の地域を，漢族から「夷狄」と呼ばれてきた非漢族の居住地域にも拡大した。

顧頡剛のこのような分析方法は，傅斯年の影響を強く受けている。傅斯年は，『東北史稿』においてすでに「満洲」という言葉を否定し，加えて，日本が満洲を「南満」「北満」「東満」等という名称で区分したことを取り上げていた。こうした傅斯年の分析方法は，顧頡剛が日本を批判する際に取り上げた「本部」や「華北，華東，華南，華西」などの地理用語を用いた点で共通している。両者は，ナショナリズムに規定された近代西洋的「実証史学」という学知を用い，「中国の領土」の保全に努めた。ただし，顧頡剛は，漢族の文化概念である「華」の地域を非漢族地域に引き伸ばすことを提唱し，そのために辺疆開発の必要性を訴えた。

> 我々は，必ずこれら習慣的に用いている名詞を廃棄してこそ，初めて我々の辺疆を守ることができる。我々の辺疆を守ってこそ，初めて我々の心臓を守ることができる。我々が必ずやこれら習慣的に用いている名詞を廃棄すれば，我々の辺疆を開発することができ，我々の辺疆を開発することは全国の統一につながることができる［顧1939］。

ここでは，辺疆地域を漢族が居住する，いわゆる「本部」と同程度に「開発」し，漢族文化を模範とした非漢族文化の改良や変革が求められた。それは，非漢族の独自の文化を保護することよりも，むしろ漢族との同化を優先した思想であった。そして，そのことを立証するためには，漢族と非漢族との同一性を論じる「民族」理論が必要であった。

2）顧頡剛の「民族」の定義：中国の「構成員」について

1939年2月9日，顧頡剛は『益世報』に「中華民族は一つ」を発表した。「すべての中国人はみな中華民族であり，中華民族の中に我々はいかなる民族も析出してはならない。今後みな注意してこの『民族』の2字を使用しなければならない」。この中で顧頡剛は「五族共和」という名詞を廃棄し，「中華民族」という言葉を「民族」の代替語とするよう提起した。そして「私は西南へはあまり行った事がなく，この問題を討論するにあたり相応しくない。しかし西北へは行ったことがあり，満洲族，モンゴル族，回族，チベット族の人々とは接触したことがある」と，自身の西北民族との接触の経験を強調した。西北の民族とは孫文の民族論における5族を指していた。「『五大民族』この名詞は決して敵が作った名詞ではなく，中国人自らが造り自らを縛っている。古代以降，中国人は文化的概念のみを持ち種族の概念はなかった」。顧頡剛は，中国人が「五大民族」という言葉を作ったこと，そして中国人には昔から文化的観念しかないことを主張し，種族的観念を否定した。さらに，「中華民族は血統上に組織されるのではなく……，現在，我々はさらに一歩踏み込んで，中華民族は同一の文化のうえに成り立つものでもない，とも言えよう」と，中華民族の構成要因として，血統のみならず，文化的要素も否定した。では，顧頡剛の「民族」概念とはいかなるものであったのか。

> もともと，民族は nation である。共同生活を営み，共通の利害を持ち，団結的情緒が備わった人間であり，さらに人間が作るものである。種族は clan である。同じ血統と言語の人々を指し，また自然にできるものである。……中国には決して五大民族や多くの少数民族などはおらず，中国人はいかなる種族にも分類される必要はない（なぜなら種族は血統を主としており，中国人の血統は錯綜しておりすでに単純な血統はない，と言ってよい）。

顧頡剛は,「民族」を「共通の利害」や「団結的情緒」を持つ人間によって構成され,人種は血統など生物的な属性により構成されるものとして規定した。そしてここでは,1937年1月の「中華民族の団結」や『禹貢』での民族規定を抗戦期において継承しただけでなく,さらに五族の差異を消失させることも提案された。「青年たちは辺疆の民族と結婚しなければならない。種族の境界を一代ごとに薄めていき,民族意識を一代ごとに高めていかなければならない」［顧1939b］。顧頡剛の種族主義を排除し,民族の融合を促す側面は,辺疆民族と漢族との通婚を奨励する発言に顕著に現れていた。

　他方,昆明では,このような民族間の差異を否定する顧頡剛の「疆域」観と「民族」論に関して,費孝通が異を唱えた。費孝通は,文化人類学者の呉文藻[6]を師に持ち,人民共和国成立後の共産党政権の民族理論と少数民族政策に学術的貢献をなした社会学者である。当然ながら,費孝通の言論には,師である呉文藻の影響もみられる。費孝通は,39年5月1日,『益世報』上で「民族問題に関する討論」(1939年4月9日)［費1939］を発表し,そこで各民族の固有性を訴えるとともに,顧頡剛の「中華民族は一つ」に対して5つの反論を行った。まず1番目に,名詞の意義と作用について,2番目に,「民族」の意味について,3番目に,中国国内に多くの民族が存在し,国家は民族的集まりではなく,文化的,言語的,体質的な違いがあっても国家を形成することが出来ることを主張した。4番目に「各種族」および経済集団間の境界を削除することは,政治上の不平等を引き起こすとした。最後に,顧頡剛の主張の本旨であった,中国本部や五族共和などの名詞の役割について「いつ名詞が一つの集まり（筆者注：団体,集団）を分裂させたのか」と顧頡剛の主張を否定した。

　これに対し,1939年5月8日と29日に,顧頡剛は『益世報』上で費孝通に反論を行った［顧1939c, 1939d］。さらに,『益世報』上において,昆明の他の知識人も議論に加わり,顧頡剛の「民族」概念をめぐり賛否両論が巻き起こった［華；馬；楊向奎］。このように,抗戦初期の昆明における知識人の「民族」や「疆域」概念は,禹貢派の歴史学や費孝通の社会学及び人類学などの学術的系譜の違いから,必ずしも一致したものではなかった。しかし,顧頡剛が「中国本部」と「中華民族は一つ」で示した「疆域」観と「民族」観は,漢族と非漢族地域の区

別を取り払い，漢族による辺疆開発を学術的に保障する論理となった。

Ⅲ．抗戦期における中国辺疆学会の設立

1939年秋，顧頡剛は雲南を離れ，四川成都の斉魯大学国学研究所主任となった。成都にはすでに，四川大学と華西大学のほか，南京から金陵大学や金陵女子大学，また山東から斉魯大学が西遷しており，昆明と同じくここでも大規模な知的空間が存在していた。注目すべきは，当時の中国民族学会の主要事務が成都の民族学者を中心として執り行われていたことである。彼らは主に中国西南部の民族研究に従事し，民族研究所を多く設立していた［王：218-219］。成都は顧頡剛にとって，辺疆工作に携わる人材を得る最適の場であった。顧頡剛は，1940年8月から辺疆研究機関として中国辺疆学会の準備を行っていた。それは顧頡剛の辺疆工作活動が，新たな局面に入ったことを意味する。同月，顧頡剛は今日あるべき文化活動の中の新しく作り上げるものとして2点提起した。1点目は，民族意識を沸き起すために，民衆に精神的糧を与えることである。具体的には①大衆的な中国通史，世界史，中国地理，世界地理の編纂，②選集，詩集，格言集，故事集の編纂，③国民読本，自然科学や社会科学の常識を教え込むこと，である。2点目は，辺疆と内地の関係をつなぐこと，であり，そのために①材料を集め，系統的書籍を書き上げ，内地人の辺疆に対する注意を沸き起させる，②辺疆の人材と連絡を取り，その（筆者注：民国への）「内向心」を起させる，③計画を以って政府に貢献し，世論を巻き起こし，政府に実行に移すよう促す，としている［『顧頡剛日記』2007b：421-422］。

顧頡剛の辺疆工作に関する構想は，さっそく四川成都にて実行に移された。顧頡剛は，自らを理事とし，1941年3月1日成都に中国辺疆学会（以下略称：成都中国辺疆学会）を設立させた。その構成員は成都の華西大学を始め，金陵大学，金陵女子大学，斉魯大学，これらキリスト教系4校のほか四川大学の教授で組織された（表1参照）。

成都中国辺疆学会の発起人は，顧頡剛を中心に成都の社会学，民族学，歴史学に従事する知識人であった。これら知識人は，大きく歴史学系と社会学・人類学

表1　重慶中国辺疆学会と成都分会の構成員

学会名	重慶中国辺疆学会	成都中国辺疆学会→成都分会
成立年	1941年6月	1941年3月1日
理事・発起人・支持者	名誉会長： 　戴傳賢（考試院院長） 　于右任（監察院院長） 　孔祥熙（行政院副院長） 　呉忠信（蒙蔵委員会委員長） 　許崇灝（考試院秘書長） 　賀輝組　陳立夫 　朱紹良（第8戦区司令長官） 名誉理事： 　傅作義，鄧宝珊，谷正倫，馬鴻逵（第8戦区副指令長官兼第17集団軍総司令） 　馬歩芳（青海省主席）劉文輝（康西省主席） 　呉鼎昌（貴州省主席），沙王， 　章嘉呼圖克圖， 　策覚林呼圖克圖（西蔵） 　喜饒喜錯（青海），森且堪布，黄旭初 会長：趙守鈺 （国民党戦地服務団・当時国民党社会部） 予算の補助：3000元（2回）：傅作義 1000元：朱紹良，朱綬光 賀覚非（西康理化県長）500元：馬鴻逵 常務理事：趙守鈺，顧頡剛，劉家駒（蒙蔵委員会委員顧問），石明珠　黄次書，黄奮生 理事：趙守鈺　顧頡剛　馬鶴天　王則鼎　呉雲鵬，劉家駒，趙伯懐，石明珠，楊幹三　黄次書，黄奮生。 理事候補：白鳳兆，張西銘，荘学本，孫次舟	理事長：顧頡剛 成都の華西（都），金陵，金陵女大（南京），斉魯（山東）等キリスト教系4校の教授で組織　会員：40人 発起人 韓儒林：華西協和大学歴史系教授，華西協和大学中国文化研究所研究員 王栻：金陵大学歴史系 方叔軒：華西協和大学校長 李安宅：華西協和大学社会学系教授，人類学，華西辺疆文化研究所創設 朱恵方：金陵大学農学院教授 馮漢驥：四川大学歴史系教授，華西協和大学社会学系教授，人類学 柯象峰：金陵大学社会学系（37年45年）社会学 荘本学：西康省政府参議 聞宥：華西大学中国文化研究所主任・民族学 蒙文通：四川大学教授，歴史学 蒙思明：華西大学社会歴史系
発刊誌と主な執筆者	『中国辺疆』 執筆回数：黄奮生（10回）。顧頡剛，馬鶴天（6回）。賀覚非（3回）。黄次書，劉家駒，黎小蘇，陳文鑑（2回）。	『辺疆週刊』（『党軍日報』成都，副刊） 1942年3月20日～1943年8月5日 執筆回数：于式玉（華西辺疆文化研究所署員）8回，李得賢7回，必賢璋7回，鄭象銑5回，李安宅5回，陳宗祥5回，徐益棠（金陵大学社会学系辺疆社会教研室）4回。

出所：『蒙蔵月刊』第1巻第13・14合刊 [7-8]，『辺政公論』第1巻第1期～第4巻第7・8期，『中国辺疆』創刊号，第1巻第8・9・10合刊 [12]，第1巻第5・6期 [116-117]，第2巻第3・4期 [71]，第3巻第2期 [60]，第7・8合期，『辺疆週刊』第1期～第56期（第2, 6, 22, 23期を除く），王 [218-219]

系の2派に分類することができる。歴史系の韓儒林をはじめ蒙文通と蒙思明の兄弟は顧頡剛が抗戦前に活動していた禹貢学会の主要なメンバー，すなわち禹貢派と呼ばれる歴史家であった。また，李安宅など他の知識人は主に社会学や文化人

類学などの学術手法を用いる民族学者であった。成都中国辺疆学会は，歴史文献の分析を主とする禹貢派の歴史学者と欧米で習得したフィールドワークの手法を得意とする社会学や文化人類学の民族学者が結集し，抗戦期大後方での極めて専門的な学術機関となった[7]。ここに，その中核として両者の結節点となった顧頡剛の役割を確認できる。また，成都中国辺疆学会は，単なる学術機関ではなく，中央政府と地方政府に対して政策提言をすることをその設立目的とした。したがって，成都中国辺疆学会では，顧頡剛と民族学者とともに「民族の団結」の下での辺疆開発に重点が置かれた。

さらに，1941年3月の国民党5期8中全会では，重慶国民政府によって少数民族政策の拡充が図られた。そこでは，抗戦期における西北開発の必要性と辺疆研究機関の設立が提案された。それに伴い，同年6月，国民政府社会部によって重慶に中国辺疆学会（以下略称：重慶中国辺疆学会）が設立された。また9月には，国民党政権の少数民族管理部門である蒙蔵委員会の内部に，中国辺政学会が設立された。中国辺政学会の編集理事には昆明で顧頡剛と論争した費孝通の師である呉文藻が就任した［『辺政公論』1941：1-4］。このような国民政府による辺疆研究機関の設立は，各地域が独自に進めていた辺疆研究に影響を及ぼした。成都中国辺疆学会は，重慶中国辺疆学会の設立にあたり改名が決定し，そのことは顧頡剛に衝撃を与えた［『顧頡剛日記』2007b：522-523］。しかし，その後，顧頡剛は朱家驊に対して辺疆言語編纂委員会設立に向けての6つの条件を述べる際，成都中国辺疆学会が重慶中国辺疆学会の四川分会となることを承諾する旨を明らかにした。加えて顧頡剛は，辺疆工作の意義について以下のように説明した。「私は辺疆に大変関心があり，またこの問題の解決と将来の建国とは大いに関係があると考えている。今まさに，現在の抗戦に対する辺民の注意を利用し，辺民と中央政府との関係を強めることができよう」。また辺疆工作の重要性に関して，「私の経験によると，辺疆工作で最も重要なのは職業訓練班を設立し，公民教育，辺疆史地，医薬衛生，牧畜商業，辺地言語各種学科を教え，長年辺疆工作に携わる人材を輩出することである。かつ常に辺地の状況を報告し，連絡系統を作り上げることである」と各種辺疆工作を訴えた［『顧頡剛日記』2007b：526-527］。

こうして，成都中国辺疆学会は，1941年6月の重慶中国辺疆学会の設立に伴

い，その四川分会として位置づけられることとなった。その後，四川分会は1942年3月12日に機関誌『辺疆週刊』を発行するなど，成都中国辺疆学会時期の辺疆研究をより進展させた［『辺疆週刊』第1期］。重慶中国辺疆学会は，成都中国辺疆学会と同じく，辺疆問題と中央と地方政府間の各種事業における問題の解決を目指した。また注目すべきは，重慶中国辺疆学会は中央レベルでは社会部が組織するものの，実際には資金面などで傅作義，鄧宝珊，甘粛省主席谷正倫，馬鴻達など少数民族を有し，辺疆開発を押し進める地方軍事勢力者達がその運営を支えていた。彼ら西北地方の軍事勢力者たちは陝西省楡林において中国辺疆学会を設立しており，主に陝西や内モンゴルでの西北開発を推進する馬鶴天など辺疆工作者が研究活動を推進していた。この陝西における中国辺疆学会も重慶での中国辺疆学会の設立に伴い，陝西分会として位置づけられることとなった。ここに，中央政府，地方政府，知識人による重慶を中心とし，成都と陝西に分会を持つ中国辺疆学会の研究と活動を通して，抗戦中期の国民党政権の民族政策における政治と学術の接近がみられた。

むすび

　抗戦前期，近現代東アジアにおけるナショナリズムを背景として，中国東北部をめぐる日本と中国の学術上の衝突は，矢野仁一と，傅斯年や顧頡剛との言説の間に顕著に現れた。新しい統合原理の創出のために，顧頡剛ら禹貢派知識人は，孫文により提唱された「五族共和」にみられる種族主義的民族論を否定し，「抗日」という感情によって一体化された新しい民族概念を提唱した。種族主義的民族論は，少数民族の純潔性を担保し，内モンゴル自治運動にみられる独立運動へと発展する可能性を孕んでいたからである。また，『禹貢』では，この新しい民族概念を，内モンゴル地域へ適用することによって，非漢族地域を中国の「疆域」内に包摂することが可能となった。そして，その理論は，抗戦期に至り中国全土に適用された。

　抗戦期初期，顧頡剛は，戦前におけるこうした「民族」観と「疆域」観をより一層発展させた。中国の「疆域」設定に関しては，漢族の文化概念である「華」

の地域を，非漢族地域にまで引き伸ばし，中国「疆域」すべてを漢族を中心とした地域として設定した。そのため，中国の民族観に関しても，その「疆域」内部の構成員たる漢族と非漢族との差異が取り去られた，ひとつに融合した「中華民族」という概念が創出された。それは，個々の民族の独自性よりも中国国内の民族がひとつに融合することを奨励（実質的には漢族化）する作業であり，その延長線上に，中国の領域内における「華」の地域の拡大が求められた。その観点において，顧頡剛にとって最も重要な活動は，辺疆地域の「開発」すなわち辺疆工作であった。

中国の「領域」と「構成員」の定義は，顧頡剛の国家統合理論において表裏一体をなしていた。顧頡剛のこうした作業は，抗戦期における強烈なナショナリズムを背景として，単一な国民作りを目指し，極めて近代西洋主義的な国家形成を目指した知識人の試みでもあった。その作業は，抗戦中期に至り，国民政府，地方政府，知識人による中国辺疆学会の辺疆研究に受け継がれた。顧頡剛の「疆域」概念と民族論は，国民政府や地方政府の非漢族への民族政策と合致し，政府の民族政策に学術的正統性を与えた。加えて，抗戦前から抗戦期にかけて北平，昆明，成都と各地域を転遷した顧頡剛の辺疆観は，各地域における辺疆研究および辺疆工作に携わる中央，地方，知識人を結び付けた。こうした辺疆工作活動における顧頡剛の紐帯的役割は無視できない。また，抗戦中期において，蔣介石により発表された『中国の命運』における宗族論的民族論，すなわち，すべての民族は漢族の支系であるという民族論と顧頡剛の民族論とは，ともに少数民族の漢族への同化を促す側面で共通しており，両者は親和性を持っていた。

しかし，費孝通による顧頡剛の融合的民族論への反対など，抗戦初期の昆明において浮き彫りとなった知識人間における辺疆および民族観をめぐる意見の相異は，抗戦中期には辺疆研究及びその政策提言の内容に多様性を生みだした。また，戦後には「対外的な共通の敵」を失い，ナショナリズムが減退したことによって，少数民族による自治の主張と，戦時において発展した漢族による辺疆開発による非漢族地域の変革案が真っ向から対立した。国民政府は，終にその対立を解決しうる有効な中国の統合構想を提案できず，他方，共産党はその間，少数民族の支持獲得へと政策転換し，その結果，内戦に勝利することの一因となった。

顧頡剛の「疆域」観と「民族」論が戦後における西北開発推進派の知識人や省内自治を主張する省政府側の民族政策にいかに作用し，また少数民族側の自治の主張や共産党の民族政策といかなる対立点を持っていたのか，こうした抗戦期から戦後にかけての顧頡剛理論と中国政治との連続性の解明に関しては今後の課題としたい。

注

[1] 顧頡剛は1893年5月8日生まれ，江蘇省蘇州の人。1915年に北京大学本科哲学門に入学し，1919年に傅斯年の新潮社へ参加，1926年には『古史辨』を編集し第1冊自序を執筆した。なお，顧頡剛の少数民族観に関する先行研究はローレンス（Laurence, 1971）などもある。

[2] 清末における愛国主義については吉澤（2003），また文化人類学や人種主義の側面から中国の民族主義を考察したものでは坂元（2004）が詳しい。

[3] 傅斯年（1896～1950年）孟真，山東聊城のひと。1919年北京大学中文系を卒業し，ロンドン大学では歴史数学実験心理学を，ドイツベルリン大学で哲学と歴史を学ぶ。1928年より中央研究員歴史語言研究所所長，1929年北京大学歴史系教授を歴任する。満洲事変後，胡適とともに，『独立評論』を創刊する［田：195-201］。また，傅斯年の学術と政治の関係については，ワン（Wang, 2000）を参照。

[4] 「田中上奏文」とは，1920年代末から中国や欧米で流布した偽文書である。田中義一首相が東方会議において「満蒙積極政策」を昭和天皇に上奏したものと言われるが，31年の満洲事変，続く32年の満洲国の設立などにより，当時の中国人にとっては現実味を帯びて受け取られていた［服部：455-493］。

[5] 矢野仁一の満洲史観および満洲事変後の日本における「支那再認識論」については以下の文献を参照［西村1984, 2006］。

[6] 呉文藻は1916年にすでに「民族と国家」の中で，1民族1国家の理論に反対し，種族と民族，政邦と国家などの概念を分析していた。その後，呉文藻は，雲南大学に社会学系を創設し，費孝通と共に民族学を研究した［王］。

[7] 李安宅など成都における知識人の辺疆工作については，顧頡剛の中国辺疆学会のほかに中華キリスト教会とともに活動した辺疆服務団が挙げられる［楊天宏］。

文献

小倉芳彦（1987），『抗戦下の中国知識人―顧頡剛と日本』筑摩書房 383p.
片岡一忠（2006），「近現代中国における『西北』への関心と研究の歴史」『歴史人類』第34号 pp.1-62.
坂元ひろ子（2004），『中国民族主義の神話―人種・身体・ジェンダー』岩波書店 283p.
西村成雄（1984），『中国近代東北地域史研究』法律文化社 510p.
─── （2006），「日中戦争前夜の中国分析―『再認識論』と『統一化論争』」（岸本美緒編『「帝国」日本の学知（第3巻）東洋学の磁場』岩波書店）pp.293-332.
服部龍二（2005），「『田中上奏文』と日中関係」（中央大学人文科学研究所編『民国後期中国国民党政権の研究』中央大学出版部）pp.455-493.
松本ますみ（1999），『中国民族政策の研究』多賀出版 366p.
村田雄二郎（1998），「中華ナショナリズムの表象―顧頡剛における〈民族〉と〈文化〉」

『江戸の思想』第 8 号 pp.84-96.
毛里和子 (1998), 『周縁からの中国』東京大学出版会 354p.
矢野仁一 (1933), 『満洲国歴史』目黒書店 367p.
吉開将人 (2003), 「『中国歴史地図集』の論理—歴史地理と疆域観」『史朋』第 36 号 pp.32-48.
吉澤誠一郎 (2003), 『愛国主義の創成』岩波書店 262p.
陳増敏 (1937), 「察哈爾綏遠的歴史地理概観」『禹貢』半月刊第 7 巻第 8・9 合期 (1937 年 7 月) pp.12-13.
費孝通 (1939), 「関於民族問題的討論」『辺疆』第 19 期 (『益世報』副刊 1939 年 5 月 1 日第 4 版)
傅斯年編 (1932), 『古代之東北』傅斯年ほか共編『東北史稿：初稿』第 1 巻, 中央研究院歴史與語言研究所 138p.
『顧頡剛日記』(2007), 第 3 巻 (1933-1937) 聯經出版事業 756p.
『顧頡剛日記』(2007b), 第 4 巻 (1938-1942) 聯經出版事業 780p.
顧頡剛 (1934), 「発刊詞」『禹貢』半月刊創刊号 (1934 年 3 月) pp.2-5.
――― (1935), 「王同春開発河套記」『禹貢』半月刊第 2 巻第 12 期 (1935 年 12 月) pp.2-15.
――― (1937), 「中華民族的団結」『申報』1937 年 1 月 10 日
――― (1939), 「『中国本部』一名亟応廃棄」『益世報』1939 年 1 月 1 日第 3 版
――― (1939b), 「中華民族是一個」『辺疆』第 9 期 (『益世報』副刊 1939 年 2 月 13 日第 4 版)
――― (1939c), 「続論『中華民族是一個』答費孝通先生」『辺疆』第 20 期 (『益世報』副刊 1939 年 5 月 8 日第 4 版)
――― (1939d), 「続論『中華民族是一個』答費孝通先生 (続)」『辺疆』第 23 期 (『益世報』副刊 1939 年 5 月 29 日第 3 版)
華 (1939), 「読了顧頡剛先生的『中華民族是一個』之後」『辺疆』第 11 期 (『益世報』副刊 1939 年 2 月 27 日第 4 版)
黄天華 (2007), 「民族意識與国家観念—抗戦時期関於 '中華民族是一個' 的論争」『'1940 年代的中国' 国際学術検討会論文 (上)』2007 年 8 月 18 日 pp.156-167.
斉思和 (1937), 「種族與民族」『禹貢』半月刊第 7 巻第 1・2・3 合期 (1937 年 1 月) pp.1-10.
馬毅 (1939), 「堅強『中華民族是一個』的信念」『益世報』1939 年 5 月 7 日第 2 版
田亮 (2005), 『抗戦時期史学研究』人民出版社 358p.
王建民 (1997), 『中国民族学史』上巻 (1903-1949) 雲南教育出版社 461p.
楊天宏 (2006), 「戦争與社会転型中的中国基督教会—中華基督教会全国総会辺疆服務研究」『近代史研究』第 6 期 pp35-57.
楊向奎 (1939), 「所謂論漢族」『辺疆』第 30 期 (『益世報』副刊 1939 年 7 月 17 日第 4 版)
趙夏 (2002), 「顧頡剛先生対辺疆問題的実践和研究」『北京社会科学』第 4 期 pp.118-125.
竹元規人 (2006), 「顧頡剛、傅斯年和 1939 年有関中華民族的討論—対昆明《益世報》和傅斯年未刊草稿的分析」『第二届中国近代思想史国際学術研討会』中国, 山東省煙台 pp.126-138.
『辺疆週刊』(中国辺疆学会成都分会) 第 1 期 (『党軍日報』副刊 1942 年 3 月 20 日第 4 版) 〜第 56 期 (『党軍日報』副刊 1943 年 8 月 5 日第 4 版) ただし, 第 2, 6, 22, 23 期を除く

『辺政公論』(中国辺政学会辺政公論社) 第 1 巻第 1 期 (1942 年 3 月) ～第 4 巻第 7・8 期 (1945 年 8 月)
『蒙蔵月刊』(蒙蔵月刊社) 第 1 巻第 13・14 合刊 (1941 年 6 月)
『中国辺疆』(中国辺疆学会) 創刊号 (1942 年 1 月) ～第 3 巻 7・8 合期 (1944 年 8 月)
Laurence A. Schneider (1971), *Ku Chieh-Kang and China's New History: Nationalism and the Quest for Alternative Traditions.* University of California Press 351p.
Wang Fan-Sen (2000), *Fu Ssu-nien; A Life in Chinese History and Politics.* Cambridge University Press 277p.

10 蒙元時代における「中国」の拡大と正統性の多元化

堤　一昭

はじめに：研究の目的

　2005～2007年度に行われた大阪外国語大学中国文化フォーラムの研究プロジェクト「現代「中国」の社会変容と東アジアの新環境」での著者の役割分担は，地域（area）としての「中国」の歴史的形成過程を検討することであった。検討の結果，「蒙元時代[1]」（13～14世紀，いわゆるモンゴル帝国・元朝時期）が，「中国」という地域概念の形成過程の中で大きな画期をなすとの結論にいたった。その理由は，この時代には次の2つの特徴があるからである。

　第1は，「中国」という地域概念がこの時代に大きく拡大したことである。いわゆる「中国本土（China proper）」を超えて，北アジア（中国東北地方，内外モンゴリアなど）までをも含めた「中国」「中原」という地域概念が初めて出現した。南方の雲南・貴州が「中国本土」に包含されてゆく端緒もこの時代にある。

　また，政治・経済・社会的実態としても，この時代に初めて，北京（当時は大都）を政治の中心とし，長江下流域・珠江下流域を経済の中心とし，東南アジアに華人たちが拡がるという地域構造が出現した。北京の外港としての天津（当時は直沽），対外貿易港としての上海もこの時代に要地としてスタートする。現在の中国とそれをとりまく地域の構図は「蒙元時代」に起源するといえよう。この意味で現代の当該地域の諸問題（地域構造，文化，民族，宗教など）を考えるには，「蒙元時代」のそれらにまで遡って検討する必要があると言える。

　第2は，君主および支配の正統性を示す原理が，この時代に多元的になったことである。当時の元朝の領域内の「地域／人間集団」はそれぞれ異なった正統性

の原理を持っていた。また，それぞれの「地域／人間集団」が持つ，「中国」についての地域概念も異なっていた。したがって，第1に述べた「中国」という地域概念の拡大も，「地域／人間集団」の一部であった漢文化人（士大夫）に限定されていたと言える。

そうした限定はあるものの，君主および支配の正統性を示す原理が複数あり，「地域／人間集団」ごとに異なった原理によって，正統性を「使い分けた」点には注目すべきである。後の清朝（西暦18世紀後半，乾隆帝時代以降）が領域内各地域に対する正統性を「使い分けた」政策の先駆と考えられるからである。なお，乾隆帝時代に「新疆」やチベット地域の支配を確立した清朝の領域は，現在の中華人民共和国およびモンゴル国，トヴァ共和国の領域の基礎となっている。

さて本論文では，上述の「蒙元時代」の2つの特徴を検討する。なお，第1の特徴については別稿（堤 2007）で検討したことがあるため，できるだけ簡潔に言及するにとどめ，第2の特徴を主に検討の対象とし，その結果について素描を試みたい。

I．「中国」という地域概念の拡大

蒙元時代における「中国」という地域概念の拡大を象徴する語は「混一南北」である。たとえばこの時代に刊行された『事林広記』（百科全書，官僚のための行政・文化マニュアルのひとつ）に「大元皇帝，奄有天下，混一南北（大元皇帝は，天下をあまねく所有し，南北をひとつにした）」のように表れる[2]。この「混一南北」という語は，クビライ・カアン（忽必烈汗，いわゆる元の世祖）時期の「南宋」併合（西暦1276年～）以後の状況を表現するものである。

まず「混一南北」の前にある「天下」なる語は，宋代以降は儒教的な華夷思想のもとで皇帝の支配する「中国」に加えて，その周辺の「夷狄」の地域をも含めた概念であった［夫馬：xi］。「天下をあまねく所有し」とは「中国」「夷狄」の双方の地域を領有したということになる。それに続く「混一南北」は「南宋」併合による「中国本土の統一」を指すかに見えるが，ここでの「北」とは華北にとどまらず，いわゆる「長城」線以北をも含むと考えられる[3]。チンギス・カン（成

吉思汗）以来のモンゴル高原ほかの領域も含めて「混一」したと考えていると言えよう。大元「皇帝」の支配する「中国」は，それ以前の「中国」より画然と拡大していると考えられるのである（大元とは元朝の正式国号の一部）。

　「中国」という地域概念の拡大は，当時の漢文化人（士大夫）が，モンゴル帝国の君主がそれ以前の「中国」を支配しているという元朝治下の政治的現実を正統化したもの，つまりモンゴル帝国の君主（カアン，qa'an）を「中国」の「皇帝」として位置づけ，君臨・支配領域の実際に近づけようとしたものと考えられる。そこには正統な「皇帝」の支配する地域は「中国」であるという論理も看取できる。つまり君主の正統性と地域概念とが結びついていると言える。しかし，さすがにモンゴル帝国西方のジョチ・ウルス（いわゆるキプチャク・ハン国）等々は視界に入っていない点は，漢文化人の地理的知識の限界が背景にあるのだろう。

　また元朝時代には，歴代の君主が漢文化を好み，漢文化人を優遇したとのエピソードも好んで語られた（特に仁宗アユルバルワダ，文宗トクテムル）。現実には彼らは漢語も話さず，漢文も書かなかったのであるが，「中国」の「皇帝」としての「あるべき姿（当為，本分，Sollen）」が漢文化人によって創作されたのである。

　「中国」という地域概念の拡大は，歴史的に遡っても適用された。遼・南北両宋・金朝すべてと，元朝そのものが「中国」歴代王朝の継承者として設定された。クビライ以前のモンゴルの歴代君主（チンギス，オゴデイ，グユク，モンケ）も「中国」の正統の「皇帝」として位置づけられた（それぞれ太祖，太宗，定宗，憲宗）。また北アジアに出自して「中国」の一部をも領有した遼・金も，長い議論の結果ではあるが「中国」の王朝であるとされた。そしてその領域も北宋・南宋の領域もどちらをも合わせて「中国」であるという概念が出現した［古松］。そのため「正史」編纂事業では『宋史』のみならず，『遼史』『金史』も同時に編纂・刊行されたのである。

　以上に述べたように，チンギス・カン以降の君主を「中国」の「皇帝」と位置づけたのは，当時の漢文化人によるものである。だが，クビライ以降の元朝政権も中国本土を統治するための手段として，歴代の中国王朝的な集権行政システムを作り上げた。旧来は，これを理由にして，元朝政権は歴代の中国王朝と同質の

政権に変化したと理解された。しかし，中国王朝的な集権行政システムは，政権の一面の特徴に過ぎない。一方でたとえばチンギス・カン以来の一族・功臣への領地・権限分与などモンゴル起源の制度は続けられていたからである[4]。

なお，明代初期になっても，蒙元時代の「混一南北」の「中国」像は受け継がれた。しかし一方で，旧来の華夷概念が復活して，北アジアのモンゴルは「夷狄」であって「中国」ではない，「中国」には含まれないとも考えられた［堤2007：47-49；薄：161-165］。現在，「中国」という地域概念は中華人民共和国の領域を包含するが，そこへ到るにはなお歴史的変遷を経ることになるのである。

II. 君主および支配の正統性原理の多元化

蒙元時代，とくにクビライ以後，君主および支配の正統性を示す原理は，漢文化人による，「中国」の「皇帝」としての正統化のみであったのか。また，「中国」についての地域概念は，前節で言及したものだけであったのか。

答えはいずれも否である。正統性を示す原理，および「中国」という地域概念も多元化した。当時の領域内の「地域／人間集団」によって，正統性を示す原理，「中国」についての地域概念も異なっていた。本論文の冒頭で述べた「中国」という地域概念の拡大という画期的な事象も，多元化した原理の中のひとつ，漢文化人の正統原理およびそれに基づく地域概念から発したものであったのである。

当時の領域内，いわゆる「元朝」治下の社会の「地域／人間集団」のなかで注目するのは，政権に対して重要な機能を果たした4つの集団である。各集団とも出身地域の地理的なわくを超えて活動し，たとえば中国本土の中では4つの集団ともが共存する社会が存したため，地域ごとではなく「地域／人間集団」という分け方とした。以下に，それぞれの集団の機能を付して示す。

(0) 漢文化人：中国本土を中心とした行政担当。漢文化の担い手。
(1) モンゴル（Mongols）：政権中核。軍事，高級行政の担当。
(2) チベット（Tibet／Bod）仏教僧：政権の仏教儀式管轄。仏教高級行政，チベット行政の担当。
(3) イスラーム教徒（muslims，特にイラン系）：財政の担当。広域通商の担い手。

これら4集団が各々正統性を示す原理をもち，(0)(1)(2)の集団の原理によ

ってクビライ以降の元朝は正統化されていた。その原理および「中国」またはそれに相当する地域概念はいかなるものであったかを検討したい。(0) 漢文化人の有したそれらは，すでに前節 I で言及した。その特徴は，君主の正統性と地域概念とが結びついていると考えられる点にあった。つまり正統な「皇帝」の支配する地域は「中国」であるという論理である。では，こうした君主の正統性と地域概念の結びつきは，他の集団にもあるのだろうか。それも併せて，以下に (1) ～ (3) の各々の集団について検討する。

1) モンゴル（政権中核。軍事，高級行政の担当）

　クビライ以後の元朝においても，君主（カアン，qa'an）を頂点とする后妃・諸王たちや部族長らのモンゴル貴族層が政権の中核であることに変化はなかった[5]。また軍事，中央・地方の高級行政に関わる官職もモンゴル出身者が多く占めたことは，清代に趙翼が『廿二史箚記』巻 30「元制百官皆蒙古人為之長」で指摘したとおりである。もっとも，ここでの「モンゴル」は現在の民族概念ではとらえきれず，どこまでが「モンゴル」かの区別は難しい。文化的社会的にモンゴル化した漢人たちも当時は「モンゴル」の一部と認識されていた可能性もあるからである。たとえば，済南の張榮の一族はチンギス・カンの弟のカチウン王家と姻戚関係にあり，モンゴリア東南端のカチウン王家の宮廷と済南を行き来していた。彼らはモンゴル名も併せ持つ漢蒙のバイリンガルであったと考えられる [堤 1995]。

　さて，モンゴルの君主および支配の正統性を示す原理について注目すべきは以下の 3 点である。

　　a. 君主と臣下の関係の原型としてのトゥス・カン（tus qan）とネケル（nökör）との関係。
　　b. 君主の正統性の確認としての，君主即位の際の誓詞（möčelge）の提出。
　　c. モンゴル帝国全域における，チンギス裔およびクビライ裔の正統性の認識。

　a. 下の引用は『元朝秘史』に見えるトゥス・カン（tus qan）とネケル（nökör）との関係を示す記述の一例である（巻 8, §200）。チンギス・カンの好敵手ジャムカを裏切って，ジャムカをチンギスに引き渡したジャムカの臣下に対するチンギスの言葉である [村上：327-328，（　）内は堤による補足]。

180　第 1 部　制度変容と社会的凝集力

　　チンギス・カハンには聖旨を下さるるよう，「己がまことの君主（tus qan，正主）
　　に手を掛けたる人をいかで生かして置こうぞ。かかる人は誰がもとでか［良き］
　　僚友（nökör, 伴當）になり得よう。己が主君に手を掛けたるものどもは，その
　　親族にいたるまで斬らしむべし」との御諚があった。

　この記述から，ネケル（僚友，nökör）となった者は，正統と認めた主君トゥス・カン（tus qan）に対して，どのような事態でも忠誠を尽くすべきである，という思考が読みとれる。チンギス・カンは，トゥス・カンとネケルとの君臣関係を極めて重視したことが『元朝秘史』の各処から確認される[6]。

　b. 第 2 代オゴデイ・カアンの即位以来，君主の即位の際には，諸王・諸将たち全員が新君主の正統性を確認した誓詞（möčelge）を書いて提出する制度があった［本田 1991］。チンギスの遺命による彼の即位の際には，オゴデイ本人のみならず彼の後もオゴデイの子孫が君主を継ぐべきであるとの文言が誓詞にあったと伝えられる。ここから，君主の代替わりの度に諸王・諸将たち全員の協議，クリルタイによって新君主を選出しようとする部族主義が後退し，前君主の子孫に君主の地位を承継させようとする血統主義・正統性の認識が出現したことが分かる。ただしオゴデイの子孫の承継は続かず，クビライ以後は彼の子孫がモンゴルの中での「正統」として，1388 年のトグステムルの死まで君主の地位を承継していった。

　c. クビライ即位以後，帝国西方のジョチ・ウルス，チャガタイ・ウルスは政治的独立の度合いを強めた。だが，従来の理解のように帝国が分裂したとするのは正しくない。クビライと友好関係にあったフレグ・ウルス（いわゆるイル・ハン国）はもちろん，ジョチ・ウルス，チャガタイ・ウルスの君主たちも，クビライ以降の元朝政権の君主をモンゴル帝国全体の君主として，その宗主としての正統性を認め続けていたからである。

　それは，君主以下の支配者たちが発行した「モンゴル命令文」から明確に判明する。命令ほか保護特許，叙任，外交書簡など様々な目的で発行され，モンゴル語以外にも多言語・多様な形で現存するが，それらは共通の書式によって書かれている[7]。西方のジョチ，チャガタイ，フレグの各ウルスでは君主はカン（qan）と称し，カンより一段上とされた元朝の君主のカアン（qa'an）をけっして名乗

ることはない。また君主の命令も，カアンによるものだけがジャルリク（jarliɤ，漢語では「聖旨」）と呼ばれ，各ウルスの君主によるものは，ウゲ（üge，漢語では「言語」）と呼ばれるなど，君主の称号と発行文書の名称で区別されている［杉山 2004：393-394］。これは，クビライ即位以後もモンゴル帝国全体で，クビライとその子孫がチンギス以来の正統を継ぐものという意識があったことの証拠である。

　次に，当時のモンゴルが持っていた地域概念および「中国」に相当する地域の概念について考えたい。注目すべき特徴は，a～e の 5 点である。
　　a. 地域概念の原型としてのイルとブルガの二分法。
　　b. 人の集団としての国（ウルス，ulus）。
　　c. モンゴル・ウルスの多重性。
　　d. 点と線，すなわち拠点都市と交通ルートを重視した支配。
　　e. 漢文化人による新たな「中国」地域概念が稀薄であること。

　a. モンゴルの地域認識の原型は，イル（il，和平・仲間）とブルガ（bulɤa，不服従・敵）の 2 区分からなる認識と思われる。第 3 代のグユクが 1246 年にローマ教皇に送った書簡に捺された印璽の文には「il bulɤa irgen（服従する（民），背く民）」という 1 節があった［杉山 1996 上：119-120；伯：28］。地域でなく人間集団（民，イルゲン，irgen）に注目した区分である点，また自らの秩序の下にある部分とそれ以外の部分との二分法が，(3)で述べるイスラームの地域認識と類似する点が注目される。

　b. 地域認識の原型が地域でなく人間集団による区分であったのと同様に，モンゴルでは国家を意味する語，ウルス（ulus）も人の集団としてまず概念され，国家が支配する面としての地域の意識は相対的に薄いと考えられる。ペルシア語で残されたフレグ・ウルスのガザン・カンの命令の文章の中に，ウルスが人間集団を念頭においていることが判明する 1 節がある［本田 1991b：239］。「版図を拡大するためにはあらゆる困苦・欠乏に耐え，国（ūlūs va mamālik）を立派に整えて」のようにウルスと国家・国土を意味するペルシア語 mamālik（アラブ語からの借用語）を同格に列ねている箇所（va は英語の and に相当）では，ウルスは地域概念をも含んで国・国家を意味していると考えられるが，同一の文章中の

「モンゴルの民（ūlūs mughūl）は，…徴発・重荷を課され」でのウルスはまさに人間集団としての意味である。

　c. 前節でも言及したように，クビライ政権成立以後もチンギス・カン以来の一族・功臣への領地・権限分与の制度は続けられていた。中国歴代王朝のような州県制が布かれたように見える中国本土でも，西方のジョチ，チャガタイ，フレグの各ウルスの諸王も含めた支配者たちの大小様々な所領・権益とカアンの領土がモザイク状に入り交じっていた。モンゴルの国家は，支配の権限も含めて多重の構造を持っていたのである。

　d. モンゴルは「中国」を含む各地の支配において，拠点都市・地点とそれを結ぶルートの把握をなにより重視した。この時代に始まった「行省（行中書省）」も，地図を見慣れた現代の我々は面的にイメージしがちだが，実際は中央行政機関の中書省の官職を帯びて拠点都市に派遣した人員がその原型である［前田；堤1996, 2000］。そのため「行省」は拠点都市の名称を冠して称されることも多かった。拠点都市から伸びる重要な交通ルート沿いに「行省」の管轄区域は拡がったために，南中国の「江浙」「江西」「湖広」の3省のような，中国の歴史上に前例のない大きい地方区分が誕生することになったのである。

　e. すでに述べたように，新たな「中国」地域概念が出現した。ところがモンゴル自身にはこの概念は稀薄で，その新たな「中国」に相当する単語がそもそも存在しない［堤2007：45-47］。「中国」についての彼らの地理概念は，フレグ・ウルスで編纂されたモンゴルの「正史」というべき『集史（史集）』中のいわゆる「中国史」篇の緒言から探ることができる［本田1991c；王：114-117］。そこでは，旧金領に相当する「ジャウクト（Jauqut）」または「チン」「ヒタイ」と呼ばれる国と，旧南宋領に相当する「マンジ」または「ナンキヤス」「マハーチン」なる国の存在が述べられるが，旧金領と旧南宋領を合わせてひとつの全体であるという記述は無い。ひとつの全体であるとの認識が無いからこそ，篇名も「チンとも言われているヒタイおよびマチン国の帝王たちの歴史」と2つの「国」名を列ねて表現しなければならなかったのである。

　以上のようにモンゴルは，君主および支配の正統性を示す原理，および地域概念および「中国」に相当する地域の概念とも，漢文化人のそれとは全く別個のも

のを有していたと言える。

2）チベット仏教僧（政権の仏教儀式管轄。仏教高級行政，チベット行政の担当）

　この時代，モンゴルとチベットの本格的な関係が始まるのは，オゴデイの子コデン（Köden）が1239年にチベットに進軍してからである。サキャ派など仏教教団を核として分立していたチベット各地の政治勢力はその後，各々モンゴルの有力な数個の王家との間に，仏教思想に基づく「帰依処」と「施主」の関係を結び，経済的・軍事的援助を得た。クビライの信任を得たサキャ派のパクパ（'Phags-pa）は，クビライ政権成立以後「国師」ついで「帝師」に任じられ，彼以後も14世紀半ばまで歴代の「帝師」はサキャ派出身者であった。「施主」たる元朝から特別な厚遇を受けたサキャ派はチベット全土に勢力を及ぼすことになった［中村1997］。

　特に注目されるのは，パクパが仏教思想に基づいてクビライとその政権を正統化する理論づけをしていったことである［石濱1994］。パクパの進言によりクビライは，大都宮殿の正殿の大明殿の御座上に「白傘蓋」を置き，宮城正門の崇天門に「金輪」を掲げて，「金転輪王が四天下を統制するを表」した。クビライを仏教思想の「金輪転聖王」，すなわち正義を以て世界すべて（4大洲）を治める最高の君主とみなして，君主とその支配が正統化されたのである[8]。「白傘蓋」が象徴する「白傘蓋仏母」も当時のチベット密教で「転聖王」を尊格化したものである。「帝師」制度が続いた以上，こうした正統化も継続されたと考えられる。

　パクパ以来，サキャ派の仏教僧は大都に次々と建設された大寺院で，政権のための仏教儀式を管轄した。彼らはそれ以外にも，政権で重要な機能を果たした。全領域の仏教高級行政およびチベット行政が，事実上彼らに委ねられたのである。「帝師」に直属し，「帝師」が長2人のうち1人の任命権を持つ官署「宣政院（当初は総制院）」が設けられた[9]。「帝師」からチベットや中国本土の大寺院へ宛てた命令文書が文書・碑刻の形で現存する［中村2002］。彼らは中国の行政の一部まで掌握していたのである。

　では，サキャ派ほかチベット仏教僧が持っていた「中国」またはそれに相当する地域についての概念はどのようであったか。14世紀に書かれたチベット語史書『フゥラン・テプテル（紅史）』の構成［稲葉ほか；陳ほか訳］から，当時彼

らは，4つの大地域概念（南のインド，東の中国本土，北のミニャク（西夏）・モンゴル，自らのチベット）を持っていたと考えられる。この史書の中国史の記述の末尾には，モンゴルによる金と南宋の征服の記述はあるが，中国本土の統一という概念は稀薄であり，またモンゴルと中国本土を合わせたような地域概念も見いだしがたい [10]。

以上のようにチベット仏教僧はチベット仏教の原理により，漢文化人とは別個に君主および支配の正統性を示した。また漢文化人が提出した北アジアまで含めた「中国」という概念は無かったと言える。

3）イスラーム教徒 muslim（特にイラン系）（財政の担当。広域通商の担い手）

元朝ほかのモンゴル諸政権で，特にイラン系のイスラーム教徒が，財政関係の要職に就いた例は数多く認められる。彼らは漢文化人に比して，政権中枢により近い地位で絶大な権力を有していたが，地位は君主の恩寵次第で必ずしも安定していなかった。クビライ時代の財務庁（尚書省）の長官アフマッド（阿合馬）が典型的な例である。クビライの信任を得た彼は一族を財政関係，また中国各地の拠点都市の財政・通商の要職に就かせ，行政全般を左右するほどの権力を振るった。だがクビライの後継者に擬されていたチンキム（真金）と対立し，また通商重視の施策は漢文化人らの反発を招いた。アフマッドが対立勢力に暗殺されると，一転して罪状が暴かれて一族の要人はみな粛清された［堤 2000：15-23］。フレグ・ウルスのガザン・カンの改革政治を支えた宰相で，『集史』の編纂者として名高いラシード・ウッディーンも，次の君主オルジェイトの時代に寵を失って処刑されている。

彼らイスラーム教徒は権力を得ても，政権そのもの，つまりモンゴル自身には属せなかったのである。イスラーム教徒の屠畜法「宰殺」をめぐるクビライ時代の禁令などイスラームの信仰をめぐる政権とのトラブルもあった［堤 2006：165-166］。イスラーム教徒とモンゴルの政権との間には，つねに緊張をはらむ関係があったと考えられる。

イスラーム教徒が自らの論理で，モンゴルの君主および支配の正統性を論じるようになったのは，モンゴルの君主自身がイスラームに改宗してからである。ただしそれは西方のジョチ，チャガタイ，フレグの各ウルスでのことであり，元朝

ではクビライの子アーナンダの改宗の例などはあるものの部分的一時的なものに止まった。

　フレグ・ウルスのガザン・カン（位1295〜1304年）のイスラーム改宗（1295年）以後，ペルシア語で発された勅書 yarlīgh／farmān（「モンゴル命令文」に準ずる様式）の冒頭定型句から，イスラーム教徒の論理による，モンゴルの君主および支配の正統化の例を見たい［小野：211-213］。文書書式上，権威の秩序を表現する改行をそのまま示す。

　　モンゴル軍人へのイクター授与に関する勅令の写し
　　慈悲深く慈愛遍しアッラーの御名のもとに
　　至高なるアッラーの力のもとに
　　またムハンマドの信仰の幸運のもとに
　　スルタン・マフムート・ガザンの命令

　ここでは君主および支配の正統性の源が「アッラー」，「ムハンマド」に求められている。イスラームに改宗していない元朝の君主の文書ならば，該当箇所は「長生の天（tengri）の力」「大福蔭の護助」といったモンゴル伝統の信仰が表わされる［小野：206-207］。君主および支配の正統性を示す部分をそっくり入れかえなければならないほど，イスラーム教徒にとっての信仰とモンゴル伝統の信仰とは相容れがたい要素があったと考えられる。

　次に，イスラーム教徒がモンゴル帝国や新たな「中国」に相当する地域をどのような地域概念をもって見ていたのであろうかを考えたい。

　イスラーム法学において，世界の地域を「イスラームの家（dār al-Islām，ダール・アル＝イスラーム）」（イスラーム法の支配する地域，いわゆるイスラーム世界）と「戦いの家（dār al-harb，ダール・アル＝ハルブ）」（異教徒の法の支配する地域）に二分する考えがあることはよく知られている［古賀：618-619］。その考えには，支配の正統性と地域概念との結びつきが見られる。しかし，蒙元時代のように様々な人間集団が広い範囲を往来し共存する時代には，単純な二分法では複雑な各地域の現実の政治・社会状況は理解し難かったはずである。

　当時のイスラーム教徒の地域認識を詳細に読みとれる格好の史料がある。モロッコ出身でユーラシア東西を往来したイブン・バットゥータの『大旅行記』であ

る。『大旅行記』の日本語全訳注を作成した家島彦一は，イブン・バットゥータの旅行と彼の世界像を分析した。それによると，「元朝」治下の「中国」は，「イスラームの家」と「戦いの家」との間にある「境域イスラーム世界」（他にインド，中央アジア，ブラック・アフリカなど）に位置づけられる。この地域は，「未開なイスラームの世界」で，「現実・可視の世界」と「幻想・空想の世界」の間の「驚異・驚嘆の世界」であり，葛藤と緊張の場であったという［家島 2003：278-281］。

イブン・バットゥータ自身の 14 世紀半ばの中国来訪については疑念も持たれているが，彼の以下の叙述は，この地域に生きるイスラーム教徒の緊張感を代弁したものと言えるのではないか。（　）内は堤による補足である。

> シナ（南中国，原語は al-Sīn）地方は，国としてはまことに素晴らしいところだが，…異教徒たちがシナの絶対的支配権を握っているため，私の心はいつも［不安で］激しく動揺していた。自分の宿泊所を出ると，私は［イスラム法の掟から外れた］たくさんの罪深い事柄に遭遇したので，…やむを得ぬ時を除いて決して外出しないようにした。だが一方，そこでイスラム教徒たちを見かけた時には，私はまるで自分の家族や近親者にでも合ったような気分になった［家島 2002：38］。

イスラーム教徒は，華夷概念に基づき世界の中心として「中国」を位置づける伝統的な漢文化の地理概念とはまったく異なる見方でモンゴル帝国や新たな「中国」に相当する地域をとらえていたのである。そこには，当時の漢文化人が懐いた新たな「中国」地域概念はまったく表れない。

むすび

以上，蒙元時代における「中国」という地域概念の拡大と，君主および支配の正統性原理の多元化について検討を列ねてきた。「中国」の拡大は，当時の漢文化人が元朝治下の政治的現実を正統化するなかで出現した。他方，政権で重要な役割を果たしたその他の「地域・人間集団」は，まるで同床異夢のようにそれぞれ別個に君主の正統性に関する考えおよび地域概念を持ちつつ，元朝治下の社会で共存していたのである。

得られた検討結果から導かれる課題は多い。それぞれの集団は互いの意識の違いをどの程度自覚していたのか。相互に何らかの影響はあったのか。中国本土に限らない「中国」概念の出現,君主および支配の正統性原理の使い分けは後世の明朝,特に清朝につながると考えられるが,具体的にどう継承されたのか。また,地域や人間集団に応じての正統性原理の使い分けは,「帝国」通有のあり方なのかどうか。また現代の地域概念,君主および支配の正統性の概念との類似と相違や,歴史的系譜関係も大いに検討の価値があるだろう。

大事年表

1206:テムジンの即位(初代),チンギス・カンと号する。
1215:中都(現在の北京)攻略,金の南遷。
1227:チンギス・カン没,西夏滅亡。
1229:オゴデイ即位(第2代,位〜1241)。
1234:金の滅亡。
1246:グユク即位(第3代,位〜1248),使者カルピニにローマ教皇への返書を託す。
1251:モンケ即位(第4代,位〜1259)。
1260:クビライ即位(第5代,位〜1294)。中統と元号を立てる。
1264:アリクブケ投降,内戦終結。至元と改元する。
1271:国号を「大元」とする。
1276:臨安(杭州)開城,南宋の接収。
1295:フレグ・ウルスでガザンが即位し(位〜1304),イスラームに改宗する。
…………
1368:トゴンテムルの大都放棄。朱元璋の即位(大明)。
1388:トグステムルが殺され,クビライ裔が断絶する。

注

[1] 本稿での「蒙元時代」とは,13〜14世紀のモンゴル帝国・元朝の歴史を現代中国で総称する「蒙元史」に基づき,日本でいう「モンゴル時代」に相当する語として用いている[杉山2000:149-151]。
[2] 『事林廣記』には各種の版本があるが,たとえば[陳:235] 癸集上巻・地輿類の「歴代国都」の最後の部分(2a)参照。
[3] 『事林廣記』の癸集上巻・地輿類の「大元混一之図」では,いわゆる万里の長城とそれ以北も含めて描かれている[陳:236]。「混一」された「南北」は,通常の南中国・北中国の範囲を超えると考えざるを得ない。理念上「中国」と北アジアの政権の領域を画した長城の南北という意が含まれているのかも知れない。
[4] [堤1995]。なお李(1992)は,分封制度の全体を検討した,ほぼ唯一の専著であるが,日本でも本田實信・杉山正明・松田孝一・村岡倫ら数多くの研究者が取り組んできた問題である。これらを総合した再検討が待たれる。
[5] 歴代の君主はあくまでモンゴルのカアンであり,国号も「大元大モンゴル国」であるが[杉山1996下:38-39],「皇帝」として「中国」をも支配した。これに類した君主の称号の二元性は,時期は短いものの唐の太宗皇帝が「天可汗」の称号を奉られた

という先例がある［劉：39-40；司馬：6073］．
6) tus qan なる語が『元朝秘史』で注目すべきことは，1985年原山煌より受業の折に教示された［Rachewiltz：539, 543-544］．
7) ［杉山 2004；小野］．元朝の中書省や御史臺高官の任命文書も，たとえ「制」と題され漢文雅文で記されていても，この共通書式に則ることは，堤（2003）参照．
8) 期間は短いが則天武后の先例がある．693年，彼女は政権（周）を正統化するため，「金輪」の語を自らの称号「聖神皇帝」に加え，転輪聖王が所持するという七宝を製作して陳列した［劉：123；司馬：6492］．
9) 『元史』巻87百官志三「宣政院，秩従一品．掌釈教僧徒及吐蕃之境而隸治之．…其用人則自為選．其為選則軍民通攝，僧俗並用」［宋：2193］．『元史』巻202釈老傳「世祖…乃郡県土番之地，設官分職，而領之於帝師．乃立宣政院，其為使位居第二者，必以僧為之，出帝師所辟挙，而総其政於内外者，帥臣以下，亦必僧俗並用，而軍民通攝．於是帝師之命，与詔勅並行於西土」［宋：4520］．
10) 趙太祖（北宋の初代皇帝）の王統が続いた後，遼（正しくは金）が北宋の領土の半ばを取り，康王（南宋の高宗）が蛮子（Sman tshe，マンジ，南中国）に逃れ領土の半ばを保ち宋（南宋）を称したこと，遼が金に代わられたこと，チンギスにより金が征服されたこと，およびクビライの時代にバヤン丞相（南宋遠征の総司令官）により蛮子が征服されたことを記す．だが蛮子を征服したことで金の領土と併せて中国を統一したという意識を示す記述はない［稲葉ほか：59；陳ほか訳：22］．当該箇所について『フゥラン・テプテル（紅史）』を引用する『青史』でもほぼ同様である［郭訳：35-36；Roerich：55-56］．

文献

石濱裕美子（1994），「パクパの仏教思想に基づくフビライの王権像について」『日本西蔵学会会報』40, pp.1-14.
稲葉正就・佐藤長（1964），『フゥラン・テプテル―チベット年代記』法蔵館 232p.
小野浩（1997），「とこしえなる天の力のもとに」（『岩波講座世界歴史11 中央ユーラシアの統合』岩波書店）pp.203-226.
古賀幸久（2002），「ダール・アル=イスラーム」「ダール・アル・ハルブ」（大塚和夫他編『岩波イスラーム辞典』岩波書店）pp.618-619.
杉山正明（1996），『モンゴル帝国の興亡』上・下巻，講談社 233p, 281p.
――― (2000)，「モンゴル時代史の研究―過去・現在・将来」（『世界史を変貌させたモンゴル―時代史のデッサン』角川書店）pp.149-226.
――― (2004)，「モンゴル命令文研究導論」（『モンゴル帝国と大元ウルス』京都大学学術出版会）pp.372-402.
堤一昭（1995），「李璮の乱後の漢人軍閥―済南張氏の事例」『史林』第78巻6号 pp.1-29.
――― (1996)，「元朝江南行臺の成立」『東洋史研究』第54巻4号 pp.71-102.
――― (2000)，「大元ウルス治下初期江南政治史」『東洋史研究』第58巻4号 pp.1-32.
――― (2003)，「大元ウルス高官任命命令文研究序説」『大阪外国語大学論集』第29号 pp.175-194.
――― (2006)，「多文化社会の諸相―モンゴル時代（十三〜十四世紀）の東アジア」（細谷昌志編『異文化コミュニケーションを学ぶ人のために』世界思想社）pp.153-168.
――― (2007)，「『中国』の自画像―その時間と空間を規定するもの」（西村成雄・田中仁編『現代中国地域研究の新たな視圏』世界思想社）pp.30-61.
中村淳（1997），「チベットとモンゴルの邂逅」（岩波講座世界歴史11　中央ユーラシ

アの統合』岩波書店) pp.121-146.
——— (2002),「元代チベット命令文研究序説」(松田孝一編『碑刻等史料の総合的分析によるモンゴル帝国・元朝の政治・経済システムの基礎的研究』) pp.69-85.
薄音湖 (2001),「明朝から見たモンゴルとモンゴルから見た明朝」『日本モンゴル学会紀要』第 31 号 pp.161-165.
夫馬進 (2007),「まえがき」(夫馬進編『中国東アジア外交交流史の研究』京都大学学術出版会) pp.ix-xviii.
古松崇志 (2003),「脩端『辯遼宋金正統』をめぐって」『東方学報 京都』第 75 冊 pp.123-200.
本田實信 (1991),「モンゴルの誓詞」(『モンゴル時代史研究』東京大学出版会) pp.53-67.
——— (1991b),「フラグ・ウルスのイクターiqta°制」(『モンゴル時代史研究』東京大学出版会) pp.234-260.
——— (1991c),「ラシード・ウッディーンの『中国史』」(『モンゴル時代史研究』東京大学出版会) pp.387-404.
前田直典 (1973),「元朝行省の成立過程」(『元朝史の研究』東京大学出版会) pp.145-202.
村上正二 (1972),『モンゴル秘史2』(東洋文庫 209) 415p.
家島彦一 (2002),『大旅行記7』平凡社 (東洋文庫 704) 366p.
——— (2003),「結び イブン・バットゥータの旅の虚像と実像」(『イブン・バットゥータの世界大旅行—14 世紀イスラームの時空を生きる』平凡社) pp.271-284.
北京図書館善本組輯 (1983),『析津志輯佚』北京古籍出版社 262p.
伯希和撰, 馮承鈞訳 (1994),『蒙古與教廷』中華書局 251p.
陳慶英・周潤年訳 (1988),『紅史』西蔵人民出版社 354p.
陳元靚撰 (1999),『事林廣記』中華書局 572p.
郭和卿訳 (1985),『青史』西蔵人民出版社 718p.
李治安 (1992),『元代分封制度研究』天津古籍出版社 345p.
劉昫等撰 (1975),『旧唐書』中華書局 5407p.
司馬光編著 (1956),『資治通鑑』中華書局 9612p.
宋濂等撰 (1976),『元史』中華書局 4678p.
王一丹 (2006),『波斯拉施特《史集・中国史》研究與文本翻訳』昆侖出版社 261p.
Rachewiltz, Igor de (2006), *The Secret History of the Mongols: A Mongolian Epic Chronicle of the Thirteenth Century*. Leiden-Boston, Brill, 1347p.
Roerich, George N. (1976), *The Blue Annals*. Delhi: Motilal Banarsidass Publishers 1275p. (Reprint, 1995)

第 2 部
アジア太平洋戦争と東アジア地域秩序

1945 年 9 月 3 日「慶祝世界勝利日」大会での蔣介石
(秦孝儀編『中国国民党政治発展史』第 3 冊, 近代中国出版社, 1985 年)

1 1930〜50年代のアジア国際経済秩序

秋田　茂

I．国際経済秩序再考

　近年国際関係史や国際経済史の領域において，従来の通説的議論に根本的な見直しを迫る新たな解釈が提起されている。このうち，イギリス帝国史研究の領域では，P.J.ケインとA.G.ホプキンズが提唱する「ジェントルマン資本主義」論（Cain and Hopkins, 2001）が，またアジア経済史研究では，杉原薫らによる「アジア間貿易」論［杉原 1996］が注目に値する。また筆者は，日本・イギリス・アメリカ・台湾の研究者と，1930年代のアジア国際秩序に関する共同研究を行い，その成果は既に日本語の論文集［秋田ほか編］として刊行した。その後，研究の射程を1950年代に広げ，国際経済史学会（ブエノス・アイレス）やAAS（Association for Asian Studies）2004年度大会（サン・ディエゴ）での成果報告・討論を経て，現在，英語の論文集［Akita and White eds.］の編集作業も進めている。また，戦後のアジア国際秩序に関して，渡辺昭一氏やB.R.トムリンソン，N.ホワイト等と国際共同研究を進めており，その成果の一部も論集にまとめた［渡辺編］。

　本章では，こうした内外での最新の共同研究の成果をふまえて，新たな世界史の模索である「グローバルヒストリー」構築の一環として，第2次世界大戦をはさんだ1930〜50年代のアジア国際経済秩序を連続性の観点から再考する。その際に，戦前の「帝国」秩序の崩壊（脱植民地化）とヘゲモニーの移行（パクス・ブリタニカからパクス・アメリカーナへ）の関連性，国際金融面でのスターリング圏の重要性に着目し，イギリス帝国がアジア国際経済秩序の形成と維持の過程で果たした歴史的役割を再検討したい。

II. 1930年代のアジア国際経済秩序：経済外交論

　最初に本章の議論の大枠を説明しておきたい。本章では，19世紀のヘゲモニー国家イギリスのグローバルな影響力と，20世紀前半とりわけ戦間期の1930年代におけるその変質に着目してアジア国際経済秩序を再考する。

　イギリスの場合は，伝統的に植民地や勢力範囲を軍事力でコントロールする公式・非公式の「帝国」を拡大すること，その中心としてのインドの植民地化を進めることが，19世紀中葉にヘゲモニー国家としての地位を確立するに際しての基本的な枠組みであった。この枠組みが，その後次第に「帝国」という領域限定的で軍事力・政治力によって規定される権力だけでなく，グローバルな経済的影響力（たとえば自由貿易体制や基軸通貨としてのスターリング）を，ヘゲモニー国家の基本的な要素に組み込んでいくことになった。やがて，後者のグローバルな経済的影響力が次第に前者の軍事・政治力に取って代わるようになる。こうした国民国家や帝国の領域性を超えて行使された相対的な衰退期のヘゲモニー国家のプレゼンスを，「構造的権力」と規定したい［秋田 2003］。

　また以下では，「構造的権力」の構成要素を，現代世界の一体化・グローバリゼーションを推進する4つの要因（モノ・ヒト・カネ・情報）と関連づけながら，生産部門と金融・サーヴィス部門の両方を含む経済構造を中心に論じる。というのも，最近のイギリス帝国経済史研究では，ジェントルマン資本主義論の登場により，イギリス経済利害に関して，産業革命以来のモノの生産力拡大，マンチェスターの綿工業利害やバーミンガムの機械・金属製品等の資本財輸出よりも，ロンドン・シティの金融・サーヴィス利害の膨張とその影響力の拡大の方が重視されるようになった。19世紀半ばに確立されたイギリスを中心とする自由貿易体制は，従来のような製造業利害（産業資本）の世界展開というよりも，資本輸出・海上保険・海運業等の金融・サーヴィス利害の世界的規模での拡張過程と結びつけて理解されるようになった［Cain and Hopkins］。本章では，こうした最近のイギリス経済構造の理解（ジェントルマン資本主義）を前提にして，生産・製造業部門と金融・サーヴィス部門の関係を考察する。特に，イギリスの海外膨張の被対象地域とイギリス本国との関係性・相互連関性を明らかにするためには，本国

の経済利害と被対象地域の経済利害との関係を考察することが不可欠であるからである。

以上のような考察の枠組みを前提にして，本節では，まず1930年代のアジア国際経済秩序に言及する。この時期の国際秩序においてイギリスが果たした役割は相対的に低下して，その重点は経済構造に移行した。他方で，他の列強諸国やアジア諸地域の独自性と自立性が強まる傾向にあった。

世界恐慌のイギリス帝国に対する影響は，やや遅れて1930年代初めに及んできた。ここでは，1930年代のイギリス本国および帝国「周辺」地域の対応とアジア国際経済秩序との関係に着目する。通説的理解によれば，イギリス帝国の世界恐慌への対応は，オタワ体制とスターリング圏の形成とされる。1931年9月にイギリスは国際金本位制から離脱して，ポンドを切り下げて管理通貨制度に移行した。1932年3月には輸入関税法を制定し，一律10％の輸入関税を導入した。さらに，翌1932年7～8月に，カナダのオタワで帝国経済会議を開催して，帝国内部で相互に輸出入関税率を優遇し合う「帝国特恵関税」を導入し，1840年代末に確立して以来一貫して維持してきた自由貿易体制に終止符をうって，ついに保護貿易に移行した。モノの移動に関する帝国特恵体制（関税ブロック）を補完したのが，スターリング圏である。スターリング圏は，国際金本位制の代わりにポンドを基軸通貨とする国際金融体制であり，イギリス帝国諸国は，ロンドンで準備金としてのポンドを保有する（スターリング残高）ように義務づけられた。オタワ体制とスターリング圏によって，イギリス本国を中心とする閉鎖的な経済ブロック体制が構築されたとされる。こうした通説的理解によれば，1930年代にイギリスの国際的な影響力は大きく後退し，ヘゲモニー国家としての地位を喪失したと考えられる。しかし，近年の研究では，この通説的見解が修正され，1930年代のイギリスは依然として国際経済面においてグローバルな影響力を行使できる「構造的権力」であり続けたことが明らかになった［秋田2003］。以下では，2つの具体例をあげて，通説に対する反証を試みたい。

1）日本の経済外交とアジア国際経済秩序：第1次日印会商（1933～34年）

第1に，オタワ体制の最大の特徴とされた帝国特恵体制の実態を，公式にはブロックの域外国であった日本との関連から考察したい。

帝国特恵体制は，世紀転換期からジョセフ・チェンバレンが提唱していたが，実現された帝国特恵は，本来の本国側の思惑からはずれて，帝国諸地域・自治領の側に有利であった。特に自治領は，包括的な枠組みに縛られることに抵抗したため，オタワ体制は，最終的に本国側との2国間交渉・協定を束ねた緩やかな特恵制度に落ち着いた。自治領は，イギリス本国製品に対する自国の輸入関税を従来の税率で維持する（帝国外諸地域に対しては引き上げる）ことを認められる一方で，本国側は，自治領・植民地の第1次産品に対する関税率を引き下げたため，帝国特恵体制は自治領側に有利な制度になった。

その結果，本国産業利害の期待に反して，自治領・植民地向けの工業製品の輸出は伸びず，逆に，自治領・植民地から本国への第1次産品の輸出が急激に増大した。本国の帝国諸地域に対する貿易黒字は消滅し，逆に，イギリス本国は帝国諸地域に対し貿易赤字を持つにいたった。イギリスは，今や，世界最大の輸入国となり，帝国諸地域にとっては，欧米諸国とくにアメリカ合衆国の第1次産品の需要減退を補う，最大の輸出市場になったのである。自治領諸国は，本国への第1次産品輸出で稼いだポンドを，累積債務の返済に充てることができ，シティに対する債務不履行は回避された［Cain and Hopkins：491-520］。

第1次世界大戦前に「パクス・ブリタニカ」の要であった英領インドの場合も同様であった。インドでは，1919年以降事実上の関税自主権が認められ，本国工業製品，特に綿製品の輸入に際して，インド財政の歳入確保のために輸入関税が課せられた。関税率は，インド財政難の打開策として1920年代後半に徐々に引き上げられ，1932年以降も決して引き下げられることはなかった［Tomlinson：118-120，131-137］。帝国特恵による差別的関税率は，特に日本製品をねらい打ちにして賦課され，インドの国産綿製品に対する事実上の保護関税として機能した。

イギリス本国にとって，この時期最も重要であったのが，海外投資に伴う債権の確実な回収であり，そのためには，英領インドの貿易黒字確保と，ルピー通貨価値・為替相場の高値安定が必要であった。前者の実現のために，現地インド政庁は，原綿・ジュート製品・綿製品のインドからの輸出を奨励し，結果的に本国からの工業製品輸入を抑制する政策をとった。

1920～30年代の英領インドの対外貿易において，日本は重要な位置を占めていた。1932年に高橋是清が大蔵大臣に就任して以来，満洲事変による中国でのボイコットと，急激な円通貨切り下げにより，英領インドは中国の代替市場として，最大の日本製品の輸出市場となった。特に，綿布を中心とする綿製品（消費財）輸出の伸びは大きく，英領インドとの間で貿易摩擦が生じた。すなわち，1933年4月に，インド政庁は日印通商協定の一方的廃棄を通告するとともに，インド産業保障法にもとづき，日本からの輸入綿製品に対する輸入関税率を50％から75％に引き上げた。これに対抗して，大阪に本拠を置く大日本紡績連合会（紡連）は，インド棉花輸入ボイコットを決定した。この貿易摩擦を解決するために，日本側の経済外交政策の一環として，1933年9月から翌34年1月にかけてシムラ・デリーにおいて日印間で行われた交渉が第1次日印会商である。

　この日印会商での交渉の論点は，(1) 日本製綿製品に対する輸入関税率の引下げと帝国特恵，(2) 日本側のインド棉花輸入量の拡大と綿製品輸出量とのリンクの問題，(3) 綿製品の品種別割り当ての問題，以上3点であった。従来の研究では，(1) の輸入関税率と帝国特恵問題のみが重視されて議論され，日印会商は貿易面での典型的な経済ブロック経済体制の強化の典型であると考えられてきた［石井］。しかし，実際の交渉の過程では，(1) の問題では税率引き下げで早々と妥協が成立し，(2) と (3)，特に (2) の原棉問題が最も議論が集中する議題となった。英領インド側にとって，日本は世紀転換期以降，最大の棉花輸出先であり，対日輸出はインド棉花輸出の約4割を占めた。従って，現地インド政庁にとって，インド産品の輸出を拡大して貿易黒字を確保するために，日本へのインド原棉輸出の安定的確保が重要な課題となった［籠谷：第5章；木谷；籠谷ほか］。結果的に翌34年1月に締結された印日貿易協定では，毎年100万俵以上のインド棉輸入と日本の綿製品輸出の自主規制がリンクされた。オタワ体制の域外国であった日本との貿易関係は，英領インドとイギリス帝国にとっても不可欠であった。こうした貿易政策は，自国産業，特にボンベイを中心とする綿工業の発展と工業化を望んだインド側のナショナリスト，資本家層にとっても好都合であった。従って，ナショナリスト穏健派は，イギリス支配に対する「協力者」として働き続けた。

他方，後者の，ルピー通貨価値の安定に関わる金融・財政政策に関して，シティ金融利害に支えられたイギリス経済利害は，現地インドの利害を無視して貫徹された。特に問題になったのが，ポンドとインド・ルピー貨の為替交換レートであった。インドのナショナリストは，インドの輸出を促進するために為替レートの引き下げ（1ルピー＝1シリング4ペンス）を主張したのに対して，本国政府は，インドへの投資価値を温存しつつ債権の円滑な回収を図るために，ルピー価値の高値安定（1ルピー＝1シリング6ペンス）の政策を譲らなかった[Tomlinson：124-131]。同様な現地通貨と本国通貨との高い為替交換レートは，英領の海峡植民地や，蘭領東インドでも見られた。結果的に，南アジア・東南アジアにおける欧米植民地の通貨は，金融・財政利害を優先した本国側の政策によって，世界恐慌後も切り下げが行われずに高値で安定したまま推移した。モノの輸出入では柔軟な対応を取ったイギリスも，シティ金融利害（カネ）の擁護のためには，構造的権力を行使したのである。

2）1935年中国幣制改革をめぐる国際関係

第2に，1930年代のスターリング圏の性格を東アジアとの関係を通じて再考したい。

スターリング圏には，イギリス本国と，オーストラリア，南アフリカ，ニュージーランドの自治領（但しカナダ連邦とニューファンドランドは除く），英領インド，海峡植民地などの従属領，香港，アデンなどの直轄植民地を含む公式帝国だけでなく，スカンジナビア諸国・バルト3国・ポルトガル・シャム（タイ）・イラク・エジプト・アルゼンチン等の公式帝国に属さない周辺諸国が含まれていた。

金融利害を通じたイギリスの影響力強化は，公式にはスターリング圏外にあった東アジアの中国でも試みられた。1935年11月の中国幣制改革への積極的関与がそれである。

第1次大戦直後にイギリスは，米・日・仏・英の第2次四国国際借款団の結成でアメリカ合衆国とともに主導権を発揮し，列強が協調して中国政府に借款を供与する体制を整えた。その中心的役割を演じたのが，香港上海銀行のロンドン支配人を務めた国際金融界の有力者であったチャールズ・アディスである。国際借

款団は，中国側の抵抗によって何ら実績をあげないまま休眠状態にあったが，日本を含む主要列強間での協調を通じて中国における国際金融面で「ゲームのルール」を設定する試みは，金融面で構造的権力の行使を意図していたといえる。ただし，第1次世界大戦前との相違は，アメリカ合衆国の銀行団との協調体制，その代表としてトマス・ラモントの意向に配慮せねばならぬ点である［三谷；Mitani］。

　1930年代の中国通貨問題の深刻化が，イギリスに一層の影響力拡大の機会を与えた。1933年にアメリカ政府が銀買上政策を発表して以降，銀価格の急激な上昇による中国からの銀の大量流出，デフレ，貿易・産業活動の停滞という事態が起こった。アメリカの政策変更が混乱の原因になった点は注目に値する。現地の国民党政府は，1934年秋に，外国為替管理を強化するとともに，銀輸出税引き上げ・平衡税導入による銀価格操作を試みた。同時に中国政府は，英・米・日3国と通貨安定のための借款交渉を行った。翌1935年2月，イギリス政府は，中国の財政・経済の困難打開のために列国協議を提案し，3月には金融・財政問題専門家の中国派遣を決定した。この決定に基づいて，イギリス政府主席経済顧問のF.リース＝ロスが，9月に日本・中国を訪れた。リース＝ロス使節団は，(1)満州国を利用しての日英共同借款，(2)銀本位制放棄とポンドにリンクした管理通貨制度導入を提案した。これは，中国のスターリング圏への包摂，満州国承認，日英協調外交という3つの政策目標を同時にめざした斬新な提案であった。軍事力の劣位を，金融力と外交力で補完しようとする構造的権力イギリスの中国におけるプレゼンスを反映した政策であった。結局，日本政府と中国政府双方の拒否で共同借款構想は実現しなかったが，リース＝ロスは，中国国民政府の幣制改革に協力することになった。

　中国現地では，リース＝ロスの訪中以前に，国民政府財政部長の宋子文，孔祥熙を中心に，アメリカ財政顧問団の支援を得て，中国独自の管理通貨制度への移行をめざす幣制改革案が作成されていた。1935年11月3日に実施された幣制改革は，(1)管理通貨としての法幣の発行，(2)銀の国有化，(3)外国為替の無制限売買を規定した。イギリス政府は，直後に英系銀行に対して，法幣使用と銀引き渡しを命じて改革への積極的な協力姿勢を明らかにした。中国政府は，英米両

国の間で均衡をとりながら，巧みに幣制改革を成功させた。まずアメリカとの関係では，国有化された銀の大量売却をもちかけ，米国財務省との間で3次にわたる米中銀協定を結び，1937年7月までに総額1億ドルの銀売却に成功した。幣制改革成功の物質的条件は，このアメリカの協力によって与えられたといえる。アメリカ政府は，財務長官 H.モーゲンソーを中心に，中国法幣を米ドルにリンクさせて，国民政府に対する金融面からの影響力を強化しようと試みていた［Akita；Cain］。

他方で，イギリス政府も中国法幣をポンドにリンクさせようと努めて，リース＝ロスもそれを実現したと主張した。中国政府は公式には，法幣とポンド，ドルいずれの通貨とのリンクも認めずに改革の自主的性格を強調した［野沢編：第1部；城山：95］。しかし，最近の杉原薫の研究により，幣制改革後の中国法幣の為替レートは，ポンドに対し切り下げられたまま安定的に推移したことが明らかになった。中国国民政府の公式声明にもかかわらず，法幣は基軸通貨であったポンドに事実上リンクし，結果として中国はスターリング圏に「加入」した［杉原2001］。法幣価値の安定とその国際的信用力は，英米両国それぞれの強みを中国側が巧みに利用する形で実現されたのである［久保］。

以上の経緯は，本来「協力者」であったはずの中国国民政府が自主性を維持できたことと，スターリング圏の広がりと開放性を示している。同時期の日本も，1932年以降，円の価値を切り下げたうえで事実上ポンドにリンクさせていた。中国幣制改革の成功により，東アジアには国際基軸通貨ポンドに対する「通貨切り下げ圏」が出現した［杉原2001］。他方，スターリング圏は，非帝国地域の日本と中国を同時に包摂して拡大し，構造的権力イギリスの影響力は温存されたのである。

こうしたスターリング圏とのリンクは，結果的に1930年代の東アジア地域における消費財産業を中心とした工業化を促進することになった。早くも，19～20世紀転換期の日英間では，シティ金融利害と日本の工業化との間で緊密な相互依存関係が見られた［秋田1997；Suzuki］。この相互補完関係は，1930年代後半においても，特に中国とイギリスとの間で引き続き存続した。幣制改革の成功によって，1936～37年にかけて中国の工業化は加速され，中国からの輸出額は増大

して貿易赤字が減少した。中国は，日本に次いで，東アジア地域の工業化とアジア間貿易の拡大を推進する「第2の核」に成長したのである［杉原 1996，第4章］。オスターハンメルが強調するように，債券・株式等の証券を通じた間接投資に加えて，今や英米タバコ会社や帝国化学会社（ICI）のように，中国の内陸部で直接投資を行い，自前の販売網を整備するイギリス系多国籍企業も現われた［Osterhammel］。両大戦間期の英領インドにおいても，程度の差はあったが，ロンドン・シティの金融・サーヴィス利害と補完的な工業化が，中国と同様に進展した。

　他方，日本の場合は，経済発展の高度化にともない，イギリス本国の経済利害との相互補完性は大幅に低下して，工業製品の輸出では競合する側面が目立つようになった。しかし，前述のインドからの原棉輸入に代表されるように，イギリス帝国からの日本による膨大な第1次産品の輸入は，イギリス公式帝国（コモンウェルス）の諸地域にとっては，本国に対する累積債務の返済を円滑に行うために必要であった貴重な輸出収入をもたらした。それは本国のシティ金融利害にとっても好都合であった［秋田ほか編：総論］。こうして，「構造的権力」であったイギリスは，自由貿易原理に支えられた開放性を維持しながら，アジア間貿易の発展に大きく寄与したのである。

Ⅲ．1950年代のアジア国際経済秩序とスターリング圏

　1930年代のアジア国際秩序は，1937年の日中戦争の勃発，39年の第2次世界大戦の勃発（アジア太平洋戦争）によって崩壊した。通説的な理解によれば，第2次世界大戦を通じて国際秩序が劇的に変動して，日本帝国は敗戦とともに崩壊・消滅し，イギリス帝国も，1947年のインド・パキスタンの分離独立，続くセイロン，ビルマの政治的独立による脱植民地化（decolonization）を通じて，アジアにおいては弱体化し影響力を喪失したといわれてきた。戦後の世界秩序は，イギリスに代わって新たなヘゲモニー国家となったアメリカ合衆国を中心として，ソ連と1949年に成立した中華人民共和国をはじめとする社会主義陣営諸国とが対決する，いわゆる冷戦体制を基軸にして形成された（パクス・アメリカー

ナ）。帝国秩序の崩壊（脱植民地化）と東西冷戦の同時展開によって，戦後アジアの国際秩序は規定されたとされる。

　筆者は，1950年代のアジア国際経済秩序に関しては，こうした通説を若干修正する必要があると考えている。通常，1930年代と50年代の国際秩序には大きな断絶があり，共通性や連続性を主張する解釈は少ない。だが，筆者は，東アジアと東南アジア世界を対象とする限り，戦後のアメリカ合衆国の影響力を強調する通説的な見方は一面的であり，「構造的権力」イギリスの経済的影響力は依然として有効であって，日本，中国をはじめとする東アジア・東南アジア諸国も一定度の自主性を発揮できたと考えている［秋田2006］。

　まず，イギリス帝国・コモンウェルスの影響力は，第2次大戦後に再編・強化されたスターリング圏を通じて引き続き温存された。戦後世界の復興のためには，世界的規模での「ドル不足」を解消する必要があり，そのためには改めて，植民地からアメリカ合衆国向けの第1次産品輸出の促進，本格的な植民地の経済開発が必要であった。南アジア地域で公式帝国（植民地）を喪失したイギリスにとって，残存した公式帝国，とりわけ東南アジアの英領マラヤと東アジアの香港の重要性が増大した。前者の英領マラヤは，特に1950年代前半に，天然ゴムとスズのアメリカ向け輸出を通じて帝国にとって貴重な米ドルの稼ぎ手となった。その米ドルは，西アフリカ植民地（ゴールドコースト・ナイジェリア）が稼いだドルとともに，ロンドンで集中的に管理されてイギリス本国の対米債務返済に充当された［Krozewski］。

　他方，香港はスターリング圏に属しながらも，19世紀から続き1930年代に強化された，アジア間貿易の拠点として，アジア諸地域を結ぶ地域間貿易のハブとして機能し続けた。通常，スターリング圏地域では，ドル不足のためにポンドと米ドルの交換は厳しく制限されたが，香港だけはアジア間貿易を決済するために，事実上無制限の米ドルとポンドの交換性が黙認されていた（香港ギャップ）。すなわち香港は，公式には他のスターリング地域と同様な為替管理が行われ，公定レートでの外国為替取引は穀類・米・綿製品・人絹糸などの主要輸入品に限定された。しかし，それと同時並行的に，アジア間貿易の中継貿易拠点として香港の外貨需要は旺盛であったため，香港ドル価格が需給バランスで決まる自由為替市

場が存在した。この自由市場は，イギリス本国の為替管理当局（イングランド銀行）にとって，スターリング圏に対する為替管理体制の「抜け穴」として認識され悩みの種であったが，香港の特殊な位置ゆえに事実上黙認されていた。イギリスの研究者 C.シェンクの研究によれば，香港は，スターリング圏の厳格な為替管理とドル圏の相対的な交換性とのユニークな結節点であり，スターリングとドル両方の世界にまたがるこの地位が，香港の卓越性の重要な一因であった［Schenk］。

　戦後，日本（連合国軍最高司令官 SCAP）と香港は，イギリス本国およびスターリング地域とは別に，香港ドルで取引可能な個別のオープン勘定支払協定を結び，香港側は当面年間 250 万ドルの対日輸入ライセンスを認めていた。戦後の日本経済の復興にとって，中国・台湾・マカオなどの近隣諸地域と香港との中継貿易は重要であり，その中継機能は東南アジアの英領マラヤやインドネシア，タイもカバーしていた。日本（SCAP）は香港向け輸出の貿易黒字をポンド（香港ドル）で獲得し，オープン勘定支払協定のドル条項と「香港ギャップ」（自由為替市場）を通じて，その獲得したポンドを米ドルに交換できた。この米ドルを活用して，日本はアメリカから原綿や機械類の資本財を輸入することが可能になった。こうしてオープン勘定支払協定のもとで，日本（SCAP）は自国の経済的利益のために，香港のユニークな地位を利用することができたのである。また，1949年以降も，引き続き香港を通じて中華人民共和国との貿易関係を維持した。

　次いで，アジア諸地域の自立性と経済的な相互依存関係についても，1950 年代には，スターリング圏と日本の経済復興を背景にして，1930 年代に形成されたアジア国際秩序が復活した［アメリカ経済協力局遣英特別使節団］。その一例として，戦後の英領マラヤに対する日本からの消費財，特に綿製品輸出の早期再開があげられる。イギリス植民地当局は，戦後の復興と第 1 次産品の輸出体制を強化するため，また現地住民の福利厚生のために，資本投資と廉価な消費財の安定的確保をめざした。それらは，本来ならイギリス本国から供給されるべきものであったが，本国にその余力はなく，東アジアの日本が代替供給源となった。植民地当局，特に東南アジア総弁務官マルカム・マクドナルドは，日本製品の輸入再開と，鉄鉱石鉱山開発のための日本からの投資を歓迎した［White］。また，戦

後独立した南アジア諸国，特にパキスタンにとって，日本は重要な棉花の輸出先であり，日本の綿工業の復興は第1次産品の市場として不可欠であった。同様に日本にとっても，東南アジア・南アジア諸国は，綿製品や雑貨品の輸出市場として，戦前の1930年代以上に重要であった。こうして1940年代末という戦後の早い時期に，日本とスターリング圏の東南アジア・南アジア諸国との貿易関係は復活した［杉原 1997］。

これらアジアのスターリング圏諸国にとって，日本（SCAP）がビルマ米・パキスタン産原棉・マラヤ産鉄鉱石などの第1次産品を購入したことにより，それら諸国の主要輸出品（staples）に不可欠の輸出市場が確保された。第1次産品の対日輸出は，スターリング圏諸国のスターリング残高増大に貢献したのである。また，東南アジア・南アジア諸国に対する日本の消費財輸出，特に綿製品の輸出は，非ドル決済が可能な製品供給源であり，これらアジア諸地域の貧困な現地住民に対して安価な生活必需品を確保するという住民福祉政策の実行にとって不可欠であった。他方で，日本にとっても，アジアのスターリング圏諸国からの食糧・原料輸入は，ドル不足のもとで第1次産品輸入先を多角化するために不可欠であった。したがって，アジアのスターリング圏諸国と戦後日本の経済復興は，モノの取引，貿易レヴェルで互いに相互補完的であった。

日本産の消費財の輸出は，朝鮮戦争の勃発とともに加速されたが，これに対してイギリス本国の綿業界は，1930年代の日本製品との市場競争の再来を恐れて非難した［ロウ］。しかし，そうした声は，経済的相互補完関係を無視した，国際競争力を喪失しつつあったイギリス本国産業の守勢的な態度を反映したにすぎなかった。冷戦体制のもとで，日本の経済復興を優先する政策に転じたアメリカにとっても，東南アジア諸国を中国に替わる日本の輸出市場として確保することは不可欠であった［Rotter］。1950年代の冷戦にも支えられて，1930年代に形成されたアジア国際経済秩序が復活したのである。以上のように，スターリング圏が東アジア諸国の経済発展あるいは回復を支援する役割を果たしたという意味において，1950年代の国際経済秩序は戦前の1930年代の国際秩序と類似し共通する側面を有していた。

IV. アジア国際秩序とグローバルヒストリー

　以上の考察から，1930～50年代のアジア国際経済秩序に関して，次のような展望を持つことが可能になる。

　まず，スターリング圏と東アジア地域の戦後経済復興と経済開発は緊密に結びついていた点は明らかであろう。連合国占領下では，世界的規模でのドル不足のもとで，スターリング圏内で独自の位置を占めた「香港ギャップ」の存在が，日本にとって貴重な米ドルを獲得するため，重要な経路として機能した。日本の経済復興は，英領マラヤやビルマ・パキスタンのような東南アジア・南アジアの低開発スターリング圏諸国に対して大きな恩恵を与えた。すなわち，これらアジアのスターリング圏諸国にとって，日本（SCAP）がビルマ米・パキスタン産原棉・マラヤ産鉄鉱石などの第1次産品を購入したことにより，それら諸国の主要輸出品（staples）に不可欠の輸出市場が確保された。第1次産品の対日輸出は，スターリング圏諸国のスターリング残高増大に貢献したのである。また，東南アジア・南アジア諸国に対する日本の消費財輸出，特に綿製品の輸出は，非ドル決済が可能な製品供給源であり，これらアジア諸地域の貧困な現地住民に対して安価な生活必需品を確保するという住民福祉政策の実行にとって不可欠であった。他方で，日本にとっても，アジアのスターリング圏諸国からの食糧・原料輸入は，ドル不足のもとで第1次産品輸入先を多角化するために不可欠であった。したがって，アジアのスターリング圏諸国と戦後日本の経済復興は，モノの取引，貿易レヴェルで互いに相互補完的であった。このように，スターリング圏が東アジア諸国の経済発展あるいは回復を支援する役割を果たしたという意味において，1950年代の国際経済秩序は戦前の1930年代の国際秩序と類似し共通する側面を有していた。

　しかし，第2次大戦後のアジア太平洋地域におけるヘゲモニーの転換問題に関連して，戦前の1930年代と戦後の1950年代の間に，東アジア国際経済秩序に変化が見られた点も無視できない。国際経済秩序の変容の主要な要因は，戦後東アジアにおけるアメリカ合衆国のプレゼンスの増大であった。特に，1949年の中華人民共和国の成立と翌50年6月に朝鮮戦争が勃発して以来，アメリカ政府は

アジアの非共産圏諸国に対する政策を転換して，それら非共産主義諸国への軍事・経済援助に乗り出した。東南アジア地域に向けたポイント・フォー計画がその典型であった。だが，冷戦体制のもとでアメリカの東アジアにおける世界戦略の焦点は，海外貿易を通じた日本経済の復興と「アジアの工場」(the Workshop of Asia) としての日本の経済的地位の回復に向けられた [Borden；Forsberg]。この過程においてアメリカ政府は，東アジアにおける共産主義の拡張を封じ込めるために軍事ケインズ主義を採用した [マコーミック；カミングス]。こうしたアメリカの政策転換，冷戦体制の構築は狭義の東アジア地域においては 1950 年代前半に進み，ヘゲモニー国家アメリカの突出した影響力が見られた。しかし，東南アジア・南アジア諸地域に対するアメリカの全面的な影響力の行使はさらに遅れて 1960 年代初めにずれこむことになった。したがって，本章で明らかにしたように，イギリスは政治的な脱植民地化が先行したアジア諸地域において，影響圏としてのスターリング圏を通じて 50 年代前半の時点でも依然として「構造的権力」としての影響力を行使したのである。

このように考えると，1950 年代においても，イギリス帝国・コモンウェルスのアジアにおける影響力は，衰退しつつあるとはいえ無視できなかった。それと連動し相互補完的なアジア独自の地域間貿易も，その重要性を失うことはなかった。以上述べてきたような経済的な相互依存関係にもとづくアジア国際秩序の歴史的な展開と，1960 年代以降本格化したアメリカのヘゲモニー，日本の高度経済成長が結びついて初めて，20 世紀末から 21 世紀初頭の現在にいたる東アジア地域の緊密な経済的相互依存，一体化が可能になったのである。

本章で論じたアジア国際経済秩序をめぐる研究は，広域の地域史（mega-regional or trans-regional history），地域間研究（inter-area studies），国境を超える歴史（transnational history）など，「関係史」の手法を用いたグローバルヒストリー研究の一例である。関係性と比較の観点（時代間）を組み合わせることにより，近現代アジア世界を舞台にした独自性を有するグローバルヒストリー研究のさらなる発展をめざしたい。

文献

秋田茂（1997），「ジェントルマン資本主義と『開かれたアジア間貿易論』―日本の工業化に対するイギリスの認識　1890-1930年代」『史学研究』216, pp.1-19.
――― (2003),『イギリス帝国とアジア国際秩序―ヘゲモニー国家から帝国的な構造的権力へ』名古屋大学出版会 308+50p.
――― (2006),「1950年代の東アジア国際経済秩序とスターリング圏」（渡辺昭一編著『帝国の終焉とアメリカ―アジア国際秩序の再編』山川出版社）pp.134-165.
秋田茂・籠谷直人編著 (2001),『1930年代のアジア国際秩序』渓水社 329p.
アメリカ経済協力局遣英特別使節団 (1953),『スターリング地域―その産業と貿易』後藤誉之助・小島慶三・佐竹浩訳，時事通信社出版局 869p.
石井修 (1995),『世界恐慌と日本の「経済外交」―1930-1936年』勁草書房 260p.
籠谷直人 (2000),『アジア国際通商秩序と近代日本』名古屋大学出版会 505p.
籠谷直人・木谷名都子 (2007),「帝国経済の対立と宥和―日印会商をめぐる日英印の三国関係」（石田憲編著『膨張する帝国　拡散する帝国―第二次大戦に向かう日英とアジア』東京大学出版会）pp.55-79.
カミングス, ブルース (2002),「アメリカの台頭 1939-1941」（松田武・秋田茂編『ヘゲモニー国家と世界システム―20世紀をふりかえって』山川出版社）pp.265-303.
木谷名都子 (2006),「インド棉花輸出問題から観た英印民間会商と第一次日印会商―1930年代前半の対英特恵関税問題再考」『社会経済史学』71-6号 pp.25-47.
久保亨 (1999),『戦間期中国〈自立への模索〉―関税通貨政策と経済発展』東京大学出版会 307p.
ケイン, P.J.・ホプキンズ, A.G.（1997），『ジェントルマン資本主義の帝国 I　創生と膨張 1688-1914』竹内幸雄・秋田茂訳，名古屋大学出版会 xii+332+147p.
――― (1997b),『ジェントルマン資本主義の帝国 II　危機と解体 1914-1990』木畑洋一・旦祐介訳，名古屋大学出版会 xii+224+99p.
城山智子 (2006),「1930年代の中国と国際通貨システム―1935年幣制改革の対外的・国内的意義と影響に関する一考察」『国際政治』146号 pp.88-102.
杉原薫 (1996),『アジア間貿易の形成と構造』ミネルヴァ書房 410p.
――― (1997),「戦後日本綿業をめぐる国際環境―アジア間競争復活の構造」（『年報・近代日本研究 19　地域史の可能性』山川出版社）pp.84-110.
――― (2001),「東アジアにおける工業国型通貨秩序の成立」（秋田茂・籠谷直人編著『1930年代のアジア国際秩序』渓水社）pp.41-87.
野沢豊編 (1981),『中国の幣制改革と国際関係』東京大学出版会 371p.
マコーミック, トマス (2002),「アメリカのヘゲモニーと現代史のリズム 1914-2000」（松田武・秋田茂編『ヘゲモニー国家と世界システム―20世紀をふりかえって』山川出版社）pp.161-263.
三谷太一郎 (1980),「国際金融資本とアジアの戦争―終末期における対中四国借款団」『年報近代日本研究』2, pp.114-158.
ロウ, ピーター (2000),「困難な再調整―1945-1958年の日英関係」（木畑洋一, イアン・ニッシュ, 細谷千博, 田中孝彦編『日英交流史 1600-2000　2 政治・外交 II』東京大学出版会）pp.195-229.
渡辺昭一編 (2006),『帝国の終焉とアメリカ―アジア国際秩序の再編』山川出版社 323p.

Akita, Shigeru (1999), British Informal Empire in East Asia, 1880-1939: a Japanese Perspective', in Dumett, Raymond E. (ed.), *Gentlemanly Capitalism and British*

Imperialism: The New Debate on Empire. London and New York: Longman, pp.141-156.
Akita, Shigeru and White, Nicholas J. (eds.) (forthcoming 2008), *International Order of Asia in the 1930s and 1950s*. London: Ashgate.
Borden, W.S. (1984), *The Pacific Alliance: United States Foreign Policy and Japanese Trade Recovery, 1947-1955*. Madison: University of Wisconsin Press, 320p.
Cain, P. J. (1997), British Economic Imperialism in China in the 1930s: The Leith-Ross Mission, *Bulletin of Asia-Pacific Studies*, VII, pp.23-34.
Cain, P. J. and Hopkins, A. G. (2001), *British Imperialism 1688-2000*. London and New York: Longman, 2nd edition, 739p.
Forsberg, A. (2000), *America and the Japanese Miracle: The Cold War Context of Japan's Postwar Economic Revival, 1950-1960*. Chapel Hill: University of North Carolina Press, 332p.
Krozewski, Gerold. (2001), *Money and the End of Empire: British International Economic Policy and the Colonies, 1947-58*. London and New York: Palgrave- Macmillan, 311p.
Mitani, Taichiro (1980), Japan's International Financiers and World Politics, 1904-31, *Proceedings of the British Association for Japanese Studies*.
Osterhammel, Juergen. (1984), Imperialism in Transition: British Business and the Chinese Authorities, 1931-37, *China Quarterly*, LXLVIII, pp.260-286.
Rotter, Andrew J. (1987), *The Path to Vietnam: Origins of the American Commitment to Southeast Asia*. Ithaca and London: Cornell University Press, 278p.
Schenk, Catherine. (2001), *Hong Kong as an International Financial Centre: Emergence and development 1945-65*. London and New York: Routledge, 203p.
Suzuki, Toshio. (1994), *Japanese Government Loan Issues on the London Capital Market 1870-1913*. London: Athlone Press, 307p.
Tomlinson, B.R. (1979), *The Political Economy of the Raj 1914-1947: The Economics of Decolonization in India*. London: Longman, 199p.
White, Nicholas J. (1996), *Business, Government, and the End of Empire: Malaya, 1942-1957*. Kuala Lumpur: Oxford University Press, 331p.

2 「満洲国」初期における日本人移民用地の取得と中国東北地域社会
――「三江省」樺川県を事例として――

小都 晶子

はじめに

　黒龍江省東北部の黒龍江，松花江，烏蘇里江が合流する一帯は三江平原と呼ばれ，「北大荒（北の大荒野）」といわれる一大荒野が広がっていた。1931年に中国東北地域を軍事占領した関東軍は，34年1月，この三江地域で大規模な日本人移民用地の収奪に着手し，地域住民の激しい抵抗運動に遭った。事件が発生した現樺南県土龍山鎮には，「土龍山農民暴動抗日記念碑 [1]」が建てられている。本稿は，「満洲国 [2]」の日本人移民政策の転換点となった初期の移民用地取得とこの土龍山事件に象徴される地域社会の反応を，事件発生地に近い「三江省」樺川県を事例として考察する。

　土龍山事件は，すでに多くの研究でとりあげられてきた。その論点はおもに，「治安維持」を目的とした日本人移民が，逆に土龍山事件のような「治安悪化」を醸成し，事件によって移民政策は深刻な打撃を受けたこと［山田；浅田 1973 など］，中国共産党の「抗日民族統一戦線」への路線転換とあいまって，事件がトータルな反満抗日運動に発展したことにまとめられる［田中 1976；葉ほか］。すなわちこの過程は，移民用地収奪の典型例として，あるいは中国共産党の反満抗日運動，さらには「抗日民族統一戦線」への契機として理解されている。

　これに対して本稿は，土龍山事件を含む一連の地域社会の反応が，移民用地取得にいかなる作用を与えたのかに着目する。すなわち抗日勢力が集中した三江地

域の移民用地取得において，満洲国側は地域社会の利害に対していかなる対応をとったのか。これを同地域における中国共産党の動向を視野に入れつつ，具体的に明らかにする。また日本人移民については，「満州における日本帝国主義支配者の一員として，また，在満中国人に対する民族的・階級的抑圧者の一員として中国民族と対峙」したとされ［浅田 1992：98］，「日本人」対「中国人」，あるいは「地主」対「小作」の二項対立関係でとらえる枠組みが定着しているが，これについても初歩的な分析を試みる。

I．「満洲国」期以前の樺川県

　樺川県（現樺南県）は三江平原のほぼ中心，すなわち松花江に沿って哈爾濱の東約 300km に位置する。県の北に松花江，南西にその支流の倭墾河が流れ，県南部は丘陵状の山が連なる山岳地帯である（図1）。

　当初，樺川県は吉林省に属していたが，1934 年 7 月には，同県を含む東部 14 県が分離され，「三江省」が新設された。三江地域の開発は，18 世紀初め，依蘭に三姓副都統が設置されたことに始まる[3]。19 世紀末には，三姓（依蘭）の後背地として開墾が始まり，さらに 1902（光緒 28）年には，対ロシア防衛等のため，この地域を含む吉林全省で土地の払い下げが実施された。しかし「大段払下者が多」く，「これ等の多くは地価の騰貴を待って転売又は分割により利を貪」るのみで，開墾は進まなかった。吉林省ではこれに対し，1912（民国 2）年，毎年払い下げられた土地の 3 分の 1 以上を開墾し，荒地は払い下げ後 1 年以内に開墾を完了，期限までに開墾を完了できない，あるいは転売した場合は土地を無償没収するとする布告を出した［佳木斯農事試験場：10-11］。しかし官吏ら富裕層による土地買占めは続いた。

　わずかに進んだ開拓は，大きく自作農によるものと商業資本によるものにわけられる。前者の一部は地主化し，後者には，①油房（大豆加工業），焼鍋（酒造業）等の小規模資本による地主経営，②都市商業資本の合資による開拓会社経営，③朝鮮人小作による水田経営があった［佳木斯農事試験場：20-29］。すなわちこの地域の開発は，大規模土地所有と大量の小作人収容に特徴があった。民国初期

における「三江省」の耕地分布状況は図2の通りであるが，依蘭，佳木斯，樺川など松花江沿いの一部で開発が進められ，奥地にはほとんど手がつけられていなかった。

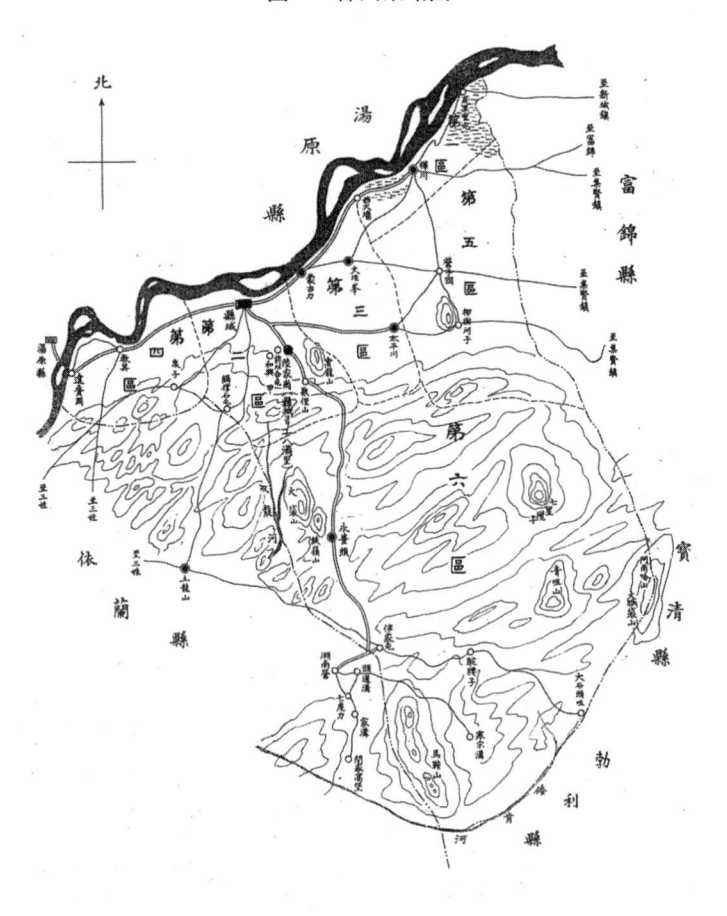

図1　樺川県略図

出所：［国務院実業部臨時産業局］

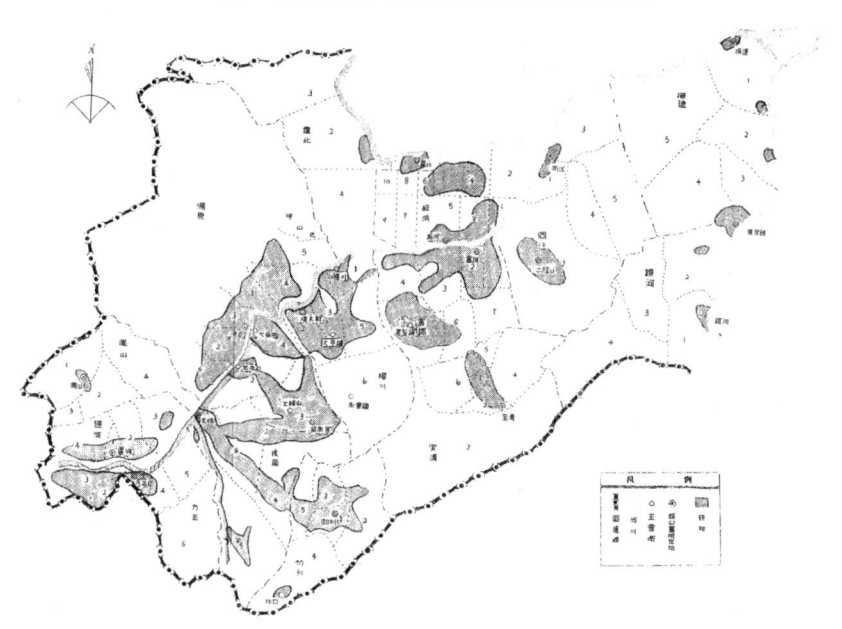

212　第2部　アジア太平洋戦争と東アジア地域秩序

図2　民国初期における三江省耕地分布状況

出所：[佳木斯農事試験場]

Ⅱ．関東軍の介入と地域社会の反応

1）関東軍による大量移民用地取得

　1931年9月18日，奉天郊外，柳条湖での事件を機に，関東軍は中国東北地域に対する軍事占領工作を開始した。事変直後には第2師団が吉林に進撃し，吉林省代理主席熙洽は無条件降伏，吉林軍は「吉林剿匪軍」に改編された。他方，丁超や李杜[4]ら旧吉林軍の一部は「吉林剿匪軍」に抵抗し，その勢力は約2万人に達した［満洲国軍刊行委員会編：91］。三江地域の治安は一気に悪化，土地を放棄する者が増加し，「土地制度，土地所有関係，地代関係はあくまで紊乱」した［南満洲鉄道株式会社経済調査会：6-21］。

　これに対し，この時期「吉林剿匪軍」顧問として佳木斯附近の「討匪」活動にあたっていた東宮鉄男は，関東軍に日本人屯墾隊の実施を具申した。1932年9

月，在郷軍人からなる拓務省第1次特別農業移民約500人が渡満，吉林屯墾第1大隊として「吉林剿匪軍」に編入され，佳木斯の警備にあたった［拓政司第一科：110-111］。

　すでに1932年4月には，第10師団が派遣され，「北満」の「討伐」にあたっていた。三江地域では，李杜，丁超による反満抗日活動が拡大しており，同年12月以降，第10師団と「吉林剿匪軍」は集中的にこれを攻撃，李杜は密山からソ連領に逃亡，丁超は翌年1月に投降した［満洲国軍刊行委員会編：91-92］。

　1933年3月，移民団は佳木斯の警備を離れ，樺川県永豊鎮に入植した。拓務省の移住適地調査は，この地区を地味肥沃で地価は極めて廉く，「移民地トシテ最適」であるとしていた［拓務省拓務局東亜課］。さらに翌年7月25日，第2次移民約500人が依蘭県七虎力に入植，吉林屯墾第2大隊として「吉林剿匪軍」に編入された。入植地は七虎力河両岸で［拓政司第一科：116］，将来は水稲も有望であるとされた［拓務省拓務局東亜課］。

　反「吉林剿匪軍」の主力は壊滅させられたものの，移民団の入植当時はいまだ各勢力による襲撃が頻発し，附近の地主や住民の一部は避難していた［拓政司第一科：112］。拓務省の調査によると，樺川地区では，事変後の「匪害」と1932年の洪水のために，大部分の地主が日本側への土地売却を希望していたという［拓務省拓務局東亜課］。関東軍はこの機に乗じて，さらなる移民用地取得に着手した。

　1934年1月，第10師団は，「将来ノ内地移民収容ヲ目的トシ」，密山県内の80万町歩（以下，密山地区とする），および佳木斯附近，樺川，依蘭，勃利の3県にまたがる地域20万町歩（以下，依蘭地区とする）を満鉄資金200万円によって東亜勧業株式会社に買収させる計画をたて［森島総領事1934］。しかし，依蘭地区の取得予定地は熟地および富錦，宝清の一部にも及んでいた（表1）。第10師団は依蘭，密山に現地工作班を組織し，2月中旬には現地で地券の回収を開始した［三江省民政庁行政科：69-71］。

　満洲国初期，関東軍は三江地域で「治安維持」のために日本人移民を入植させ，さらに大規模な移民用地取得を進めつつあった。これは，「治安悪化」による住民の逃亡という，土地所有の一時的な混乱をついて実施されたものであった。こ

の過程で地域への影響は考慮されなかった。

表 1　吉林省 6 県における関東軍移民用地買収予定面積

県名	総面積（晌）	可耕地面積（晌）		軍案買収面積（晌）		比率	買収区
依蘭県	1,701,000	熟地	107,000	熟地	73,926	43.5	第 2, 3, 4 区全部
		荒地	300,000	荒地	281,147	93.7	
		合計	470,000	合計	355,037	75.5	
樺川県	1,260,000	熟地	200,000	熟地	21,662	10.8	第 6 区（永豊，履安，久泰，養正区全部）
		荒地	216,091	荒地	143,015	93.7	
		合計	416,091	合計	164,677	39.6	
勃利県	972,000	熟地	44,483	熟地	50,880	14.4	県城付近を除いて全部
		荒地	176,000	荒地	162,692	92.4	
		合計	220,483	合計	213,572	96.9	
密山県	1,530,000	熟地	67,500	熟地	28,652	42.4	第 2, 4, 5 区の全部，第 6 区の大部分
		荒地	864,000	荒地	380,835	44.1	
		合計	931,500	合計	409,487	44.0	
宝清県	1,458,000	熟地	32,200	熟地	5,081	15.8	第 2, 3 区
		荒地	397,300	荒地	397,300	100.0	
		合計	444,400	合計	402,361	95.5	
虎林県	1,388,250	熟地	6,000	熟地	2,036	33.9	密山県続き作木崗に至る七虎力河以南小穆稜以北
		荒地	340,000	荒地	105,249	31.0	
		合計	346,000	合計	107,285	31.1	
富錦県	—		—		—	—	第 5, 6 区
総計	8,309,250		2,828,474		1,652,453	58.4	

備考：1934（康徳元）年 3 月 18 日吉林省公署調べ。宝清，富錦両県は後日取得面積の拡大をはかった結果，予定地に含まれたもの。ただし，勃利県で熟地の取得予定面積の比率が 100％を超えるなど，数字に矛盾もみられる。

出所：[三江省民政庁行政科：63-67] より作成

2）土龍山事件の勃発と三江地域の抗日勢力

　買収の情報が伝わると，各地で対応はさまざまであった。依蘭県では，保甲長や地主，富農らが互いに連絡をとりあい，武器を準備して軍の地券回収に備えた [葉ほか：6-7]。依蘭県は，周辺ではもっとも開発が進んでいた。また背景には，同時期，治安維持会が実施した民間銃器の回収もあった。「治安」が悪化するなかで，住民は土地のみならず，「匪賊」に対する自衛能力をも失う危機に直面していた。

　1934 年 3 月 8 日，用地取得に反対した依蘭県土龍山 5 保（八虎力）の保董謝文東[5]，甲長景振卿らはついに武装蜂起し，2000 人余りの住民もこれに参加した。10 日，状況視察のため現地に向かった飯塚朝吾第 63 連隊長らは，逆に蜂起勢力に包囲，襲撃され，多くの死傷者を出した [亜細亜局第三課]。12 日，土龍山を

撤退した蜂起勢力は部隊を総司令謝文東，総指揮景振卿とする「民衆救国軍」に改編し，附近の山林隊もこれに合流した。さらに4月10日に第1次移民団を，23日に駝腰子金鉱を襲撃し，部隊は約4000人に拡大［葉ほか：12，17］，5月1日には湖南営に避難していた第2次移民団を包囲した。

しかしその後，日本軍の「討伐」が進み，また春耕期を前に離脱者が増えたことで［日小田三姓警察分署長］，救国軍は軍事的に追いつめられていった。さらに10月には第3師団による冬季「討伐」が始まり，部隊は壊滅的な打撃を受けた。同月半ば，謝文東はわずか10数人の部下を率いて依蘭の山中に逃れ［葉ほか：22-26］，ここに事件は一応の収束を迎えた。

すでに指摘されているように，この事件の背景には移民用地取得があった。すなわち，「買収価格著シク低廉（一晌当平均国幣一円）ニシテ恰モ土地ヲ没収スルカ如キ感ヲ与」えた[6]。また「買収ニ伴ヒ地券ヲ回収シタル結果地券ヲ担保トスル金融ノ途」も「閉塞」され，さらに農民の不安は「将来ノ日本移民来住シ土地家屋ヲ占拠シ原住満洲人ハ追放セラル可シ等ノ流言」となって広がった［亜細亜局第三課］。

同時に，この地域は旧吉林軍李杜の拠点であり，李華堂，祁致中らの勢力がねばり強く抵抗していた。また事件後には，李杜の配下にあった周雅山が部隊に合流し，謝文東に指示を与えている。他方で，李延禄[7]や佳木斯，饒密遊撃隊など中国共産党側でも，事件の前後から謝文東らと接触していた。

すでに1933年1月，「一・二六指示（1月書簡）」によって東北における中共の抗日運動は「反日統一戦線」への転換がはかられつつあったが［西村 1984：288-290］，翌年2月には，再び上海臨時中央局から満洲省委に対しこれを修正する指示が出され［李：242-243］，事件当時，東北の各党組織では謝ら「豪紳地主」に対する方針が二転三転していた[8]。また1935年3月には，窮地に陥った謝文東が李華堂，祁致中らとともに抗日聯軍第3軍と接触しているが［葉ほか：27-29］，謝らも抗日聯軍への編入に消極的であった［中共勃利県委：52-55］。すなわち共産党の接触はあったが，事件を「共産土匪ノ襲撃」とする関東軍の判断は［在満洲国特命全権大使菱刈隆 1934］，時期尚早であったといわざるをえない。

以上のように，土龍山事件は在地の有力者層が主導する地域の武装蜂起であっ

216　第2部　アジア太平洋戦争と東アジア地域秩序

た。住民の支持を得て事件は一時急速に拡大したが，関東軍の軍事「討伐」が進む一方で，中国共産党は効果的な対応がとれず，事件は短期間で収束した。

Ⅲ　初期移民用地取得の転換

1）関東軍の方針転換と満洲国政府の対応

　事件の知らせは，哈爾濱民政部辦事処から満洲国政府中央にも通知された。政府側は，「移民地商租事務ヲ軍買収班ヨリ満洲国ニ引継ギ，政府ニ於テ人民ノ立場ヲ充分ニ考慮シテ之ガ円満ナル解決ヲ期」したいとした［三江省民政庁行政科：74-75］。このときすでに第10師団が回収した地券は2万数千枚，地券面積は100万晌以上に達しており，価格は1晌あたり熟地10円，荒地1円とされていた［菱刈大使］。

　1934年3月29日，関東軍は「吉林省東北部移民地買収実施要綱」を決定し，「吉林省東北部ニ於テ日本人移民用地トシテ第十師団実施中ノ土地買収事務ニ対シ満洲国ハ一層積極的援助ヲ与ヘ同師団ノ交代帰還ニ伴ヒ速ニ之ヲ満洲国ヲ主体トスル機関ニ継承ス」とした。この業務に対応するため，満洲国政府は中央に中央連絡委員会を，省に哈爾濱事務処を，依蘭，密山に現地工作部を設置した［在満洲国特命全権大使菱刈隆 1934b］。

　当時，密山地区は比較的平穏であったが，依蘭地区の情勢はいまだ不安定であった。4月初旬，密山工作部は軍の既収集地券を引継ぎ［水野ほか：150-151］，価格を一等地1晌あたり18円，二等地同15円，荒地同2円，未升科熟地[9]同10円に引き上げ，取得地を密山県100万町歩，虎林県10余万町歩の約120万町歩とした［森島総領事 1934b］。地元有力者の協力を得て，買収は円滑に進んだ。

　5月以降，依蘭工作部も地券を引継ぎ，密山地区と同条件にて各地で地価の支払いを開始した［三江省民政庁行政科：85-89］。しかし襲撃を受けるなど，用地取得業務は困難を極めた。このため依蘭工作部には，協和会山口重次を中心とする宣撫班が設置された。山口は，謝文東が李杜の残兵を集めて反乱した「純然タル抗日反満匪賊」で，地主のなかには「皇軍」駐在地に避難する者もいたとし［満洲国協和会中央事務局次長山口重次］，事件の背景には県長の汚職があったとし

た［山口：322-323］。また，取得を中止した依蘭県でも土地売却を希望する地主がいたとし［満洲国協和会中央事務局次長山口重次］，関東軍の「討伐」や政府の対応を受けて，住民の反応も一様ではなかった。

10月1日，満洲国中央連絡委員会は東北商租地善後方策会議を開催し，「東北商租地善後要綱ニ関スル決議」により用地取得を総括した［「調査事項」］。さらに満洲国は1935年7月までに買収事務をほぼ終了し，翌年1月に設立された満洲拓植株式会社にこれを引継いだ。この間，126万余晌の用地を取得し，支払われた地価は428万余円に及んだ［国務院民政部：183］。

土龍山事件に対して関東軍が実施した軍事「討伐」は，ますます状況を悪化させた。他方で，事件の発端となった移民用地取得業務を引き継いだ満洲国政府は，取得条件に譲歩を附してこれを完了させた[10]。

2）移民用地獲得の状況

満洲国政府による業務引継ぎを経て，1935年の上半期頃までに，樺川，勃利，宝清，密山，虎林の5県で約17万晌，計画の約63％の用地取得が完了した（表2）。開墾の遅かった密山，虎林の両県で取得面積が拡大され，事件が発生した依蘭県は対象から外された［「調査事項」］。樺川等の3県では取得業務が継続されていた。また大幅に引きあげられた買収価格の差額は，補給金として満洲国政府が負担した。

満洲国政府はこうした取得業務引継ぎの過程で，住民に対するさまざまな救済措置をとった。第1に，地権者に「土地買戻票」を発給し，被取得面積に応じて一定面積を自家用に保留させる「買戻」の措置がとられた［水野ほか：151］。第2に，住民に移転地を保証する「換地」が認められた。第3に，遺失地券に対しては失照手続きを行い，地価の支払いを保証した。しかし地権者からは虚偽申請が多く，提出済みの地券が再び遺失地券として申請されることもあった。第4に，現住戸口調査を実施し，1年以上居住する住民に現住証明書を発給した［三江省民政庁行政科：154-155］。

樺川県における土地取得状況をみると，15万5013晌の取得用地に対して，関係する地主はわずか6人，すなわち投機地主と考えられる大土地所有者が多かったことが確認できる。また取得対象となった第6区のうち，「交通不便ニシテ治

安ノ維持サレザル東南部ノ履安，養生ノ両区ハ現住民殆ド無ク」，久泰区の住民は「殆ド採金従事者」，永豊区に167戸の住民がいるのみで［三江省民政庁行政科：154-155，158-159］，開墾が進んでいなかったことがわかる。

表2　樺川，勃利，宝清，密山，虎林各県における土地買収面積

	商租地名	総面積	可耕地総面積	熟地総面積	商租熟地
三江省地帯 (密，虎，樺， 勃，宝5県)	樺川県	1,260,000	416,091	200,000	14,132
	勃利県	972,000	220,483	44,483	8,259
	宝清県	1,458,000	444,400	32,200	12,522
	密山県 虎林県	2,918,250	1,277,500	73,500	140,401
	計	6,608,250	2,358,474	350,183	175,334

商租熟地／ 熟地（％）	荒地総面積	商租荒地	商租荒地／ 荒地（％）	商租総面積	商租地／可 耕地（％）
7	216,091	71,041	32	85,193	20
18	176,000	29,008	16	37,267	17
38	397,300	210,031	52	222,573	50
191	1,204,000	569,222	47	709,623	55
	1,993,391	879,322		1,054,656	44

備考：地券面積による，単位は晌。ただし樺川県第6区，宝清県第2，3区は，軍案から
　　　買収面積が縮小されたため，区全域ではない。勃利県は不明。
　　　　　　　　　　　　　　　　　　　　　　　出所：［「調査事項」，1935］より作成

さらに樺川県公署の調べによる第6区の総耕地面積は1万1250晌，うち一，二等熟地は659.7晌であったが，住民から申請された未升科熟地は2万8678晌に達し，実際の耕地面積の約3倍の申請があった。自らの利益拡大をはかる地権者に対し，行政側は「治安」不良のためその真偽を確かめるすべもなく，予算に応じて機械的にこれを処理せざるをえなかった［三江省民政庁行政科：140-141］。

満洲国政府は移民用地取得に対して，さまざまな住民救済措置をとった。他方，住民側は不合理な土地収奪に直面し，交渉の場で自らの利益の最大限の確保をはかった。用地取得を円滑に進めるため，満洲国政府は住民に対して譲歩せざるをえず，謝文東勢力への軍事「討伐」が進むなか，これによって社会の取り込みに成功したといえる。

以上のように，関東軍が圧倒的な軍事力によって進めようとした大規模な移民用地取得計画は，「関東軍従来ノ方針ヲ改メ土地買収ハ殆ド土民ノ生活ニ関係ナキ荒地ノ一部ヲ入手スルニ留メ他ノ地帯ハ全部返ス卜同時ニ見舞金救済金等ヲ

与ヘ茲ニ事件ヲ泰山鳴動シテ多数ノ犠牲者ト土地ノ荒廃ト関東軍威信ノ失墜ヲ伴ヒテ一段落」した［駐満海参謀長］。

Ⅳ 日本人移民政策と地域社会

1）移民用地取得の拡大とその管理

　1934年9月に継続して実施された第3次移民は，土龍山事件の余波を避けて濱江省綏稜県に入植した。依蘭，密山両地区の取得用地が移民用地として利用されるのは，第4次移民以降である。1935年には密山県の城子河，哈達河に第4次移民約500戸が，翌36年には同県黒台，朝陽，永安屯に第5次移民約1000戸が入植した。1936年1月には，資本金1500万円の満洲国法人満洲拓植株式会社が設立され，東亜勧業株式会社所有の移民用地は同社に引継がれた。

　1936年8月，満洲移民は日本政府の7大国策のひとつに掲げられ，翌37年からは「20ヶ年百万戸送出計画」に沿って送出された。この「計画」の骨子のひとつとなった「日本人移民用地整備要綱」（1936年7月9日，関東軍参謀長通牒）は，10年で1000万町歩の入植地を確保するとし，うち300万町歩が「三江省」にわりあてられた。1937年8月，満洲拓植株式会社は満洲拓植公社に拡大改組され，取得用地も公社に引継がれた。その後，1938年11月までに公社が「三江省」で取得した土地面積は，204万6434晌に達した［満洲拓植公社土地課：51］。買収地は省南東部の樺川，勃利，宝清県から，北部を中心として省全域に広がった。樺川県では新たに18万4476晌，依蘭県では16万5755晌の土地が取得された。

　他方，「三江省」では，取得用地内の住民に満拓社有地を有償分譲する「勘領」を認めた。「勘領」は「取得予定地カ三江省全体ニ亘ル関係上」考慮されたもので［満洲拓植公社土地課：29-37］，1人あたり2町歩以内，分譲価格は土地買収時の地価から算定するとし［満洲拓植公社：215-216］，日本人入植の際にあわせて設定された。またその目的は住民の「生活ノ保証」とされたが，同時に「日本人集団移民附近ニ於ケル満人部落ノ介在ハ余剰労カノ利用ソノ他ニ便益」であった［満洲拓植公社土地課：29-37］[11]。

また、満洲拓植公社は所有地の一部を小作地として管理した。1940年3月現在、「三江省」における満拓の小作管理地は16万8528晌で、1万8872戸の小作人が収容されていた[12]。満拓はこの小作地を管理するため、主要地に土地管理所を設けて社員を在勤させるとともに、在地有力地主による「管理人」を置き、これらの層の利益を確保した［西村 1987：23；君島：207］。三江省では、管理人1人あたりの管理戸数は71戸、管理面積は565晌に達し、小作1戸あたりの貸付け面積は約6晌であった。村の指導層を掌握することによって、土地管理の安定がはかられた。

　土龍山事件以後も用地取得は継続して実施されたが、もはや大規模な暴動は起きなかった。この背景には、軍事的優勢に加えて、行政側が「勘領」や小作地「管理人」制度など、用地取得にあたって在地の有力者層の利益を確保する方針をとったことがある。

2）「剿匪」の進展と開拓団の入植

　この時期、「三江省」の抗日勢力は中国共産党が指導する東北抗日聯軍に吸収されつつあった。

　1935年秋からの冬季「大討伐」によって謝文東の民衆救国軍は再び窮地に陥り、翌年9月、抗日聯軍第8軍に改編された［葉ほか：31-35］。同じ頃、李華堂の勢力が抗日聯軍第9軍に、祁致中の勢力が第11軍に改編された。抗日聯軍の遊撃区は在地勢力を吸収しながら「三江省」に集中し、その活動は翌1937年にかけてピークに達した［田中 1986：350，355］。すでに1935年8月、中共勃利県委は、依蘭、勃利一帯における謝文東の政治的影響を李延禄の10倍であると認識し、この勢力の取り込みを重要任務と位置づけていた［中共勃利県委：54］。

　他方で関東軍は、1937年7月、「三江省」で「特別治安粛正工作」の実施を決定し［田中 1986：355-377］、11月以降、集中的な「討伐」を行った。またこれと平行して、「帰順」工作や集団部落、警備道路の建設を進めた。1939年3月末まで続いたこの「粛正工作」によって、抗日聯軍第3軍長趙尚志、第6軍長夏雲階らが殺害され、両軍は崩壊した。また第8軍謝文東、第9軍長李華堂は、部下とともに投降した［満洲国軍刊行委員会編：384］。「三江省」の抗日聯軍はほぼ制圧された。

「剿匪」の進展にともなって、移民の送出が継続された。1938 年には樺川県七虎力、39 年には柞木台、公心集、小八浪、大八浪に集団移民（開拓）団が入植した［開拓総局：28-39］[13]。入植地は県南部の八虎力河、七虎力河、倭肯河流域に位置し、いずれも地味肥沃で、かつてはもっとも治安の悪い地域であった。「三江省」は「全国的」にも移民の入植が集中した地域であるが、うち樺川県へは 26 の移民（開拓）団、1 万 400 人あまりが入植している［満洲開拓史復刊委員会編：544］。

最後に断片的ではあるが、樺川県における個別の開拓団と現地社会の関係をみておきたい。

大東亜省による大八浪泰阜村開拓団の調査報告書は、従来から「原住民は其の大部分が数名の地主の支配下に雇農、小作人として存在して居」り、「これ等住民にとつては農耕地の所有関係の変化は問題ではなく、団員耕作地の自作化が生起せざる限り、彼等の生活環境に何等の変動もない」としている［大東亜省：143-144］。

例えば、この泰阜村開拓団が入植した九里六屯は、かつて地主兼保長の王喜偉が全屯を所有し、住民はほとんどが同家の小作人あるいは雇農であった。王は樺川県城の日本人との関係も深く、戦後「漢奸」として処刑されている。また隣接する中川村開拓団のあった徐家屯とその周辺の屯は、かつては依蘭の商人徐国林の所有地であり、同様に住民は徐家の小作人あるいは雇農であった[14]。徐は開拓団入植後、団員と焼鍋の共同経営を行っていた［関根：74-76］。

少なくともこれらの屯では、日本人入植前には 1～数屯を所有する大地主のもとに、大量の小作人や雇農が存在していたものが、入植後にはこの大地主が日本人と共存して、小作人や雇農を支配する形態に移行した。開拓団が自作化すればこれら小作人の生活は脅かされるため、地主化はむしろその支配の安定条件として働いている。他方で今井（2005）が指摘するように、開拓団は雇用労働力に頼っていたが、労賃の高騰によってその経営を圧迫されていた。従来から東北地域では、雇農のほか、多くの季節労働者が動員されていたが、こうした雇用形態も開拓団に継承された。

また満洲拓植公社が「水田熟地晌当五〇円、二荒地二〇円、畑熟地四五円、二

荒地一二円，湿地五円」で取得したこれらの開拓団の入植地は，将来これと同価格で団に「譲渡」するとされた［大東亜省：54-55］。開拓団は入植と同時に，多額の負債を抱えることになった。

　抗日運動が鎮圧されていくなかで，日本人移民（開拓）団の入植が進められたが，これは既存の社会の利害を維持させながら，それに依存するかたちによってのみ推進が可能であった。すなわち社会を変質させるものではなく，むしろ地代や高騰する労賃など，移民の負担を前提としたものであった。

むすび

　「満洲国」初期，関東軍は三江地域において大規模な移民用地取得に着手したが，地域社会の抵抗に遭い，大きな挫折を経験することになった。しかしこの時期，中国共産党側でも在地の有力者層に対する方針が定まっておらず，満洲国が地域社会に譲歩を打ち出すための時間的猶予を与えられることとなった。この背景には，従来「豪紳地主」排除を主張していた中共に対し，在地の有力者層が強い不信感をもっていたこともある。他方，満洲国は移民用地取得業務引継ぎの過程で「買戻」や「換地」などの救済措置をとって地域社会の不満に対応し，住民側も積極的にこの過程に参与した。さらにこの救済措置のいくつかは，のちの満洲拓植公社の移民用地取得にも継承された。

　また樺川県における個別の移民（開拓）団の事例からは，日本人の入植が既存の社会を変容させるものではなく，むしろ既存の社会構造のなかに組み込まれる質のものであったといえる。この過程で移民（開拓）団は，高騰する労賃や地代など多くの負担を課せられた。さらにこうした移民（開拓）団と地域社会の関係は，従来いわれるような「日本人」対「中国人」，「地主」対「小作」といった単純な二項対立関係に帰することはできず，そこには一種の共存関係もみられた。

　樺川県の移民用地取得における地域社会への配慮の背景には，抗日聯軍の活動が集中したという「三江省」の「治安」状況の特殊性があげられる。他方，近年中国で刊行された資料集には，各地で強制的な土地収奪が行われたことを示す档案が多く含まれており，すでに先行研究でも明らかにされているように，移民用

地の収奪が中国東北地域に大きな被害をもたらしたことは疑うべくもない。しかし，その受動的な一面のみを強調することは，満洲国下にあってなおしたたかに生きた中国社会の主体的な一面を見落とすことにつながるであろう。

最後に，土龍山事件を主導した謝文東は，1939年3月，関東軍の「討伐」の前に投降し，日本の敗戦後まもなく国民党合江省保安軍長に就いた。冒頭にあげた「土龍山農民暴動抗日記念碑」に，1946年11月，中国共産党に処刑された彼の名はない。また「樺川県烈士陵園」の中央には，抗日の「犠牲」となった民衆救国軍総指揮・景振卿と東北抗日聯軍第11軍長・祁致中の碑が鎮座し，事件は景振卿の功績として残されている。しかし現地の人々は，謝文東を地域の利害を代表した，土龍山事件の指導者として記憶している。

2005年8月15日，抗日勝利60周年を記念して新たに建てられた「土龍山農民抗日武装暴動記念碑」には，謝文東の名が刻まれた。ここに，その評価がとらえなおされつつあることがみてとれる。満洲国の統治と中国共産党の抗日運動のあいだで揺れ動いた彼の生涯こそが，当時の社会の有り様を示しているのではないだろうか。

　　※本稿は，財団法人りそなアジア・オセアニア財団より研究助成を受けて実施した研究成果の一部である。また樺南県の現地調査にあたって，歩平先生（中国社会科学院近代史研究所所長），呂秀蓮先生（佳木斯大学人文学院教授）には，格別のご配慮をいただいた。この場を借りてお礼申し上げます。

注

1) 「土龍山農民暴動抗日記念碑」，中共樺川県委員会・樺川県人民政府，1991年8月1日立。
2) 以下，括弧は省略。「満洲」についても同様とする。
3) 三姓副都統は1907（光緒33）年に廃止，これにかわって依蘭府が設置され，2年後にはこの依蘭府も廃止，樺川，依蘭などの県に分割された。これが民国期，満洲国期の行政区画へ継承される。
4) 李杜は，三江地区を地盤とする依蘭鎮守府使であった。
5) 謝文東，土龍山5保保董兼自衛団長，満族，1887年生まれ，遼寧省寛甸県出身。店主，農業などに従事。1925年，事件を起こして捕らえられ，吉林省依蘭県土龍山に逃げ，この地で45晌の土地を所有し，農業に従事した。「九・一八」事変後には，李杜の「吉林剿匪軍」で土龍山騎兵旅団長を務めた［葉ほか：7-8］。
6) 中国側の記述によると，当時依蘭県では1晌あたり熟地は58～121元，荒地は41～60元であった［葉ほか：6］。また1932年に拓務省が実施した移住適地調査は，永豊鎮，七虎力などの未墾地を反あたり「三十銭見当」とし［拓務省拓務局東亜課］，さらに第1次移民が樺川県永豊鎮に入植した際には，同地が1913（民国2）年に1晌

あたり哈洋 5 円（満洲国期の 4 元に相当）で払い下げられたことから，熟地 982 晌を 1 晌あたり 5 円で買収することで折合いがついている［拓政司第一科：112］。開発の早い土龍山鎮と奥地の永豊鎮では地価に大きな開きがあると考えられるが，関東軍の買収価格はもっとも安く見積もった拓務省の価格よりもさらに低い。なお，「晌」は「北満」の土地面積単位で，樺川県の 1 晌は 7.2 反に相当［国務院実業部臨時産業調査局：380］。

7) 李延禄，吉林省延吉出身。1931 年，中国共産党に入党，「九・一八」事変後は王徳林部隊に参加するも，33 年 1 月，王がソ連に逃亡し，その後，中共の指導下，寧安一帯で抗日遊撃総隊を組織，33 年 7 月にはこれを東北人民革命軍に改編，この地域における中共の抗日運動の代表的存在であった。戦後は合江省政府主席に就任した［王ほか：709］。

8) 例えば，土龍山事件を受けて勃利県で武装蜂起を起こした密山県委員会が，その指導権を「豪農地主」に掌握されていると報告したのに対し，満洲省委は「豪農地主」への反対を緩めたことを「右傾日和見主義」による誤りであると批判している［中共密山県委；中共満洲省委］。

9) 地券表記上は荒地でも実際は耕作されている土地を指す。

10) なおこれ以後，満洲国政府は本格的に日本人移民行政に関与することになる。詳しくは小都（2006）を参照。

11) 「三江省」で「勘領」は 4787 戸に実施された［劉：67-69］。1 戸 5 人として平均 10 町歩，おおよそ 5 万町歩が「勘領」地にわりあてられたと推定できる。

12) 1939 年現在，満拓の小作管理地は 56 万 245ha で，その年の取得総面積 571 万 3199ha の約 10％を占めていた［君島：203］。

13) いずれも 1939 年 6 月 1 日，依蘭県より樺川県に地区変更された。

14) 以上は，2007 年 8 月 7 日，黒龍江省樺川県九里六屯および徐家屯において，筆者が関根希氏（中国社会科学院近代史研究所院生）と行った聞き取り調査による。

文献

浅田喬二（1973），『日本帝国主義下の民族革命運動―台湾・朝鮮「満州」における抗日農民運動の展開過程』未来社 490p.

─── (1992)，「満州農業移民と農業・土地問題」(大江志乃夫ほか編『植民地帝国日本』岩波講座近代日本と植民地第 3 巻, 岩波書店) pp.77-102.

今井良一（2005），「戦時下における『満州』分村開拓団の経営および生活実態―長野県泰阜分村第 8 次大八浪開拓団を事例として」『村落社会研究』第 12 巻第 1 号 pp.11-22.

小都晶子（2006），「日本人移民政策と『満洲国』政府の制度的対応―拓政司, 開拓総局の設置を中心に」『アジア経済』第 47 巻第 4 号 pp.2-20.

開拓総局（1940），『満洲農業開拓民入植計画ト其実績』(開拓総局資料第 4 号) 143p.

君島和彦（1976），「満州農業移民関係機関の設立過程と活動状況」(満州移民史研究会編『日本帝国主義下の満州移民』龍渓書舎) pp.111-228.

国務院実業部臨時産業調査局（1936），『康徳 3 年度農村実態調査報告書 戸別調査之部 第 1 分冊（璦琿県，洮南県，樺川県，富錦県）』519p.

国務院民政部（1936），『満洲国民政年報・第 3 次』国務院民政部総務司調査科 346+52p.

三江省民政庁行政科（1935），『移民入植ヨリ拓殖会社成立ニ至ル迄ノ経緯』172p.

佳木斯農事試験場（1937），『三江省地方ニ於ケル土地制度ト開拓』30p.

関根希（2004），「埼玉県旧中川村における満州移民の歴史（2）」『秩父文芸』128 号 pp.64-81.

拓政司第一科（1936），「拓務省特別農業移民の概況」『民政部調査月報』第 1 巻第 1 号 pp.107-123.
大東亜省（1943），『第八次大八浪開拓団総合調査報告書』370p.
田中恒次郎（1976），「日本帝国主義の満洲侵略と反満抗日闘争―中国革命の展開と関連して」（満州移民史研究会編『日本帝国主義下の満州移民』龍渓書舎）pp.607-694.
─── （1986），「反満抗日運動」（浅田喬二・小林英夫編『日本帝国主義の満州支配―十五年戦争期を中心に』時潮社）pp.327-420.
西村成雄（1984），『中国近代東北地域史研究』法律文化社 490p.
─── （1987），「中国東北地域における植民地支配と農村社会―『東安省』地主権力の変容」『大阪外国語大学学報』第 74 巻第 3 号 pp.1-33.
満洲開拓史復刊委員会編（1980），『満洲開拓史・増補版』907p.
満洲国軍刊行委員会編（1970），『満洲国軍』蘭星会 952p.
満洲拓植公社（1940），『業務概要（帝国議会説明資料）』（『満洲移民関係資料集成』第 11 巻，不二出版，1991 年所収）288p.
満洲拓植公社土地課（1939），『招墾地整備業務須知』257p.
水野福徳・石川伝二・井上実（1965），「土龍山事件と密山工作」（満洲回顧集刊行会編『あゝ満洲』）pp.150-151.
南満洲鉄道株式会社経済調査会（1935），『吉林省内三姓・勃利地方経済事情』148p.
山口重次（1973），『満洲建国の歴史―満洲国協和会史』栄光出版社 465p.
山田豪一（1962），「満州における反満抗日運動と農業移民」『歴史評論』第 142 号 pp.46-64，第 143 号 pp.62-77，第 145 号 pp.66-73，第 146 号 pp.65-77.
李良志（1989），「抗日民族統一戦線樹立における王明の役割について」『大阪外国語大学論集』第 2 号，田中仁訳 pp.233-256.
劉含発（2001），『日本人満洲移民と中国東北農民―満洲移民の土地問題をめぐる日中農民関係』（新潟大学提出博士論文）187p.
外務省記録「本邦移民関係雑件　満洲国ノ部」（J.1.2.0.J2-23）
　亜細亜局第三課（1934），「土龍山事件概要」．
　在満洲国特命全権大使菱刈隆（1934），「依蘭県事件ニ関スル件」昭和 9 年 3 月 26 日．
　駐満海参謀長（1934），「吉林省依蘭方面土地買収事件ニ関スル状況報告」康徳元年 6 月 5 日．
　日小田三姓警察分署長（1934），「最近ノ匪勢ト民心ノ動向ニ関スル件」康徳元年 4 月 10 日．
　菱刈大使（1934），廣田外務大臣宛第 484 号電信　昭和 9 年 4 月 2 日．
　森島総領事（1934），廣田外務大臣宛第 44 号ノ 2 電信　昭和 9 年 1 月 23 日．
　─── （1934b），廣田外務大臣宛合第 265 号電信　昭和 9 年 4 月 14 日．
　満洲国協和会中央事務局次長山口重次（1934），「依蘭地方問題ニ対スル一般誤認是正ニ関スル件」康徳元年 6 月 8 日．
外務省記録「満洲拓殖会社関係一件」第 1 巻（J.1.2.0.J15）
　在満洲国特命全権大使菱刈隆（1934b），「吉林省東北部移民地買収ニ関スル件」昭和 9 年 4 月 4 日．
　拓務省拓務局東亜課（1932），「満洲移住適地調査概要一覧」．
　「調査事項」（1935）．
劉澤夫（1982），『土龍山農民暴動』黒龍江人民出版社 61p.
王鴻賓ほか（1996），『東北人物大辞典』第 2 巻（上）遼寧古籍出版社 1608p.

葉忠輝ほか（1986），『東北抗日聯軍第八，九，十，十一軍』黒龍江人民出版社 216p.
中共勃利県委（1935），「中共勃利県委給吉東特委的報告—関於県委改組，四軍活動及韓民工作等問題」（中央档案館ほか編『東北地区革命歴史文件匯集』第 37 輯，吉林人民出版社，1991）pp.49-62.
中共満洲省委（1934），「中共満洲省委関於組織和領導反日反満的武装暴動，鞏固拡大赤色遊撃区等問題給密山県委及勃利区委的信」（中央档案館ほか編『東北地区革命歴史文件匯集』第 19 輯，吉林人民出版社，1991）pp.37-49.
中共密山県委（1934），「中共密山県委給吉東局的報告—関於密山，勃利政治形勢和赤色遊撃隊，民変等工作」（中央档案館ほか編『東北地区革命歴史文件匯集』第 27 輯，吉林人民出版社，1991）pp.311-317.

3 日中戦争中後期における日本の「重慶工作」について

臧 運祜（宮崎いずみ訳）

はじめに

　1941年，特に太平洋戦争の勃発後から1945年8月までの中国の抗日戦争中後期まで，日本は汪兆銘の傀儡政権を国家承認し，それを主な対象として対華政策を実施すると同時に，重慶国民政府へのいわゆる「和平工作」，すなわち「重慶工作」も引き続き行っていたが，これは日本の対中国政略にとって内容的にも対外的にも重要なものであった。

　1990年代以降，わが国の研究者の間では，台湾で解禁された「蒋中正総統檔案」を用い，日中戦争時の日本と蒋介石の交渉についての研究が数多くすすめられ深められてきた。しかし，これらの研究の大部分は1940年およびそれまでの日中戦争前期に集中しており，日中戦争の中後期に関してはほとんど言及されていない。そこで，本論では日本での文献に基づき，主に東京の中央最高統治グループ（政府および軍部）の政策決定過程に着目し，日中戦争中後期の日本の「重慶工作」について分析を加え，本領域における研究の一助としたい。

Ⅰ．太平洋戦争勃発前後の「重慶工作」（1941年～1942年）

1）開戦前

　1940年7月22日の第2次近衛内閣成立後，日本の対外政策は急転した。三国同盟条約を締結し，武力で南進を始めると同時に，日本は引き続き「支那事変」の解決を急ぎ，「大東亜共栄圏」の建設のための基盤と条件を整えようとしてい

た。このため日本は汪兆銘の傀儡政府を支援しながらも，外交的には未承認というこの時期，軍部による蒋介石の投降を目指す「桐工作」など，政略・戦略のあらゆる手段を用いて多方面から重慶国民政府への「和平工作」を行っていた。

10月1日，近衛内閣は閣議にて「支那事変の迅速なる処理」を決定した。ここでは「事実上重慶政府を直接の相手とし，全面的な和平交渉を行う」との考えが明らかにされ，また，ドイツ・イタリアという2つの同盟国を利用し，重慶政府との直接交渉を推し進めることとした。「全面和平」を実現する順序は，「停戦，重慶と南京の合流，平和交渉」とし，また，上述の対重慶工作が功を奏さなかった場合，日本は迅速に汪兆銘の南京政府を承認するとしていた［外務省 b］。閣議ののち，外相および陸・海軍の3大臣は，近衛首相の官邸にて「対重慶和平交渉の件」を相談し決定した。日本政府は南京政府と締結した基本条約（海南島に関する付属秘密協定も含む）を大筋の根拠として重慶政権に対し和平交渉を行うこと，この和平交渉は汪兆銘と蒋介石の合作を目的とし，まずは日中間で直接交渉を行い，10月中旬ごろには成果を出すことが決められ，この文書の付属部分には日本が和平交渉で提出する要求も定められていた［外務省a］。

「閣議」決定と同時に軍部は「桐工作」の停止を決定した。7月27日決定の「情勢処理概要」によると，軍部も「支那事変」の処理に関する概要を考慮し始め，11月中には大本営陸軍部・海軍部の間で意見の一致を見た［戦史叢書d:310-312］。

政府と軍部がそれぞれ「支那事変」処理に関する文書を作成したことをうけて，11月13日，日中戦争開始後4回目となる「御前会議」が開催され，対華政策に関する2つの重要な文書が決定された。そのひとつは，「日華基本条約」で，もうひとつは「支那事変処理要綱」であった[1]。

前者の文書は政府から出されたもので，日本が11月末に汪兆銘の傀儡政府を承認する予定で，これと交わす条約およびその付属文書，および発表予定の「日・満・華共同宣言」である。

後者の文書は大本営陸軍部および海軍部から出されたものである。これは実際上は重慶国民政府に対する政策であり，日本が「支那事変」を処理する方針は，「武力戦ヲ続行スル外，…政戦両略ノ凡有手段ヲ尽シテ，極力重慶政権ノ抗戦意志ヲ衰滅セシメ，速ニ之カ屈服ヲ図ル」というものであった。これについて，中

国の新中央政府を承認するまでは「重慶工作」を継続し,実質的な成果を上げるとした。当文書では「重慶工作」の内容に関して具体的に大要次のように規定していた。

　(1) これまで軍民で行っていた和平工作を一律中止し,帝国政府が一括して行い,関連機関が協力すること。
　(2) 重慶政権と交渉する和平の条件は,新中央政府と締結予定の基本条約に準拠し（これと一体の艦船部隊の駐留および海南島経済開発の秘密協約を含む）,別紙文書には日本側要求基礎条件と具体的要求を示す。
　(3) 和平工作は汪蒋合作を立前とし,日中間の直接交渉を原則とし,そのためにドイツに仲介させるとともに,対ソ国交調整も利用する。

このほかにも,もし11月末までに重慶側との和平が実現しなければ,その時点の情勢如何にかかわらず確固として長期戦に突入するという戦略をとり,最終的に重慶政権を屈服させるとしている［外務省編1978：464-466］。

「支那事変処理要綱」で定められた内容は,実質上は日本が汪兆銘の傀儡政権を承認する前に行うとする「重慶工作」の政策であった。これらの政策,特に日本が重慶側と「和平」を実現するための基本的条件と要求は,これまでの「和平工作」の要求を総括しつつ,政府が10月1日に合意した上述文書を参考にし,軍部の修正を経て提出され,最高統治グループの「御前会議」による共通の意思によって決定されたものであった。これにより「重慶工作」は単なる軍部の謀略や政府の政略という意味合いだけでなく,日本の最高レベルの国策という意味を有するようになった。

上述の決定と同時に,松岡洋右外相は引き続き重慶政府への「銭永銘工作」を担当した。しかし,汪兆銘政府との条約交渉役である元首相で政府特使阿部信行ならびに汪兆銘傀儡政府の「最高軍事顧問」である影佐禎昭の強い反対に遭い,11月28日,成立したばかりの大本営政府連絡懇談会の第1回席上で,30日に汪兆銘政府と条約調印後,「重慶への工作は一時中止するが,蒋介石との和平は中止しない」［参謀本部編：155］とされたことによって,「銭永銘工作」が終了し,関連する「和平」計画は途中で頓挫した。このようにして日本は1940年末に「重慶工作」に絶望し,最終的に汪兆銘を選択し,そしてその傀儡政府に日本との一連の条約に調印させた。日本はこのようにして「支那事変」解決について新た

段階に入り，中国に対する戦略を長期戦略へと方向転換した。

1941年，日本は「支那事変」という重い荷物を背負いつつ南進を速め，太平洋戦争を発動させた。これより世界大戦を利用して「支那事変」を解決し，同時に「支那事変」により世界大戦を有利な情勢にもっていくことが日本の対華政策における最善の選択肢ととらえられるようになった。

7月2日，日本は第5回「御前会議」を開き，「情勢の推移に伴う帝国国策要綱」を決定したが，「支那事変」の処理に関する国策要領については，「蒋政権屈服促進ノ為，更ニ南方諸域ヨリ圧力ヲ強化ス，情勢ノ推移ニ応シ適時重慶政権ニ対スル交戦権ヲ行使シ，且支那ニ於ケル敵性租界ヲ接収ス」［外務省編 1978：531-532］とされた。

7月18日，第3次近衛内閣誕生後，9月6日に第6回「御前会議」が開かれ，再度「帝国国策遂行要領」が決定され，10月下旬に米・英・蘭への戦争準備を整えることが決められたほか，またその前に米・英と外交的交渉を行う際の日本の「支那事変」に関する最低ラインの要求が決定された［外務省編 1978：544］。

10月18日，東条英機が組閣し，11月5日に開催された第7回「御前会議」において再度「帝国国策遂行要領」を決め，12月初めに米・英・蘭への戦争を発動し，米国との交渉期限を12月1日零時とすることを決定した［参謀本部編：417］。

11月13日，大本営政府連絡会議で「『帝国国策遂行要領』に関連する対外措置」が決定され，その中で中国に対する措置についても決定された［外務省編 1978：558-560］。大本営政府連絡会議はまた，15日には，「対米英蘭蒋戦争終末促進に関する腹案」を決定し，重慶の蒋介石政権に対する戦争を明確に打ち出すとともに，「積極的措置ニ依リ，蒋政権ノ屈服ヲ促進シ」という方針が出された。このために決められた対華措置としては，対米・対英・対蘭の戦争，特にその作戦の成果を活用して，蒋介石への援助の禁絶，抗戦力の減殺や，租界の掌握，南洋華僑の利導，作戦強化などの政略的戦略的手段を積極的に運用して，重慶政権の屈伏を促進することなどがあった［外務省編 1978：560-561］。

12月1日午後2時より第8回御前会議が開かれた。アメリカとの交渉が失敗に終わったことを受けて，日本の「米・英・蘭への開戦」が決定された［参謀本

部編：544-545]。8日に日本軍によるパールハーバー奇襲の後，昭和天皇は「宣戦の詔書」を発布した［外務省編 1978：573］。10日，大本営政府連絡会議において，「支那事変」を含む対米・英との対戦を「大東亜戦争」と呼称し，この戦争の開始時刻は1941年12月8日午前1時30分であるとされ［参謀本部編：568］，これより，「支那事変」は「大東亜戦争」の重要な一部とされることとなった。

2）戦争初期

開戦決定後，1941年12月4日，大本営政府連絡会議において「国際情勢急転の場合満洲国をして執らしむべき措置」が決定され，また6日には「国際情勢の急転の場合支那をして執らしむへき措置」が決定された［臼井ほか編 1972：12-13］。日本はその傀儡国である満洲国と汪兆銘の傀儡国民政府の参戦を許可しなかったが，それは日本が初戦勝利の知らせと中国戦場での優勢を借りて，重慶政府に対する「和平」工作をひきつづき強化し，蒋介石政権の最終的な降伏を促すのが目的であった。

このため，12月24日，大本営政府連絡会議は「情勢の推移に伴う対重慶屈伏工作」を制定した。その具体的な措置には，

  (1) まず，重慶の諜報ルートを設定し，その任務を大本営陸軍部が負い，関係機関はそれに協力すること。
  (2) 帝国が獲得した戦果および重慶政府の致命部に対する強圧によって，重慶側の動揺に乗じ，適時諜報工作を屈服工作へと切り替えること。

が提示された［外務省 a］。また，同日，大本営陸軍部は「対重慶諜報路線設定ニ関スル指示」を発布し，

  (1) 大本営陸軍部が統一してこの任務の大枠を指導し，支那派遣軍がこれを実施する。
  (2) 支那派遣軍はまず上海租界や香港などを基地とし，新しく知り得た中国側要人やその他の外国人を調査し利用し，重慶への諜報工作ルートを構築する。

とした［臼井ほか編 1972：13］。

1942年3月7日に大本営政府連絡会議で決定された「今後とるべき戦争指導の大綱」でも，重慶への政策は前述の決定に従い続行されることとされた［参謀本部編 b：82］。

太平洋戦争初期，日本は主に「支那派遣軍」に重慶政府への諜報工作ルート決定の任務を行わせていた。「支那派遣軍」はこの任務を「チ」号工作と命名し，蔣介石を最終ターゲットとしつつ，上海の杜月笙の部下である徐採丞と主にコンタクトを取り，旧暦の端午の節句（5月15・16日頃）において江西省上饒付近で杜月笙と面会し，蔣介石へとつながる諜報ルートを確立させる予定であった。また，同時に上海の汪兆銘傀儡政府の「七十六号」特務機関を通じて，蔣伯誠と陳宝萃に働きかけ，杜月笙ならびに陳立夫，陳果夫とも引き続き連絡を取っていた。6月末には重慶政権の政治状況を探り，香港から来たものを中心に，重慶への諜報ルートを構築すると予定されていた。しかし，日本軍が5月中旬に起こした浙江への「セ」号作戦によって，金華方面からの主な連絡が途絶えてしまい，この工作は挫折した。「支那派遣軍」は6月末に香港へと人を派遣し，香港の呉奇玉および楊虎夫人を通じて戴笠との連絡を試みた。しかし，7月末になっても重慶工作の諜報ルートは確立されることはなかった［臼井ほか編 1972：44-46］。

それと同時に太平洋戦争勃発前後，日本側はますます「重慶側はすでに必死で英米に頼っている状態である」と感じるようになり，政治的降伏工作の重点を非蔣介石系の，中国の地方実力派へと徐々に向け始め［戦史叢書a：134］，閻錫山が「和平」工作の重点的実施対象となった。

1941年6月20日，「支那派遣軍」は閻錫山と以前から旧交のある岩松義雄中将を派遣して第一軍（山西派遣軍）司令官に任命し，「対伯工作」を強化した。28日，岩松義雄は閻錫山への書簡で，「汪先生と共に中日百年の大計の為，討共陣営に合作参加せられ，速に興亜建設の大旗を高揚せらるる」ことを希望した［臼井ほか編 1966：449-450］。9月11日，「支那派遣軍」の代表である田辺盛武と第一軍代表楠山秀吉が，山西省汾陽で閻錫山側の代表である趙承綬と「日本軍・山西軍間基本協定」ならびに「停戦協定」を結び，日本は閻錫山に汪兆銘の南京政府副主席および軍事委員会委員長を務めさせ，将来的には華北政務委員会委員長および華北国防軍総司令の地位に就任させることと引き換えに，閻錫山は汪兆銘傀儡政権と協力共同し反共の立場に立つことへの同意を得た［臼井ほか 1966：450-455］。この協定締結後，岩松義雄は何度も閻錫山に書信を送り，脅迫や甘言をもって，単なる反共という目標から方向転換し，重慶国民政府からの離脱とい

う「独立宣言」を行うことを要求し、重慶政権を分裂させようとした。しかし、情勢の観察にすぐれた閻錫山は、日本軍に第1段階の協定履行を要求することでこれをかわした［臼井ほか編 1966：457-464］。

太平洋戦争勃発後、「支那派遣軍」は「対伯工作」を引き続き強化した。満洲事変後、閻錫山を山西省まで護衛したことのある花谷正が第一軍の参謀長となり、茂川秀和が太原で特務機関を設立した。そして、閻錫山を服従させるため、日本軍は「B号作戦」を行う予定を立てた。閻錫山は日本軍の圧力のもと、1942年5月6日、代表団を率いて安平村を訪れ、岩松義雄と交渉を行ったが、重慶政府離脱に対しては依然躊躇し、結局会談はものわかれに終わった。17日、岩松義雄は閻錫山に以前の双方の協定を破棄し、日本軍が閻錫山を交渉相手とは見なさいという態度をとることを正式に通知した［臼井ほか編 1966：521］。その後第一軍はB号作戦を発動し、閻錫山の軍隊の指揮中枢を徹底的に破壊しようとした。18日、日本の大本営陸軍部も「支那派遣軍」に「対伯工作」はすべての協定を破棄し、今後は投降を勧めることはしないと通告している［伊藤ほか編：352］。

太平洋戦争前後に日本軍が行った「対伯工作」は、実は日本の対重慶工作にとって重要な意義をもっていた。上述の政治攻勢が失敗を告げた後、日本の大本営は今度は太平洋戦争初期の勝利を利用し、中国の戦場に対し大規模な進攻作戦を行い、重慶占領を目指すことで「支那事変」を終わらせようとし、1942年9月3日、大本営陸軍部は「支那派遣軍」に「五号作戦」の準備を命令し、これにより「支那事変の迅速なる解決」と「重慶政府の降伏と崩壊を進める」［戦史叢書c：50-56］ことを期待した。

「五号作戦」はまたの名を「四川作戦」とも言い、「支那派遣軍」の半分の兵力を必要としたため、当時の条件ではあきらかに非現実的であった。「支那派遣軍」参謀長河辺正三さえも、これは完全に「賭け」であり、「貧窮の策」であると考えていた［戦史叢書c：54-66］。その「支那派遣軍」が作戦準備中、日本軍はガダルカナル島で敗北し、ヨーロッパではドイツが敗北し、結局、1942年12月10日、大本営陸軍部は「五号作戦」準備の停止を命令せざるを得なくなった［臼井ほか編 1972：65-66］。このようにして、年末になっても、日本は政治的ならびに軍事的手段によっても重慶政府を対象とした「支那事変」解決の企図はいまだ実

現には至らなかった。

II. 対華新政策のもとでの「重慶工作」(1943年～1944年7月)

1942年12月21日，日本は第9回御前会議を開き，「大東亜戦争完遂の為の対支処理根本方針」を決定した［参謀本部編 b：310-322］。これは日中戦争開始以来，「御前会議」における最後の対華政策決定であった。この文書では，日本の今後の対華政策の全体的方針が定められ，また，上述の中国への対策が「米英側の反撃が頂点に達する前に」成果を挙げることが要求されていた。そのために，政治・経済政策それぞれに汪兆銘傀儡政府に対する具体的措置が定められていたほか，「帝国ハ重慶ニ対シ一切ノ和平工作ヲ行ハス，情勢変化シ和平工作ヲ行ハントスル場合ハ別ニ之ヲ決定ス」とされていた。上記の決定はつまり，いわゆる汪兆銘傀儡政権の参戦を機とした「対華新政策」であった。これは日本の2度目の「蒋介石を対手とせず」声明であり，これまでの日本の対華政策が失敗であったとの自己宣言であった。「支那派遣軍」司令官畑俊六は，当時この方法を「要するに重慶が飽迄米英に依存して徹底抗日に決したる今日，従来執り来りたる諸施策は凡て絶望なるを以て，最後の残りたる一策として」［伊藤ほか編：386］であると考えていた。

同じ12月21日，東条英機首相は来日した汪兆銘と会談を行い，参戦期日を翌年1月15日とすることで合意した［外務省 c：85-118］。しかし，日本はアメリカ議会で「米支平等新約」の審議が通過しそうなのを知ると，アメリカの先を越そうと，汪兆銘政府の参戦期日を1月9日へと前倒しした。汪兆銘の傀儡政府が米英に「宣戦」した当日，重光葵と汪兆銘は南京で「日華共同宣言」を締結し，同時に租界還付および治外法権撤廃などに関する日華協定を締結した［外務省編1978：581-582］。汪兆銘政府の「参戦」を契機に，日本は汪兆銘政府を交渉相手とした新しい対華政策を実施することとなった。

1943年5月31日，日本は第10回御前会議を開き，同年11月初めまでに「大東亜政略」の総括と改善作業を終わらせることを決定し，「政略態勢ノ整備ハ帝国ニ対スル諸国家諸民族ノ戦争協力強化ヲ主眼トシ，特ニ支那問題ヲ解決ス」こ

ととし，対華政策に関しては，「日華基本条約」の改定を行い，日華同盟条約の締結を行う」ことが決められ，また「国民政府ヲシテ対重慶政治工作ヲ実施セシムル如ク指導ス」［外務省編 1978：583-584］ることとされた。これは，中国における問題の解決を目的とした「対華新政策」が日本の「大東亜政策」の重点部分となったことを示している。日本のリーダーシップのもと，汪兆銘傀儡政府が行う「対重慶政治工作」も対華新政策のひとつとなった。これを受けて，6月3日，大本営陸軍部は「重慶諜報経路工作に対する処理文書」を策定し，この時点では，依然大本営が重慶への諜報ルート工作を受け持ち，重慶政府工作が開始される際まで続け，この工作に必要な中国の機関は帝国政府へと移行されることが定められると同時に，大本営が実施するこの工作は帝国政府が行う政治工作とは抵触しないことが強調されていた［臼井ほか編 1972：122］。

御前会議の上述の決定に基づき，9月18日，大本営政府連絡会議は「日華基本条約改定条約締結要綱」ならびに「対重慶政治工作に関する件」の2文書を決定した［臼井ほか編 1972：126-130］。これは日本が汪兆銘政権との同盟条約締結と「国民政府」に重慶への政治工作を開始させるということを示していた。9月21日，大本営政府連絡会議は「対重慶政治工作方案」についての共通認識を得，

　　（1）汪兆銘主席の対重慶政治工作に関する真意と計画を確認した後，国民政府に重慶への政治工作開始を指導する。
　　（2）重慶政権が米英との関係を終わらせる誠意を表明し，日華両国の全面和平を望むならば，帝国政府はこれを受け入れる準備がある。

ことを決定し，その誠意表明の内容についても規定した［外務省 a］。

9月22日，汪兆銘が東京を訪問し，重慶との和平工作に対してこれまでにない熱意を示した。23日汪兆銘が南京へ戻った後，24日，大本営政府連絡会議は「対重慶政治工作指導に関する件」を決定し，目下の重慶への政治工作は原則上内閣総理大臣が直接汪兆銘主席への指示連絡を行い，現地の機関は必要な情報伝達以外は中央の指示なくこの任務に参与してはならないとした［外務省 a］。これに従い，大本営陸軍部は10月7日，「支那派遣軍」に対し「大本営陸軍部ノ任ジ来レル対重慶諜報路線工作ハ廃止ス」「支那派遣軍ハ別ニ指示スル処ナキ限リ国民政府ノ行フ本工作ニ関与セザルモノトス」との指示を出した［臼井ほか編

1972：136]。

　日本がこのとき始めた南京の「国民政府」による対重慶政治工作は，中央では東条英機首相自らが，現地では軍事顧問柴山兼四郎が担当した。中央と現地の連絡については，陸軍省軍務局佐藤賢了が必要に応じて飛行機にて東京―南京間を往復した。

　他方，汪兆銘はその妻陳璧君を通じてマカオにいる孫文の前妻であった盧慕貞と連絡を取り，そこから馮祝万と重慶の孫科（盧慕貞はその生みの母にあたる）と連絡を取ろうと計った。南京側では，朱家驊・呉鉄城・陳立夫・陳果夫を通じていわゆる和平工作を図ったが，重慶側には何の反応も見られなかった［伊藤ほか編：443-447］。

　その後の9月30日，日本は第11回御前会議を開き，「今後採るべき戦争指導の大綱」を決定し，「絶対的国防圏」まで後退する戦略を迫られることとなった。また，重慶に対しては，「重慶ニ対シテハ不断ノ強圧ヲ継続シ，特ニ支那大陸ヨリスル我本土空襲並海上交通ノ妨害ヲ制拒シツツ，機ヲ見テ速カニ支那問題ノ解決ヲ図ル」ことを決定した［参謀本部編b：473］。

　これを受けて，日本は汪兆銘政権との「日華同盟条約」締結交渉を急いだ。10月30日，日本の「大使」である谷正之と「国民政府」行政院長汪兆銘が南京においてこの条約およびその付属協定書の文書に調印した［外務省編　1978：591-593］。日本がこの条約締結を急いだのは，近々開かれる「大東亜会議」を迎えるためであった。11月5〜6日，東京で開催された「大東亜会議」では「大東亜宣言」が発表され，日本は「大東亜共栄圏」確立を示した。しかし，この直後，米英中3ヶ国の首脳が11月22〜26日にカイロで会議を開き，「カイロ宣言」を発表したことにより，これは失敗に終わった。このようにして，1943年末には日本の対華新政策の失敗にともない，対重慶政治工作も何の成果も得られないまま終わった。

　10月のはじめ，大本営陸軍部では中国に対する「一号作戦」発動が論議されていた。1944年4月，対華「一号作戦」を開始した。これは日中戦争後期における日本軍の中国戦場での最大規模の攻撃作戦であるとともに重慶政権への最大の軍事攻撃であり，日本の「重慶工作」を最終的に終わらせることとなるもの

であった。

　「一号作戦」がまずは勝利を収めたことにより，1944年7月3日，大本営政府連絡会議は「対支作戦に伴う宣伝要領」を決定し，重慶政府と中国共産党の協力ならびに米英ソが中国で協力して日本に対抗することを防止しなければならないとした。重慶に対しては，「抗戦陣営ノ分裂ヲ図リ、厭戦思想ヲ醸成セシム」とした［参謀本部所蔵：28-29］。しかし，「一号作戦」の勝利も日本の太平洋戦域での敗北を挽回することは難しく，7月18日，東条英機内閣は退陣した。

Ⅲ．敗戦期における「重慶工作」（1944年8月～1945年8月）

　1944年7月22日，小磯国昭内閣が成立した。日本は「絶対国防圏」が連合軍によって打破されたことにより，敗戦は決まったも同然であった。

　8月4日，大本営政府連絡会議は「最高戦争指導会議」を設置し，この「最高戦争指導会議」で戦争指導の基本方針および国務と統帥との調整を行うことを決定した［参謀本部所蔵：33-34］。汪兆銘がこの年3月から日本で病気治療を行っていたため，8月11日，小磯内閣の陸・海軍省および大東亜省は共同で「汪首席万一ノ場合ニ於ケル善後対策」を決定し，「帝国ノ対支既定方針ハ之ヲ堅持スルト共ニ、努メテ国民政府ノ動揺混乱ヲ防止シ、支那側ノ対日協力ニ渋滞ナカラシムルヲ期ス」ことを決め，陳公博を汪兆銘の後継者として指名した［臼井ほか編 1972：149-150］。小磯内閣は汪兆銘傀儡政府への既定の政策を引き続き貫くとともに，対華政策の重点を重慶政府への政治工作へと移し，「一号作戦」勝利の成果と重慶政府の一時的動揺を利用して，「和平」を実現しようとした。

　8月19日に開かれた第12回御前会議では，「世界情勢判断」と「今後採るべき戦争指導の大綱」の2文書が決定された［参謀本部所蔵：38-57］。後者は，日本は対外戦略において，「重慶ニ対シテハ速カニ統制アル政治工作ヲ発動シ支那問題ノ解決ヲ図ル、之カ為極力『ソ』ノ利用ニ努ム」ことを定めていた。このように，日本は1年ぶりにまた「重慶政治工作」という目標を掲げることとなった。

　具体的戦争指導任務に当たっていた大本営陸軍部第20班は8月20日，上述の各戦略の研究作業日程を定め，29日対重慶政治工作対策の研究役を担っていた

第4班が「重慶連絡ルート」を決定した［参謀本部所蔵：160-162］。これを土台として，30日最高戦争指導会議は「対重慶政治工作実施要綱」を決定し，総理大臣と外務大臣が連絡を取り，南京の「国民政府」を通じて，自発的な形で実施し，必要なときには顧問を招聘することができることを定め，上述系統の機関以外はいかなる機関も実施してはならないとした。この任務は在華大使と陸海軍最高指揮官に通知され，共同で国民政府と密接な連絡を取り合い，国民政府の任務執行を支援するとした［参謀本部所蔵：163］。

9月5日，最高戦争指導会議は「対重慶政治工作実施に関する件」を決定した。この「方針」部では，重慶への政治工作の重点は「大東亜戦争」を成功させ，重慶政権の対日抗戦をすみやかに停止させることとし，その最優先目標は相互の直接交渉の機会を作ることだとした。その「要綱」部では，当面の任務の目標と和平条件の案が決められていた。また，ソ連を利用し，日中間の交渉を促進することや必要なときにはソ連を仲介役とすることが可能であると定められていた［外務省a］。

最高戦争指導会議が上述の決定を行った翌6日，昭和天皇は首相および陸・海軍の両総長が連名で上奏した際，これについて諮問した。その内容には「我が国の弱点を暴露しないか」「成功する見込みはあるのか」「軍隊の士気に影響しないか」「近衛声明と抵触しないか」「国民政府，特に汪兆銘は工作を実施する意図はあるのか」「香港の返還や海南島は如何に処理するのか」などの問題が含まれていた［参謀本部所蔵：165-166］。これは天皇が重慶工作に大きな関心を寄せていたことを示しており，天皇は御前会議を開いてこれらの問題を議論して決定すべきではないかと提案した。9月9日午後，昭和天皇は首相や陸・海軍両総長を召見し，再度「本件ハ極テ重大ナルヲ以テ，単ナル謀略ニ終ルコトナク飽クマテ正道ヲ以テ進ミ，帝国ノ信義ヲ先方ニ徹底セシムルヲ主トシ，一時的効果ヲ以テ満足スルコトナク永遠ノ成果ヲ収ムル如ク十分慎重ナランコトヲ望ム」との指示を行っていた［参謀本部所蔵：176］。

南京の傀儡政府への伝達については，日本政府は柴山兼四郎中将に辞任（8月30日に陸軍省次官に任命されている）という名目で，南京に伝達に赴かせ，日本側として直接言い出しにくいという情況を避けた［伊藤ほか編：487］。9月13

日午後，柴山兼四郎は陳公博に伝達を行い，14日午前，今度は周佛海に対して伝達を行った［参謀本部所蔵：177-179］。陳公博は日本の予想に反してこの任務を受け入れ，柴山は喜んで東京へ戻り任務に就いている［伊藤隆ほか編：488］。

その南京傀儡政府の対重慶工作実施については，周佛海が最高軍事顧問を担当した矢崎勘三郎中将に語ったところによると，重慶側は何応欽が日本との和平工作を行い，その連絡員がすでに上海を訪れている一方，南京側は劉百川・周作民・李思浩などを起用し，工作を行わせる準備があると伝えたが，日本側はこれに懐疑的であった［伊藤ほか編：489］という。

日本政府はまた，前外相の宇垣一成を派遣し，中国へ1ヶ月の旅行へ赴かせた。宇垣は坂西利八郎中将の同行のもと，華北・華中を視察し，10月16日に東京へと戻った。中国滞在中，宇垣はいたるところで中国人と会見し，意見交換を行った。しかし，周佛海に対しては避けて会おうとしなかった［伊藤ほか編：494-495］。宇垣は東京に戻った後，首相官邸で小磯・杉山・重光などの人物に対し，重慶への和平工作にはまだ余地が残されており，その条件は

(1) 満洲中立地域を設立すること。
(2) 在華駐屯軍隊を撤退させること。
(3) 外交と軍事を率いる人物を派遣すること。

であると提案した［外務省編1986：215］。しかし，宇垣のこの第1・第2の要求は最高戦争指導会議がこれまでに行った日華和平条件とのギャップが大きすぎ，また，彼の南京政府への拒絶的，ひいては排斥的な態度は当時の重慶工作計画と食い違い，このため，何の成果も得ることはなかった。

10月初め，南京傀儡政府と密接な関係をもっていた今井武夫が「支那派遣軍」副総参謀長に任命された。同月中旬には小磯首相が南京から来た矢崎勘三郎を呼び出した。これは日本に依然「南京政府」を通じて重慶工作を行わせる意図があったことを示している。しかし，11月10日汪兆銘が名古屋で客死したことにより，南京傀儡政府を利用した対重慶政治工作は更に悲観的なものとなった。それに加えて，ソ連が日本の特使派遣を拒絶したことにより，ソ連を利用しての重慶工作の進展も更にあてにならないものとなった。

11月22日，岡村寧次大将が「支那派遣軍」司令官に昇任した。12月13日，

最高戦争指導会議は「現地に於ける対重慶政治工作実施に関する件」を決定し，「支那派遣軍」司令官が統一してこの工作の実施にあたると決定した［外務省 a］。これはこれまでの「南京政府」を通じた重慶工作の失敗を宣言したも同様であった。

　12月2日，岡村寧次が南京へ着任した。岡村はこれまで大本営陸軍部の行っていた諜報工作ルートに加え，引き続き重慶側と直接無線連絡を行うというルートを開拓した。また何応欽を通じて秘密裏に重慶側と連絡を取った。しかし 1945年2月14日，蔣介石は袁良を通じ，今後は日本と和平交渉を行う気はないと伝言してきた［岡村：251-252］。この間の 1945 年 2 月，今井武夫と中国の第十戦区副司令長官兼第十五集団軍司令官何柱国は連絡関係を構築していた［今井：197］。また，「支那派遣軍」は秘密裏に重慶工作を進めると同時に，主に武力手段によって引き続き「支那問題」を解決すべきという考えを堅持していた。しかし，大本営陸軍部は「支那派遣軍」の「一号作戦」を利用して四川に攻め入り，重慶政権を崩壊させるという計画を却下し，「支那派遣軍」が中国東部に主に兵力配備することを要求した［戦史叢書 b：237-242］。

　この期間，小磯首相のほうでは南京傀儡政府の考試院副院長繆斌を通じて，重慶への工作を続行しようと試みていた。これが「繆斌工作」で，3 月 16 日小磯首相は繆斌を東京へ呼び寄せた。繆斌は日本に中国からの全面撤兵や重慶政府の南京への還都などの「和平」条件を申し出たが，このような条件は日本のこれまでの決定事項に背くものであり，また日本が受け入れられる最低ラインを超えていた。21 日，小磯首相は最高戦争指導会議を開いたが，陸・海・外の 3 大臣が共にこの工作を「無謀の挙」であり，引き続き交渉する必要性はないと主張した［外務省編 1986：217-223］。4 月 3 日，昭和天皇は陸・海・外の 3 大臣を召見後，小磯首相を召見し，繆斌は帰国させよと指示したという［外務省編 1986：214；天津市政協編訳委員会：528］。4 月 5 日，小磯内閣が総辞職したのを受け，その「重慶工作」も成果のないまま終わりを告げた。繆斌本人は 4 月 26 日に日本を離れている[2]。

　4 月 7 日，鈴木貫太郎内閣成立後，「本土決戦」に備えると同時に，停戦の政略的考慮から，日本軍部は依然，重慶への政治工作を続けようと試みていた。23

日，陸軍大臣阿南惟幾は，停戦の達成に向けて「支那派遣軍」総司令官の統一的取りまとめのもとで，重慶及び延安に対し同時に工作を行うことを決定した［天津市政協編訳委員会：551］。日本政府側は南京傀儡政府を引き続き利用し，「日中和平工作」を行おうと考え，東郷茂徳外相が5月に傀儡政権駐日大使蔡培を呼び寄せ，これについての討議を行った［外務省a］。

6月8日，日本は第13回御前会議を開き，戦時中で最後の国策文書である「今後採るべき戦争指導の基本大綱」を決定した。そこでは，「対外諸施策，特ニ対ソ対支施策ノ活発強力ナル実行ヲ期シ，以テ戦争遂行ヲ有利ナラシム」［外務省編 1978：615-616；参謀本部所蔵：256-278］とされた。9日，東郷外相は第87回帝国議会の秘密会議において，対華政策について重慶への「和平工作」を依然試みるとしたが，しかし，東郷外相自身も「重慶トノ和平問題ハ今日ノ重慶ト『アメリカ』トノ関係等カラ見マシテ，単ニ日支間限リノモノトシテ，之ヲ対米英戦争処理全般ノ関係ヨリ切離シテ解決スルコトワ極メテ困難ノコト」［外務省編 1978：619-621］と考えていた。

「支那派遣軍」のほうでは重慶工作を続行しており，7月9日，今井武夫が河南省新站集をわざわざ訪れ，何柱国と会談を行った。何柱国は「『カイロ宣言』がすでに発表された今となっては，日支が単独で和平を交渉したところで実現する可能性はなく，日本政府が賢明かつ適切に戦争を早期に終結させることを希望する」と表明した。また，満洲からのすべての兵力の撤退は言うまでもなく，台湾などの地域も必ず返還されなければならず，これらの条件には変更の余地はないとした。今井武夫はこれを聞き，驚愕し，恐怖を覚えた［今井：203-205］。18日，参謀次長河辺正三は南京で今井の報告を聞いた後，今の重慶政権にとっては，米国から離れて公然と日中和平へと向かうことは絶対に通用しないとの結論を出し，19日，上海で政略等に関する問題の報告を受けた後，重慶首脳部全体の考えは一致しているものと判断せざるを得ないとの認識を示していた［天津市政協編訳委員会：645］。

ここにおいて，日本が重慶国民政府との「支那問題」の「和平」的解決を求めて行った努力はすべて頓挫したことになる。鈴木内閣は対華政策において手の打ちようがなかった。日本の敗戦直前の対華政策は完全な失敗に遭い，8月15日

の降伏を迫られることとなった。

むすび

　1940年10月以前のそれぞれの「和平工作」を比較して，日中戦争中後期に日本が行った「重慶工作」は文書，御前会議の決定，あるいは大本営政府連絡会議の決定や最高戦争指導会議の決定，どれも意思決定レベルは低いとは言えない。また，この工作は東条英機首相や小磯国昭首相が指揮を執り，汪兆銘傀儡国民政府もしくは「支那派遣軍」によって行われており，実行レベルも低いとは言えない。しかし，最終的にはどれも何の成果も得ることはなかった。その原因は「上兵は謀を伐つ」的「和平工作」そのものにあるのではなく，また「和平工作」の決定や実施の方法にあるのでもない。問題の根本は日本が挙げた「和平の条件」にあった。

　この期間中，日本が提示した重慶国民政府との「和平」実現への条件としては主に以下の3段階が挙げられる。

1940年11月13日第4回御前会議決定による「支那事変処理要綱に関する件」で日本が要求した和平への基本的条件	1943年9月21日，大本営政府連絡会議が「対重慶政治工作に関する件」に対して得た共通の見解	1944年9月5日，最高戦争指導会議による「対重慶政治工作実施に関する件」における和平条件
①中国が「満洲国」を承認すること。 ②中国が抗日政策を放棄し，日華がよき隣国としての友好関係を築き，日本と共に東アジアを守っていくこと。 ③日本と共に東アジアを守るため，中国は日本の蒙疆および華北3省への軍隊駐留と，海南島および華南沿海の特定地域への海軍艦艇部隊駐留を認めること。 ④日本が上記の地域において国防上必要な資源を開発利用することを中国が認めること。 ⑤長江下流のデルタ地域に	重慶政権が米英との関係終結への誠意を表し，日華両国の全面和平を希望するのであれば，帝国政府はこれを受け入れる構えがある。その誠意を示す事項とは以下の通り。 ①中国における米英軍隊の武装を解除し，中国領土から撤退させること。 ②米英との交通や連絡を絶つこと。重慶政権の米英への宣戦を要求する必要はないが，日本帝国の「大東亜戦争」の成功のための実質的な協力は行うこと。	①中国側が自発的に米英の軍隊を撤退させること。 ②蒋介石が南京に戻ることを認め，統一政府を成立させること。 ③「日華同盟条約」を廃し，新しい全面的な和平実現後，日華永久和平条約を締結する。 ④在華米英軍隊が撤退した後に，日本帝国も完全に軍隊を撤退する。 ⑤「満洲国」の現状は変えない。 ⑥蒙疆問題は中国の内政問題として処理する。 ⑦香港は中国に返還し，南方の権益問題は別に考慮す

おいて，日本による一定期間の安全保障のための軍隊駐留を認めること。		る。再度中国へ侵攻してくる米英の軍隊に対抗するため，中国は日本が必要な派兵を行うことを承認すること。

　2番目の内容については，連合国陣営を分裂させるという明らかな意図があるのではないかと見られるが，ここではふれない。1番目は，これまでの「和平工作」をまとめて提出された日本のその後の重慶国民政府への和平要求であり，そして3番目は「大東亜戦争」以来失敗してきた重慶工作をまとめた上で，新たに定められた和平条件であり，これらには一貫性とその本質がみられる。

　上記の「和平」条件のうち，日本は「中国の満洲国承認」もしくは「満洲国の現状不変」と在華軍隊駐留もしくは軍隊撤退というこの2つの問題において，その要求は根本的に変わっていない。しかし，この2つの条件こそが，日本が和平を行う真意があるのか，和平が現実するのかが試される鍵を握っていた。中国政府に傀儡の「満洲国」を認めさせることは，国民政府の「徹底抗戦」という目標と根本的に食い違っていた[3]。また，日本の中国での軍隊の駐留維持，もしくは和平実現後の軍隊撤退は，その「和平」の意義を全く失わせた。したがって，日本がすでに汪兆銘の傀儡国民政府を承認していた日中戦争中後期における日本の「重慶工作」の実体は，重慶国民政府を南京の傀儡政権と同等のものとし，戦わずして降伏させるという目的を達成しようとするものであったと言える。しかし，中国が一国単独で長年にわたり抗戦を行い，連合国の抗戦にも参加した以上，日本側の一方的観点で進めたいわゆるこれらの「和平工作」は，絵空事にすぎず，これらがすべて中国政府の拒否に遭い，失敗に終わってしまったのも，歴史の趨勢から見れば必然的な結果であった。

注

[1] この回の御前会議の経過およびその文書については，参謀本部編（1978）を参照のこと［139-154］。
[2] 1946年5月21日，繆斌は「漢奸（売国奴）罪」として中国政府から最も早く処刑されている。
[3] 中国指導者である蒋介石の「徹底抗戦」という主張については，楊（2006）を参照。

文献

伊藤隆・照沼康孝編（1983），『陸軍―畑俊六日誌 続現代史資料 4』みすず書房 541p.
臼井勝美・稲葉正夫編（1966），『日中戦争（5）現代史資料 13』みすず書房 628p.
────（1972），『太平洋戦争（4）現代史資料 38』みすず書房 721p.
外務省編（1978），『日本外交年表並主要文書（下）』原書房 643p.
────（1986），『終戦史録』官公庁資料編纂会 818p.
参謀本部所蔵（1989），『敗戦の記録』原書房 479p.
参謀本部編（1978），『杉山メモ（上）―大本営・政府連絡会議等筆記』原書房 570p.
────（1978b），『杉山メモ（下）―大本営・政府連絡会議等筆記』原書房 538p.
防衛庁防衛研修所戦史室・戦史叢書［戦史叢書］朝雲新聞社
    a.『北支の治安戦（1）』1971，610p.
    b.『昭和二十年の支那派遣軍（1）』1971，640p.
    c.『昭和十七・八年の支那派遣軍』1972，547p.
    d.『支那事変陸軍作戦（3）』1975，532p.

外務省
    a.「大東亜戦争関係一件　本邦の対重慶工作関係」外務省外交史料館（A7.0.0.9-61）
    b.「支那事変関係一件」第 2 巻，外務省外交史料館（A1.1.0.30）
    c.「日本外務省文書」（マイクロフィルム R.UD43，UD65）

岡村寧次（1987），『岡村寧次回憶録（中華民国史資料叢稿）』稲葉正夫編，天津市政協編訳委員会訳，中華書局 471p.
今井武夫（1987），『今井武夫回憶録』天津市政協編輯委員会訳　中国文史出版社 393p.
天津市政協編訳委員会（1987），『日本帝国主義侵華資料長編　下冊』四川人民出版社 832p.
楊天石（2006），「論"恢復盧溝橋事変前現状"與蒋介石"抗戦到底"之"底"」『中国文化』第 22 期 pp.23-38.

4 内モンゴル人民共和国臨時政府の樹立と崩壊
(1945年9〜10月)

田淵 陽子

はじめに

　20世紀初頭以来，モンゴル独立問題は中ソ間における最大の懸案事項であった。スターリンと蒋介石の間では，戦後の中国東北地域及び内モンゴルについては中華民国国民政府によって接収されること，モンゴル人民共和国(外モンゴル)については国民政府がその法的独立を承認することが約束されていた。それは，ヤルタ密約から中ソ友好同盟条約に至る，戦後東アジア国際秩序をめぐる中ソ交渉のひとつの帰結点であった [香島；田淵2002；Tabuchi 2005, 2005b]。

　しかし内モンゴルでは，1945年8月9日以降ソ連・モンゴル連合機動騎兵軍(以下，ソ連・モンゴル連合軍)による進軍を受け，権力の真空状態が生じ，内外モンゴル統一や独自の国民国家形成を目指す様々なナショナリズム運動が展開した。本稿で取り上げる「内モンゴル人民共和国臨時政府」(以下，臨時政府)は，9月9日，徳王(デムチクドンロブ王)王府所在地のいわゆる旧「蒙疆政権」(1941年より「蒙古自治邦」)シリンゴル盟西スニト旗において，モンゴル人が主体となって樹立した政権で，政府主席にはボヤンダライ(バヤンタラ盟盟長，最高法院院長)，副主席にダメリンスレン(蒙古軍第七師団長，興蒙委員会副委員長)が就任した。しかし政権は長続きせず，10月中旬頃，ソ連・モンゴル連合軍が帰還をはじめた頃，中国共産党(以下，中共)の介入によって改組移転された結果，事実上活動を停止した [郝編：473-478]。

　戦後内モンゴルでモンゴル人が主体となって樹立した政権は，臨時政府のほかに「呼倫貝爾自治省政府」や，「内モンゴル人民革命党」による「東モンゴル人

民自治政府」などがある。これらの政権もやがて，1946年4月3日の承徳会議（四三会議）を機に中共の内蒙古自治運動連合会の強い影響下に置かれた後，「興安省政府」として統合され，1947年5月1日の内蒙古自治政府成立へと至るが，その過程は未解明な点が多い。特に戦後間もない内モンゴルにおけるナショナリズムの諸相とソ連・モンゴル連合軍の活動については，未解明の領域であると言える。

東部内モンゴルの動きについては，東モンゴル人民自治政府を「内モンゴル人が20世紀に独力でつくったほとんど唯一の正式の政府」と位置づけ，同政府首相を務めたボヤンマンダフの活動を再評価した二木（2002）や，内モンゴル人民革命党について「戦後最大の内外モンゴル統一運動」をおこなったと評価した呼斯勒（2007）などの先行研究が挙げられる。また，内モンゴル人民革命党と臨時政府を「左派ナショナリスト」「右派ナショナリスト」と位置づける見方もある［Atwood1992；毛里1997］。しかし，臨時政府に関しては専論が極めて乏しく，特に臨時政府樹立の背景や，同政府がいかなる政治目標を掲げていたのかという点について充分に検討されてこなかった。

本稿では，臨時政府の樹立から崩壊までの過程を復元するなかで，戦後間もない西部内モンゴル地域社会におけるナショナリズムの諸相と，ソ連及モンゴル政府，中共などの政治アクターの内モンゴル戦略の一端を明らかにしたい。

Ⅰ．モンゴル人民共和国政府の対日参戦

8月10日深夜1時40分（モスクワ時間で9日20時40分），モンゴル人民共和国政府小ホラル幹部会兼閣僚会議は対日宣戦布告を批准した。同日付『ウネン』紙（モンゴル人民革命党機関紙）に掲載された対日宣戦布告書には，「モンゴル人民が長年にわたって完全独立主権国家の樹立を目指してきたこと」，「モンゴル民族が統一国家となり民主主義諸国との友好関係を宿望してきたこと」に基づき，ソ連・モンゴル相互援助議定書の履行と連合国に対する貢献のため，そして「ハルハ，ドゥルベド，トルグート，オイラト，ブリヤート，バルガ，内（öbür）モンゴル，チャハル，オルドス，ハラチン，ダリガンガ，アラシャン，デード・モ

ンゴルなどのモンゴル民族,そしてモンゴル人民共和国領土,さらに日本支配地域に居住するカザフ,ウリヤンハイ人民など,日本帝国主義の支配からモンゴル民族の苦悩を永遠に一掃し,モンゴル人の言語・民族文化を尊重発展させ,民族伝統と宗教を保護する」ための,「解放独立」を目指す「聖戦」であることが主張された。

同日朝8時30分,Kh.チョイバルサン元帥(首相兼外相)の演説がラジオより放送され,その内容は11日付『ウネン』紙に掲載された。そこでチョイバルサンは,「モンゴル民族は長年,解放独立のために闘ってきたのであるが,唯一我が国の人民は1921年の人民革命によって解放独立を達成できた」と述べ,「我々が日本帝国主義を撲滅した後には,全モンゴル人が解放され完全独立国家としてひとつの兄弟国となり統一することができるのである」と主張した[1]。

ハリマン駐ソ米国大使は,モンゴル政府の対日参戦布告を国務省宛に伝えるとともに,「内モンゴルと満洲モンゴルをモンゴル人民共和国の『一家族』として包括する可能性を示唆している。……これが実行されれば,モンゴル人民共和国と中国共産党は広大なフロンティアを共有することになる」と,そのパン・モンゴリズム的主張に注目していた[FRUS：152]。他方,この頃モスクワにおける中ソ交渉は最終局面を迎えており,モンゴル政府の独立承認に難色を示す宋子文に対し,スターリンは「もし中国が外モンゴル独立を承認しなければ,内モンゴルの同胞はグレーター・モンゴル共和国樹立のために外モンゴルと提携するであろう」と警告した[FRUS：967-969]。

ザバイカル方面軍ソ連・モンゴル連合軍は,多倫・熱河方面軍と張家口方面軍の2方面に分かれてゴビ地帯を進軍した。多倫・熱河方面軍は8月9日朝3時,ソ連軍から構成された機械化部隊が先遣隊として越境し,16日に多倫を,20日に熱河(承徳)を解放した。張家口方面軍は,11日に西スニト旗の徳王府を,18日に張北を解放した[МААУТГ：204-217]。同軍は張北から長城の一線を越えることはなく,張家口は23日に北上してきた八路軍が解放した[郝編：432-433][2]。

国民党第十二戦区司令長官傅作儀は「蒙疆政権」西部(イフジョー盟とウランチャブ盟の一部)で優勢にあり,8月17日に包頭を,18日に帰綏を占領したが,

東方へ進軍する途中で八路軍に前進を阻まれた。

　9月3日，承徳ではソ連・モンゴル連合軍の戦勝祝賀式典が開催された。チョイバルサンはこの頃，多倫，張北，承徳方面を経由し古北口や長春のソ連軍司令部を訪問した［Плиев：200-202；Шагдарсүрэн：121-124］。その道中，彼は西スニト旗を訪れ，樹立されて間もない臨時政府関係者や徳王の家族と接見したという［ソドナムダルジャー：67；オチルバト：207-208］。このように，9月上旬頃，張北以北の草原地帯はソ連・モンゴル連合軍の占領下にあった。

　当初，「内外兄弟モンゴル」の統一を宣伝するモンゴル人民共和国のモンゴル兵たちを，西部内モンゴルのモンゴル人は「弟が兄を迎えるかのような雰囲気」で歓迎した，とジャクチトスチン（札奇斯欽／日本留学，興蒙委員会勤務を経て，シリンゴル盟総務処長）は回想する［札奇斯欽 1955：28］このような様子についてはウランバートルの新聞でも伝えられた。8月22日付『ウネン』紙は「内（dotuγadu）モンゴルからの書簡」と題する記事で2通の書簡を掲載した。ひとつは，チョイバルサン首相宛に書かれたブドバル（シリンゴル盟副盟長）の書簡（8月10日付）で，同書簡のなかでブトバルは，「このたびソ連の対日参戦布告に際し，貴国の軍隊もこちらへ進軍したことによって，内外の区別なく統一し民族を発展させる絶好の機会がやってきたことを，心より喜んでおります」と表明し，「シリンゴル盟，そして日本の弾圧から解かれた全モンゴルの土地の行政を平定し，民族復興のための大きな基礎を建設する」ため，ウランバートルへ代表を派遣することを伝え，同時にモンゴル政府側からの人員の派遣を要請した。2つ目の書簡は「内モンゴルの青年たちより」という小見出しがつけられた，「北（aru）モンゴルの同志へ伝える」と題する書簡（8月11日付）である。同書簡では「ジャクチトスチン，サイチンガ，アルドナバガナ」の3名により，「待ちかまえていた好機が，まさに今月9日にやってきました。モンゴル民族の繁栄とは南北統一より他の道はありません。…内モンゴル青年の組織，活動を指導する政府指導者をこちらへ派遣して戴きたいと思います」と表明されていた[3]。ブドバル，ジャクチトスチン，サイチンガ（日本留学，徳王秘書，興蒙委員会編審官などを経て興蒙学院教師）らはその後，臨時政府樹立へと至る政治活動に深く関与することになる。

しかし『ウネン』紙は，8月28日付で同月24日の蒋介石の講話「国家の独立と民族の平等」を掲載し，29日に中ソ友好同盟条約を掲載すると，清朝支配や日本帝国主義と対峙した「20世紀の民族解放運動の勝利」として，「外モンゴル独立を承認する」という国民政府の政治的表明を評価する論調へと変わっていった。

Ⅱ．内モンゴル人民委員会の結成

8月10日，西スニト旗で緊急会議が開かれた。参加したのは旗長ドガルスレン（徳王長男），協理のアルタンオチル公とナスンバヤル，「モンゴル青年党」[4]メンバーのデルゲルチョクト，ブレンサイン，ホルツビリグ，ドガルジャブらであった。同会議の席上，張家口にいた徳王から派遣されてきたテクシボヤン（王宗洛）中将（在日蒙古自治邦政府代表）は，徳王の指令として，ドガルスレン一家，シリンゴル盟公署および西スニト旗の役人等はすみやかに砂漠地帯へ避難すること，徳王自らもそこへ向かうつもりであることを知らせた。その後，西スニト旗公署などはソ連・モンゴル連合軍によって激しく破壊されたという［オチルバト：204-207］。

モンゴル人官吏や「モンゴル青年党」メンバーは西スニト旗東南部の砂漠地帯にあるトゴート廟へ避難し，15〜16日頃に再び会議をおこなった。そこで「内モンゴル人民委員会」という組織の結成を決定し，委員会長にボヤンダライ，副会長にムグデンボー（蒙古自治邦政府交通部長）及びジャルガラン，軍事協議会長にテクシボヤン，総務委員兼外務委員にデルゲルチョクト，文教委員にドガルジャブ，経済委員にドガルスレン，交通委員にアルタンオチルらを選出した［中共中央統戦部編：966；ソドナムダルジャー：65］。

同委員会はソ連・モンゴル連合軍へ使者を派遣し，対日参戦支持を表明するとともに，内外モンゴル統一やモンゴル人民革命党の指導を誓願するため，ドガルスレン，デルゲルチョクト，ツェヴンダンバ（僧侶）の3人をウランバートルへ派遣した。ソ連・モンゴル連合軍の「イワノフ，ロブサン」という人物の協力のもと，彼らは9月4日にウランバートル入りした［MYVTA11-1-912[5]：5；ソド

ナムダルジャー：66；オチルバト：207]。

　他方の徳王は16日頃，ソ連・モンゴル連合軍への投降を打診するため，使者を張北へ派遣したが，使者が捕虜として拘留されたうえに，同軍は「徳王は日本帝国主義の走狗で，役人達は日本帝国主義の手先である」と罵り，「闘争に立ち上がろう」と書いたビラをまいていたことから，投降を諦め蔣介石のもとへ身を寄せることを決意し，北平へ向かった［徳王：311-312]。

　こうして同委員会は徳王不在のまま，内外モンゴル統一とモンゴル人民革命党の協力を目指して活動をはじめた。しかし，8月末の中ソ友好同盟条約公布の知らせが伝わると大きな戦略転換を迫られ，やがて9月9日に臨時政府樹を宣言することとなる。

Ⅲ．ラムジャヴ報告書：モンゴル民族解放委員会から臨時政府へ

　臨時政府樹立の現場に立ち会っていた人物の一人が，1945年8月中旬から10月末頃まで，西部内モンゴルで特務活動を行っていたモンゴル人民共和国副首相B.ラムジャヴである。モンゴル政府の対日宣戦布告直後，彼はチョイバルサン首相より「モンゴル人民共和国政府代表」に任命され，西部内モンゴルへ派遣された。モンゴル国立中央アルヒーヴには，10月9日付（「秘」の記載あり）と同月30日付で彼がチョイバルサン宛に作成した報告書が保管されている。その概要は次の通りである［MYVTA11-1-888：1-43]。

　ラムジャブの任務とは「解放地域における行政の再建，ソ連・モンゴル連合軍の後方支援，地域経済の保護，日本管轄物資・施設の接収，そして日本のスパイ分子及び反革命分子（モンゴル人民共和国からの逃亡者など）の拘束」［MYVTA11-1-888：39]であった。これらの任務を円滑に進めるために，彼は盟旗の現地行政官を次々と任命し，その行政系統を通じて接収や家畜調達を指示した[6]。

　総頁数38頁から成る10月9日付報告書の内容は計8項目から成り，ラムジャヴが行った活動内容，現地で得た情報などが記録されている。各項目のタイトルは，①（旧「蒙疆政権」の）政府機構，②内モンゴルにおける日本の政策，③内

モンゴルの経済，④内モンゴルにおける政治状況と民衆の心情，⑤内モンゴルの一部盟政府機構を復興させたことについて，⑥戦闘軍に対する食糧・運輸手段の供給，その他の任務について，⑦日本人とそのスパイ代表などの検挙と各種文書の接収について，⑧日本管轄の家畜と資産の接収について，とある。このうち⑤と，別途添付された臨時政府樹立宣言及び憲法は，臨時政府に関する稀少な1次史料である。

ラムジャヴ報告書によれば，彼が臨時政府樹立に携わった経緯は次の通りである。

8月13日にウランバートルを発ったラムジャヴは，15日にダリガンガから越境，ソ連・モンゴル連合軍多倫・熱河方面軍の進軍ルートから21日に多倫に入った。

9月初旬までに，彼は「内モンゴルにおける各盟旗の長を旧来のまま存続させ」，シリンゴル盟，チャハル盟，バヤンタラ盟の各盟長・副盟長，19旗の各旗長・副旗長，多倫市長などを任命するとともに任命書を作成した[7]。その後，彼は西スニト旗に向かったようである。同旗では，「チャハル盟，バヤンタラ盟，シリンゴル盟の貴族（ノヨン），官吏（アンバン）たち，一部の旗及びソム章京や公，そして人民代表が集い，「民族解放委員会」(uyasayatan-ban cilügelekü gesigün-ün qural）という会議を開催しており，そこで内モンゴルの独立問題が協議されていた」という［MYVTA11-1-888：31］。これは「内モンゴル人民委員会」メンバーが中心となって開催したという「内蒙古各盟旗人民代表大会」のことを指すと思われる［札奇斯欽1993：135；ソドナムダルジャー：66］。

同会議において「内モンゴルの独立に関する様々な問題」が協議された結果，「（内モンゴルには）独立国家として自立できる（軍事力，経済力などの）基盤がないため，フランスなどの西欧国家で樹立された民族解放委員会（フランス国民解放委員会）のような組織を樹立する」とし，「民族解放委員会[8]」の設立が合意された。この「民族解放委員会」とは，ジャクチトスチンが回想する「モンゴル民族解放委員会」のことを指すと思われる。彼によれば，当時国民政府と内モンゴル自治について交渉中であった徳王の方針に柔軟に対応でき，かつソ連軍側の同意を得るため，ポーランド国民解放委員会に倣い決めたという［札奇斯欽

1993：135-136]。同月，徳王は蔣介石に対し，「イギリスに属するカナダ，オーストラリアのような」内モンゴルの「自治領」の地位を与えるよう具申している［中国第二歴史档案館編：88]9)。また，終戦直前に張家口で刊行された総合月刊誌『新蒙』創刊号に寄せた題辞のなかで，将来的な民族の「自決自主」や「モンゴルの主体的文化」の確立，さらなる「政治的地位」の実現を展望していた点は注目されよう［呼斯勒 2004：69-71]。

しかし，モンゴル民族解放委員会は数日の間に「内モンゴル人民共和国臨時政府」と名称変更し，9月9日付で樹立宣言をソ連，モンゴル人民共和国，国民政府宛に発表した。さらに 15 日付で憲法が制定され，その後主席 1 名，副主席 1 名，監査委員 5 名のほか，主席直轄の委員会（閣僚）など政権中枢要人も定められた［MYVTA11-1-888：30-33]10)。モンゴル民族解放委員会が「内モンゴル人民共和国臨時政府」と改称された理由について，ジャクチトスチンはラムジャヴの関与があったと回想している［札奇斯欽 1993：137]。ラムジャヴ報告書によれば，彼は会議で「いかなる国に支援を求めるのか，いかなる政府を樹立するのか，誰に何を依頼するのかは，あなた方の決めることです」と発言したことが記されている［MYVTA11-1-888：32-33]。他方，アメリカの諜報によれば，ラムジャヴは，内モンゴルのナショナリストに対してモンゴル民族解放委員会ではなく，「内モンゴル人による内モンゴルの政権を樹立すべきである」と述べたという［CCRMAL：12-14] 11)。9月 10 日，ダメリンスレン，ジャルガラン，ムグデンボーら6名は，臨時政府代表としてウランバートルへ派遣され，これより前に派遣されていた内モンゴル人民委員会代表 3 人と合流した 12)［ソドナムダルジャー：67]。

いずれにせよ，ラムジャヴがチョイバルサンの指示のもと，臨時政府の樹立に関与していたことは明らかである。そして，注目すべき点は 10 月 10 日付ラムジャヴ報告書と 30 日付報告書の内容の変化であり，それは錯綜する国際情勢のなかで当時のチョイバルサンの内モンゴル戦略が転換されたことを物語っている。そこで以下，2つの報告書の内容の違いに触れておきたい。

ラムジャヴは，10 月 10 日付，つまり臨時政府樹立から 1 ヶ月後に作成された報告書のなかで「内モンゴルの人民と（臨時政府）政府関係者は我々（モンゴル

政府）に多くの期待を寄せており，また地域経済は大変疲弊しているため，我が政府は率先して兄弟内モンゴル人民の解放を支援することが重要であると思われる」とコメントしていた。

ところが不自然なことに，その3週間後に作成された10月30日付報告書をみると，「兄弟内モンゴル人民」や「臨時政府」に関する記述が全く見られない。9日付報告書が総頁数38頁あったのに対して，30日付報告書は総頁数4頁に過ぎず，その内容は主に，シリンゴル・チャハル地域において「治安は維持され，我々の目的は達成された」こと，接収物の移管状況，捕虜兵士等の移送状況が報告されているのみであった。同報告書の末尾にラムジャヴは「我が基本任務はほぼ達成された」と総括し，本報告書をもって「政府代表」の印璽を返還した。

つまり，10月10日から30日の間に，ラムジャヴは「兄弟内モンゴル人民」や「臨時政府」への関与を一切中止していたと推測できよう。

IV. 臨時政府樹立宣言及び憲法

臨時政府樹立宣言及び憲法の概要は次のとおりである［田淵 2008；MYVTA 1-3-403：18-25］。

樹立宣言は，反日本帝国主義，ソ連・モンゴル政府支持，そして脱植民地主義・民族自決の原則を支柱とする民主主義の実現を重要な原則として掲げていた。特に，独ソ戦以来，モスクワ宣言，クリミア会談，サンフランシスコ会議，ベルリン会議を通じて連合国が「弱小民族の独立を目指す戦争を行ってきたこと」や，蒋介石の講話「国家の独立と民族の平等」を挙げ，「ソ連と我々の兄弟モンゴル人民共和国，そして我々と隣接する中華民国にはじまり，世界の弱小民族に自由を与えたイギリス，アメリカ等の民主主義国家が一斉に我々内モンゴル人民の要望を受け入れ，独立を承認することは確実であろうと確信している」と主張している。ここには連合国による戦後処理と，2週間前に発表されたばかりの蒋介石の講話に対する一種の期待感が表明されていた。

憲法第1章では，政権の重要原則は民主主義の遂行，植民地支配からの離別，民族解放にあること，その領域は「旧来の内モンゴルの土地」，つまり「シリン

ゴル，チャハル，バヤンタラ，イフジョー，ウランチャブ，ヒャンガン［興安］4省，熱河のモンゴル諸旗，アラシャン，エジネ，デード・モンゴル，フフ・ノール」とし，国旗と政庁所在地（西スニト旗のゲゲン廟）を定めた。第2章では，国家最高権力機関を「全国国民代表大ホラル」と定め，「大ホラル」代表7名及び「小ホラル委員」27名，政府主席・副主席を含む「常務委員」13名（総務，内務，外務，軍事などを担当）の役割を規定した。第3章では，「大ホラル」より「監査委員」を選出すること，第4章「国民の基本権利及び義務」では，民族宗教や性別に関わらず国民の平等なる権利を保障することなどが規定された。10月9日付ラムジャヴ報告書には，主席・副主席のほか，監査委員5名，主席管轄の委員会委員長7名，各委員の下に副委員各1～2名と科長数名の40名の政権要人の名簿が記されていることから，政権中枢部の人事も決定されていたことがわかる[13]。

　これより先，「内蒙古各盟旗人民代表大会」において，ジャルガランが秘書長に，ジャクチトスチンが副秘書長に選ばれ，この2人が新しい「政権組織と綱領」の起草を任されたという。彼によれば「外モンゴルとは無関係であることを示し，未だ参加していない東部内モンゴルを包括」するために内蒙古各盟旗人民代表大会という名称で会議を招集し，前述のとおり，徳王を主席としていつでも迎えられるよう，政権組織には主席を設けず「委員会制」にしたという［札奇斯欽1993：135］。このようにみると，彼らが起草したものが，臨時政府憲法の土台となった可能性があると思われる。

V. 臨時政府の崩壊

　中共中央は臨時政府樹立宣言から約1週間後，内モンゴル工作のための具体的指示を出した。9月16日，中共中央は綏遠省においてモンゴル人の「地方性的自治政府」を組織すること，モンゴル人工作のためウランフ（綏蒙政府主席）を派遣することを許可するとともに，モンゴル語及びロシア語がわかる幹部の確保に動き始めた［中共中央統戦部編：960］。19日，中共政治局会議は「北に前進，南に防御」戦略を決定し，東北，熱河・チャハル両省の掌握を最優先課題とし，

張家口を中心とする戦略的根拠地の設置を目指す。30 日にはチャハル盟を掌握し「チャハル盟各蒙旗連合弁事処」を設置した［中共中央統戦部編：969］。

その後，10 月初旬中共は臨時政府に接近し，ウランフが臨時政府主席に，劉伯彦，克利根，田戸らが政権中枢に参画することになった。その経緯は，中共晋察冀中央局作成の報告書によれば次の通りである［中共中央統戦部編：966-973］。臨時政府側が中共側の要求を受け入れた理由として，ウランバートルへ派遣した代表から音信がないうえに，モンゴル政府側（ラムジャヴを指すと思われる）より中共指導のもとで内モンゴル人の解放をおこなうよう説明されたこと，ウランフが食糧不足の問題を解決したこと，臨時政府内に「進歩的かつ正義感あるメンバーが共産党の少数民族政策を理解した」ことなどがあった。さらに臨時政府の名称を「蒙古自治政府」と改称するようウランフは主張したが，反対されたため名称は確定されなかった。また臨時政府側は，食糧や交通，燃料などの問題から政府中心地の移転先として貝子廟或いはチャハル盟明安旗を提案したが，中共側は張北を主張した。これについて臨時政府側は，張北に移転した場合，漢人に同化させられることを恐れており，モンゴル（人の）政府はモンゴル地方に移すべき，と主張したというが，最終的には張北に移転された[14]。このように臨時政府側が中共と対立した場面もあったことが伺える。

同じ頃 10 月 10 日，ラムジャヴは，臨時政府関係者に対して，今後は中共と連絡をとること，20 日に国境は閉鎖されるがモンゴル人民共和国で学びたい者は国境閉鎖前に受け入れる意向であることなどを伝えたという［ソドナムダルジャー：68-69］。ウランバートルでもチョイバルサンより臨時政府代表らに対してほぼ同様のことが伝えられ，落胆した代表たちは 11 月初旬に西スニト旗に戻ってきた［ソドナムダルジャー：68-69；中共中央統戦部編：975］。こうして臨時政府側は，モンゴル政府への期待を断ち切られた。20 日には，中ソ友好同盟条約に基づき，モンゴル人民共和国の独立公民投票が実施されることになっていた。

アメリカの諜報史料によれば，ソ連・モンゴル政府は国際情勢の複雑化を恐れ西部内モンゴルからの撤退を決め，10 月 10 日，ソ連軍司令部と中共軍は内モンゴルに中共軍が進駐することで合意に達したという。合意文書が交わされるとまもなく，八路軍が西スニト旗へ送られた。当初中共は臨時政府の人事を変更する

考えはないと表明していたが，10～20名の人員が送られ人事変更が実施された[CCRMARL：12] [15]。

このようにみると，中ソ友好同盟条約に基づくモンゴル人民共和国独立公民投票の実施日の確定，そして10月10日の西部内モンゴルをめぐるソ連・中共間合意によって，チョイバルサンの内モンゴル戦略は転換され，それは臨時政府崩壊の直接的契機となったと言えよう [16]。

10月23日，中共中央は晋察冀中央局宛に「戦略上重要な位置にある内モンゴルにおいて，ソ連・モンゴル軍と直接的に連絡できる有利な地位を獲得する」こと，「内モンゴル政策に対する基本方針は，当面は区域自治とする」こと，「国民政府との交渉に向かった徳王の影響力」や「国民党に対するモンゴル人の幻想」を取り除くことを指示した [中共中央統戦部編：964-965]。27日，察冀中央局は，「臨時政府樹立について既にアメリカで公表されたことから，当分は臨時政府を取消せず活動停止とし，自治政府に改組する準備をしている」こと，「分省自治」を名目とする「内蒙地方自治政府」成立へむけた準備を開始し，その成立後に臨時政府を取り消すべきこと，などの方針を提案した [中共中央統戦部編：972-973]。

こうして晋察冀中央局は11月26～28日，張家口で内モンゴル工作機関の「内蒙古自治運動連合会」を発足させた。同会の発足と同時に臨時政府の看板は下ろされたという [劉春：40]。

むすび

1945年8月中旬以降，西スニトに集った徳王側近のナショナリストたちは，「内モンゴル人民委員会」から「モンゴル民族解放委員会」，「内モンゴル人民共和国臨時政府」へと組織名を改称しつつ，戦後内モンゴルの行方について模索していた。臨時政府の樹立宣言及び憲法において明記された，反日本帝国主義，脱植民地主義・民族自決の原則を支柱とする民主主義の実現や，内モンゴル西部・東部の統合といった構想は，彼らが模索した最大限の可能性であった。しかし現実は，西部内モンゴルはソ連・モンゴル連合軍の進軍ルートとなり，中共にとって内モンゴル接収にむけた前線の拠点であったため，これらの政治アクターの戦略のな

かに直接的に組み込まれた。結果的にみて臨時政府は短命に終わったが，ソ連・モンゴル連合軍の西部内モンゴル戦略と，在地ナショナリストの戦略が重なり合い樹立された政権であった。他方，中共にとって臨時政府の吸収は，内モンゴル統合戦略に向けた重要な足がかりを得たことを意味していた。

臨時政府は崩壊したが，西部内モンゴルのナショナリストはモンゴル政府との関係をすぐさま絶ちきられたわけではなかった。ウランバートルへ帰還するラムジャヴに同行したサイチンガは，先にウランバートル入りしていたドガルスレンとともにスフバートル幹部学校に入学した［バイカル：279-280］。西スニト旗に残された徳王婦人とその家族もドガルスレンのいるウランバートルへ招かれた［オチルバト：208-210］。

他方，臨時政府主席から政府委員に降格させられたボヤンダライは，その後まもなく謎の死を遂げた［札奇斯欽 1993：137；ソドナムダルジャー：69］。ジャクチトスチンは，臨時政府樹立の直前にソ連やモンゴル政府側の制約下から逃れる決心をし，徳王と合流すべく北平に向かったという［札奇斯欽 1993：136-138］。いずれにせよ，一時的にパン・モンゴリズムが宣伝された 1945 年 8 月の数週間の記憶と経験は，内モンゴルのナショナリストにとって過酷な試練を課したのである。

注

[1] アトウッド（Atwood, 2005, 2005b）は，1945 年 8 月中旬に『ウネン』紙に掲載された内外モンゴル統一を謳う詩歌を紹介している。
[2] 戦後初期におけるソ連軍と中共軍の「暗黙の協力」関係については，丸山（2005）を参照されたい。
[3] ジャクチトスチンは，ソ連・モンゴル連合軍宛にブドバルとともに 2 通の書簡を作成したことを回想している［札奇斯欽 1993：132］。
[4] 「モンゴル青年党」は，1945 年 7 月中旬，西スニト旗の徳王府でオボー祭が行われた際，徳王側近のサイチンガら元日本留学生が中心となって結成したもので，「全モンゴル統一」を政治目標として掲げていたという［バイカル：281-282］。
[5] MYVTA はモンゴル国立中央アルヒーヴを意味し，数字は順に，「フォンド（ф）」「カタログ（д）」「保管単位（х.н）」の番号を示す。
[6] ソドナムダルジャー（1997）は次のように述べる。「その言い付け（父ムグデンボーが伝えてきたソ連・モンゴル連合軍の要請）に従い，我々は武器を旗に差し出し，うちの馬の中から百頭の乗用場を選んで旗政府へ届けた。…特に大部隊が通り過ぎた地方のモンゴル人たちが（ソ連・モンゴル）連合軍に食用の家畜や乗用馬を好意的に提供した例は数えきれないほどあった。内モンゴル人のこのような具体的行動は，…

彼らを支持していたことの証拠なのであり、また、内モンゴルの将来に関わるいくつかの大問題を解決する条件を整えるために努力していたことの証であろう」[66-67]。

[7] アトウッド（Atwood, 1999）も指摘するように、ラムジャヴが加えた唯一の変更は、チャハル盟盟長ジョトバジャヴを「反革命」派として更迭し、サイチンガを任命したことである。

[8] なお、中共が8月22日に張北で成立させた「蒙古人民解放委員会」というのもある［中共中央統戦部編：967］。

[9] 国民政府側の内モンゴル政策については、呼斯勒（2005）を参照。

[10] 主席・副主席以外の主な人事として、主席直轄の委員にジャルガラン（常務）、ムンフニャンボ（内務）、ウルジーバヤル（外務）、ウルジーオチル（軍事）、ジャルガラン（経済）、テグシボヤン（教育）、ブレンサイン（報道宣伝）の7名、監査委員に、スンジワンチョク、ジョトバジャヴ、ブドバル、ボヤン、ドガルスレンの5名が任命された［MYVTA 11-1-888：30-33］。

[11] 内モンゴルにおけるアメリカの諜報活動については劉暁原（2004）を参照されたい。1944年1月から1945年11月まで、綏遠省陝壩に米国軍・国民政府軍の合同で設置された諜報活動拠点があった。

[12] ソドナムダルジャー（1997）によれば、臨時政府代表6名のほかに、「中国共産党の特使ビリグバートル」も同時に派遣されたという[67]。他方、中共中央統戦部編（1991）では、ジャルガランを除く派遣者の人名は省略されている[966]。同史料によれば、臨時政府代表はモンゴル政府に対して、ソ連が同政府樹立について宣伝することや、将来の「世界和平会議」に同政府から代表を派遣すること、5000万元の借款、軍事援助などを要請したという。なお、アトウッド（Atwood, 1999）は、このとき中共からウランフがウランバートルに派遣された、とする[155]。

[13] CCRMARL（1972）も、「（臨時政府の）憲法が示す重要な原則は、民主政権である」[12-15]と報告している。

[14] CCRMARL（1972）によれば、中共側は地政学的にみて、同党にとって政治的コントロールが容易な張家口に臨時政府を移転すべきだ、と主張したという[12-15]。

[15] 合意したのは「ソ連軍司令官」と、「晋察冀軍区司令官 NIEH Jung-chen」すなわち聶栄臻と推測される［CCRMARL：12-15］。聶（2005）は、1945年10月初旬に張家口において晋察冀中央局の幹部会議が招集された、と回想している[471]。なお、臨時政府関係者の間でも、当時、中共とソ連の間で「（ソ連・中共の）中間地帯であった内モンゴルを中共指導下に置くこと」が水面下で話し合われた、という情報が伝わったようである［ソドナムダルジャー：68-69］。

[16] この点について、アトウッド（Atwood, 1999）は、ラムジャヴの任務は10月9日に終わったとし、ソ連・モンゴル連合軍は9月から10月初旬に、内モンゴルにおいて内外モンゴル統一を促進させる戦略から自治政権を樹立する戦略へと転換したと分析するが[154-155]、検討の余地があると思われる。

文献

オチルバト（2000）、「金鳥泉畔―徳王三男の回想録」（森久男『徳王の研究』創土社）pp.193-306.

香島明雄（1990）、『中ソ外交史研究 1937-1946』世界思想社 345p.

ソドナムダルジャー（1997）、「『内モンゴル人民共和国臨時政府』の樹立過程とその終焉」『日本とモンゴル』第31巻第2号 pp.64-69.

田淵陽子（2002）、「1945年『モンゴル独立問題』をめぐるモンゴル人民共和国と中華民国―中ソ友好同盟条約から独立公民投票へ」『現代中国研究』（中国現代史研

究会）第11号 pp.74-97.
――― (2008)，「内モンゴル人民共和国樹立宣言及び憲法：全文及び和訳」『東北アジア研究』（東北大学東北アジア研究センター）第12号（印刷中）
徳王 (1994)，『徳王自伝』森久男訳，岩波書店 520p.（原典；トブシン編『徳穆楚克棟魯普自述』1965年完稿）
バイカル (1997)，「サイチンガの人と作品（中）」『東洋大学大学院紀要文学研究科：哲学・仏教学・中国哲学』第34号 pp.273-288.
呼斯勒 (2004)，「蒙疆政府発行の中国語月刊誌『新蒙』について」『日本とモンゴル』第108号 pp.66-79.
――― (2005)，「内モンゴル人民族主義者の独立・自治志向と中国の統合圧力―第二次世界大戦後の中国国民党の対内モンゴル政策（1945-49年）」『学苑』（昭和女子大学）第775号 pp.14-36.
――― (2007)，「1945年の内モンゴル人民革命党の復活とその歴史的意義」『内陸アジア史研究』第22号 pp.83-102.
二木博史 (2002)，「ボヤンマンダフと内モンゴル自治運動」『東京外国語大学論集』第64号 pp.67-88.
丸山鋼二 (2005)，「戦後満洲における中共軍の武器調達―ソ連軍の『暗黙の協力』をめぐって」（江夏由樹・中見立夫・西村成雄・山本有造編『中国東北地域史研究の新視角』山川出版社）pp.299-327.
毛里和子 (1998)，『周縁からの中国―民族問題と国家』東京大学出版会 354p.
郝維民編 (1997)，『内蒙古革命史』内蒙古大学出版社 697p.
劉春 (1997)，「内蒙工作的回憶」（内蒙古自治区政協文史和学習委員会編『内蒙古自治政府成立前後』内蒙古文史資料第50輯）pp.33-98.
劉暁原 (2004)，「"蒙古問題"和冷戦初期美国対華政策」（牛大勇・沈志華主編『冷戦與中国的周辺関係』世界知識出版社）pp.67-109.
聶栄臻 (2005)，『聶栄臻元帥回憶録』解放軍出版社 698p.
札奇斯欽 (1955)，『蒙古之今昔（二）』中華文化出版事業委員会 293p.
――― (1993)，『我所知道的徳王和當時的内蒙古（二）』東京外国語大学アジア・アフリカ言語文化研究所 219p.
中共中央統戦部編 (1991)，『民族問題文献匯編―1921-49』中共中央党校出版社 1352p.
中国第二歴史档案館編 (1999)，『中華民国史档案資料匯編』第5輯第3編政治（5），江蘇古籍出版社 726p.

Atwood, Christopher P. (1992), The East Mongolian Revolution and Chinese Communism. *Mongolian Studies. Journal of the Mongolian Society.* vol. 15, pp.7-83.
――― (1999), Sino-Soviet Diplomacy and the Second Partition of Mongolia,1945-1946. Edited by Stephen Kotkin and Bruce A. Elleman, *Mongolia in the twentieth century.* M. E. Sharpe, New York, pp.137-161.
――― (2005), Poems of Fraternity: Literary Responses to the Attempted Reunification of Inner Mongolia and the Mongolian People's Republic, *The Black Master: Essays on Central Eurasia in honor of Gyorgy Kara on his 70th birthday.* Edited by Stephane Grivelet. Websbaden Harrassowitz, pp.1-10.
――― (2005b), Pan-Mongolian Poetry from 1945, *Mongolian Studies,* 17, pp.57-70.
Center for Chinese Research Materials Association of Research Libraries / CCRMARL / (1972), *"Document on Inner Mongolia: Selected U.S. Intelligence Reports (Declassified) on Leaders and Factions in Inner Mongolia, 1946-1949"* Washington,

D.C. 74p.
U.S. Dept. of State Publication / FRUS / (1969), *Foreign Relation of the United States, 1945(Ⅶ)"* U.S.G.P.O,Wshington,D.C., 1483p.
Монгол Ардын Армийн Улс Төрийн Газар / МААУТГ / (1971). *Монгол ардын армийн 50 жил*, У.Б
«Үнэн» 1945 年 8 月 10~11, 22, 28~29 日
Плиев.И.А (1970), *Говь Хянганд Тулалдсан нь*,У.Б .
Шагдарсүрэн(2000), *Миний Мэдэх Маршал Х. Чойбалсан*, У.Б,186p.
Tabuchi, Yoko (2005), 1945 оны Монголын тусгаар тогтнолын асуудал ба Чан Кайши -Монголын ард түмний санал хураалтын өмнөх түүхэн нөхцөл. *Олон улс судлал*. Монгол Улсын Шинжлэх Ухааны Академийн Олон улсын судлалын хүрээлэн (68)pp.112-121.
———— (2005b), 1945 онд Бүгд Найрамдах Монгол Ард Улсын нийтийн санал хураалт явагдсан нь. *Олон улс судлал*. Монгол Улсын Шинжлэх Ухааны Академийн Олон улсын судлалын хүрээлэн (69) pp.68-88.
Монгол Улсын Үндэсний Төв Архив / МҮТА / ф.11,д.1,хн.888,   ф.1,д.3,хн.403, ф.11,д.1,хн.912.

5 1940〜50年代 国民政府の琉球政策
―― 戦後処理と地政学の枠組みの中で ――

許　育　銘（鬼頭今日子訳）

はじめに

　1947年，国民政府行政院新聞局が出版した「琉球」と題する出版物の結論に「地理的に勘案して，台湾と海南島が中国領海上にある2つの目とすれば，琉球諸島と西南沙諸島は中国領海上の2本の触覚であり，どちらも必要不可欠である」とある。この主張から，第2次世界大戦後，4強の1国となった中国が，どのように「太平洋西岸の大国」という地位を確保していったかが分かり，戦後の中国が連合国の対日戦後処理の秩序下において，あるべき太平洋地域の国防戦略をいかに策定し，地政学の観点から対象と目標をどのように設定したかが分かってくる。今の中華民国にとっても中華人民共和国にとっても琉球諸島と西南沙諸島はいまだに極めて重要な国防の指標地域である。とくに琉球は，（1）悠久の歴史的源泉を中国と共有している。古くより「中華世界的天朝秩序」に属し，現在でも伝統意識の影響力が及んでいる。（2）戦略的価値が非常に高く，国際政治における重要な一角から逃れられない。戦前日本の東アジアにおける覇権は琉球より始まり，琉球を失うことによって終焉を告げる，とすら言えるだろう。琉球問題に対して当時の国民政府はいかなる認識であったのか？戦後処理（時間軸）および地政学（空間軸）の視点から，初歩的な考察を試みることが，本論文における主要な目的である。

　琉球は中国の属藩国であったため，中国にとって琉球はその戦略的価値だけでなく，濃厚な歴史意識が存在していた点を戦後の中国琉球関係では考慮しなければならない。このため，琉球は中国にとって，単純な戦後の日本領土の処理とい

う視点だけでなく，日中両国の過去の歴史を清算する問題にまで及んでいた。国際政治における現実的考慮のみならず，歴史認識の感情的紛糾も存在する。特に琉球人の一部は祖先が中国出身で華僑として定住した者もおり，彼らは中国への帰属意識と辺境で迫害を受ける状況から脱したいという願いを持っており，中国側としても感情的にその要求を拒絶はできなかった。このようなことから我々は戦後初期中国の琉球政策に影響を与えた重要な要因は大きく分けて4つあると考える。(1) 戦略地理的要因，(2) 歴史文化的要因，(3) 反帝脱植民地的要因，(4) 国際情勢の急激な変化という要因。これら4つの要素が中国国内の政治変化と極めて緊密に連動した。以上の認識を基本に，時代を追って，この4つの主要問題について論を進めていきたい。

Ⅰ．戦後中国の国防戦略構想

満洲事変後，国民政府の指導者層は今後，日中両国の軍事衝突は避けられないとの判断の下，どのようにして全国を統一するための核心的パワーを獲得し，さらには国防建設の時間を稼ぎ出し，当時の国民党政権の抗日戦略である「安内攘外」を基本戦略として確立するかに苦心していた。その最大の目標は「救国」だけでなく，中国が国民政府主導によって復興することにあった。1934年4月，蒋介石は撫州で発表した「日本の声明と我々の救国の道」の講演において「我々は東北4省の失地を回復させるだけでなく，朝鮮，台湾，琉球これらの地域はいずれも古来より我々の領土である，一尺一寸たれども我々の手中に取り戻さなくてはならない！」［黄編：244］。ここに我々は蒋介石の琉球にたいする位置づけをはっきり見て取ることができる。

1937年7月の盧溝橋事件勃発により，国民政府の指導者層はついに8月7日，対日全面作戦を決定する。いわゆる「8年抗戦」の始まりである。戦争初期，中国軍は華北，華中において抵抗を試みたが，戦局は次第に中国に不利な状況となっていった。1937年12月，首都南京が陥落，中国軍民を率いて作戦を遂行していた蒋介石は屈服せず，武漢へ遷都し，対日軍事作戦は第2段階に突入した。1938年4月，中国国民党は臨時全国代表大会を招集し，総裁設置案を通過させ，蒋介

石を総裁に推した。そして同時に「抗戦建国綱領案」を通過させた。

「抗戦建国綱領」は蒋介石の国際秩序に対する観点，戦後中国の外交方針が反映されたものである。蒋介石は新しい国際秩序をうち立てるには，ヨーロッパにおける強権政治の概念を放棄し，民族平等を実現しなければならないと考えた[趙：55]。このため同年4月1日，蒋介石は国民党臨時全国代表大会において「対日抗戦と党の前途」と題する講演において，日清戦争より日本が中国の台湾および琉球に侵略し，日露戦争後には朝鮮を併呑し，中国の旅順および大連を奪い取ることで大陸政策の初歩を確立したと述べた。ここで明らかなのは，蒋介石が琉球と台湾を同一視し，中国が日清戦争において失った領域と考えていることである。しかしこの講演において蒋介石は続いて以下のように述べた。「高台（朝鮮と台湾）を回復させ，中華を強固にする」「高麗（朝鮮）は我が国の属国であったが，台湾は中国の領土であったため，地政学的には，どちらも我々中国の安全危機存亡に関わる生命線である。中国はまさに国防の観点から，東アジアの永久的平和を維持し擁護するため，高麗と台湾を日本帝国主義者の手中に留めるわけにはいかない。中国は数千年および東アジア民族のリーダーであり，東アジアの平和を確立することは中国の譲ることのできない責任である。…我々は高麗台湾の同胞が独立と自由を回復させなければならず，それによって初めて中華民国の国防は確立し，東アジアの平和の基礎が固まるのである」[黄編：529-530]。蒋介石はここで琉球について言及しなかったが，琉球も朝鮮同様かつては中国の属国であったにも関わらず，琉球がふたたび独立することについて明確な主張を行わなかった。しかも国防の観点から，蒋介石は戦後日本が再び脅威とならぬよう，国防線の境界を日清戦争以前の情勢と位置づけ，朝鮮および台湾を日中両国の緩衝地域と考えていた。

1942年12月パールハーバー攻撃により太平洋戦争が勃発，中国は正式に対日宣戦布告を行い，連合国の主要メンバーとなった。蒋介石にとって，極東の全戦局および全戦略の転換を意味した。中国は国防戦略を反ファシスト戦略の一環と位置づけ，アメリカとの密接な協力関係の構築を推し進めていった。蒋介石は太平洋を中心とした提案として，日本が二度と太平洋における災いとならないためにも，東西2つの大国が共同で反ファシスト主義を貫き長期的にわたって協力す

べきであると主張した［秦編 1981：791］。事実，既に 1938 年の段階で蒋介石はアメリカに頼った対日戦争方針を掲げ，積極的に米国の支持を取り付けようとしていた［中国社会科学院近代史研究所中華民国史組編：1］。

1942 年 1 月 29 日，国民政府は「外交部による日中問題の解決を目指した基本原則の修正案」において，以下の方針を明示した［石ほか：279］。

> 琉球は日本に帰属するが，以下 2 点の制限が必要である。
> (1) 武装を禁じ，軍縮委員会に分会を設置し監督下におく。
> (2) 琉球住民に対する差別的待遇を禁じ，すべては少数民族問題の原則に従って処理する。

これらは当時の政府が琉球諸島の回復を中国抗戦の戦略目標としていなかったことを反映している。しかし中国内部においては，例えば大公報に見られたような，琉球の回復を強く主張する意見が頻発していた。1942 年 11 月アメリカから帰国後の外交部長宋子文が，記者会見の席上において，記者の「戦後中国の領土回復はどのような規模となるのか？」という質問に対して，宋子文は「戦後，朝鮮の独立以外に，東北 4 省，台湾，澎湖，および琉球諸島は当然我が国に返還されるべきである」［中央日報 1942/11/4-2］と答えている。しかし，国民政府は琉球の主権をめぐりさらに踏み込んだ明確な外交政策を実施しなかった。

1943 年 3 月，蒋介石は彼の重要な著作のひとつである『中国の命運』で，中国における琉球の国防的地位について言及している。曰く「国防の重要性は上述した山河の全てにおいて，1 地域といえども異族に占領されたならば，則ち全民族，全国家はその自衛天然の障壁を失うのである。（黄）河，（淮）河，（長）江，漢（水）の間に，強固な国境防衛を築くことのできる場所は 1 ヶ所もない。このため琉球，台湾，澎湖，東北，内外蒙古，新疆，西蔵において民族生存を守る要塞でない場所は 1 ヶ所もない。これの地域が割譲されることは，中国の国防が撤去されることを意味するのである」［蒋：6-7］。この蒋介石直筆による文書はその後政府，民間において引用される主要な根拠となった。しかしこの国防に関する主張と構想は，大部分が米中の国際関係の枠組みの制限を受けたのである。

同年 11 月，蒋介石はカイロにて米国大統領ローズベルト，英国首相チャーチルと会談，日本は中国の東北，台湾，澎湖を返還し，朝鮮の独立を認めなければ

ならない方針が確定した。この他、ローズベルトは琉球、香港などの帰属問題について蒋介石と協議した。11月23日の会談において、ローズベルトは琉球諸島の問題を提起し中国がその帰属を求めるかについて再三問い正した。蒋介石はアメリカとの共同管理に同意すると答え、同時に、将来は国際組織（その後の国連）の委託管理下におき、米国との共同管理としたいと願い出た［Foreign Relations of the United States：324；梁：40-43］。蒋介石は明確に「琉球と台湾は中国の歴史的地位において異なる。琉球は王国であり、その地位は朝鮮と等しい」［李：61］と表明した。蒋介石はカイロ会談において、琉球の領土要求を明確には示さず、共同委託管理の要求のみに留まった。その背景にある意図とは、戦後琉球が委託管理下に置かれ、琉球の住民が中国への帰属を望んだならば、中国はそれを受託する可能性がでてくると考えたからである。中国はこのためカイロ宣言の中で琉球の帰属に関して全く言及せず、朝鮮の独立のみを保証したのである。しかも日本が1914年以降に侵略して奪い取った領土についてのみ言及し、琉球は1879年に日本に併呑されたとの説明を行った。これはその後、琉球に対する主権帰属の問題とは異なる解釈を生み出すこととなった。

II．琉球問題に対する意見

　1947年後半は中国で琉球問題について頻繁に議論された時期であった。1947年5月10日、日本の前首相吉田茂が「いわゆる対日講和の観点と希望から、マッカーサー元帥に通知し、琉球諸島を共同管理し、同時に台湾に特別委民権を取得させる」［中央日報1947/6/5-2］と発言した。この発言は中国に伝わり、6月頃から問題視され始めた。上海市参議会では6月4日、第6回大会を開催、臨時動議として「中央並びに全国へ通知し対日講和問題に注意を促す、日本が琉球を共同管理し、台湾移民の特権を取得する事に対して反対を堅持する。政府が草案を策定し、連合国に喚起を促すよう求める」［中央日報1947/6/5-2］という議題を通過させた。同日の各新聞は王正廷の意見を掲載した、内容は主に「我が国の外交責任者である王正廷氏は、4日、日本が再び台湾および琉球に対して野心を露わにした件について、所感を発表した。つまり日本人の侵略意識が完全に消滅す

るまで，連合国が日本を長期にわたり管制下におくべきであると強く主張した」［中央日報 1947/6/5-2］とあった。この他，二二八事変直後の台湾においても反響があり，台湾新生報において「台湾省の民衆は日本の台湾琉球に対する身分不相応な野望に対して断固反対する」というニュースを掲載した［薛編：42］。上海，台湾或いはその他の地域においても，類似する反応や表現が相継いで起こり，背後にはどれも国民党の省市党部の介入があった。この点から，中国の反日感情は戦前から始まっており，国民政府はこの時点でその運用モデルにある程度習熟していたと考えられる。

　蘆田均外相は6月5日，吉田茂主張の発言が明らかになってから初めて，外国人記者を招集し会見を行った。記者会見の中で「今後行われる講和会議において，日本は特に経済と領土問題に注目する。ポツダム宣言において日本は1894年の日清戦争以降に獲得した他国の土地を返還すべきと明記されているが，この記述範囲に入らない島嶼もすでに奪われている。つまり千島列島，樺太南部，そして琉球である。ただ日本がこの3地域の返還を要求しない原因は，感情の問題よりも経済問題が大きい」［中央日報1947/6/6-3］と述べた。その後『中央日報』が，この問題を大きく取りあげ人々の耳目を驚かすような見出しとして「日本，琉球へ再び照準，蘆田が返還を要求」を掲載した。敗戦から2年足らず，このニュースは中国人民の感情を少なからず刺激した。6月9日蘆田外相はこの発言について各方面からの質疑を浴び，この発言は外部の発言を引用した誤りであったとの訂正を行った［中央日報1947/6/10-3］。しかし周囲の疑念は収まらなかった。

　日本の敗戦後，米ソ関係は対立し，対日講和は遅れに遅れ具体的な進展が見られなかった。米国はすでにソ連の参加にこだわらなくなり，米国主導による対日講和を直接開催しようとした。1947年7月16日，極東委員会各国に対して，8月19日に米国で対日講和会議を行うとの提案を書簡で送った。しかし講和条約の起草プロセスなどをめぐり紛糾し，この会議は開催されなかった。これは国民政府の対日講和条約へ向けた準備作業を促すこととなった。対日講和にある領土問題に関して，米国ニューズウィークによると「中国は既に琉球諸島に強い関心を示しており，琉球は決して中国から離れることのできない経済後背地であり独立して生存はできないと考えている」［中央日報1947/7/25-3］とあり，中国国内

において以前から琉球返還要求の声があったとの主張が大きくなっている事を示していた。

　同年8月19日，行政院にて対日講和条約審議会が編成された，外交部の対日講和審議委員会でもある。この委員会は純粋に初歩的審議を行う組織であり，9月の間に南京，上海の各地で工商業界の代表，有識者などの意見を集める会議を行った。同時に各界に国民政府の対日講和へ理解を促すよう努めた。その後の研究によれば，外交部は琉球問題に関して3つの方案を提出し，会議の出席者に意見を求めた。その方案とは（1）一部返還を求めるか，あるいは全面返還を求めるか？（2）共同管理をするか，しないか？（3）委託管理は可能か？しかし議論は紛糾し意見は分かれた[1]。対日講和審議会が琉球問題に関してどのような決定を下し，行政院に参考意見として提出したかについては，さらなる資料分析の必要がある。

　会議期間中，国民政府監察委員の于樹徳など13名は連名で対日講和条約の書面での意見を提出した。9月15日に外交部対日講和条約審議委員会に送られ，同時に新聞に発表された。内容は「琉球と我が国は千年以上にわたる歴史関係を有し，中国に返還されるべきである」と国民政府は主張すべきであると強調していた［中央日報1947/9/16-3］。9月23日，国民参政会は「対日講和条約に関する建議」を承認，ここでも「カイロ会議において規定した日本の領土以外の各島は信託統治を適応すべきであり，琉球は中国が信託統治すべきである」[2]と明確に提案された。

　10月18日，行政院長の張群が出席した国民参政会駐会委員会第7回会議において，行政院への報告活動を行い，中国政府の対日講和条約に対する原則と琉球問題について言及した。10月19日付『中央日報』に掲載された，簡潔な表明には「琉球と中国の関係は特殊であり，中国に返還されるべきである」［中央日報1947/10/19-2］とある。しかし檔案によると，張群は「琉球諸島と我が国の関係は最も深い」「琉球諸島の将来を解決するには，中国返還，米中共同管理，あるいは連合国への委託管理という3方式を外してはならない，政府はこの問題に対して強い感心を示しており，いかなる事があっても琉球諸島の日本返還に反対しなければならない」［中国第二歴史檔案館編：247］と述べており，結論に至らな

かったようである。しかし，以前に比べ中国への琉球返還を主張する声が高まっていると，同年，行政院新聞局が発行した『琉球』の巻頭に示されている［丘：4］。その後，民間の発行物にも，例えば傅角今や鄭励検が書いた『琉球地理誌略』には，琉球人を中国に返還合併する運動を支持する記述がある［傅ほか：85-86］。

Ⅲ．国民党と琉球革命同志会

琉球の復国運動は日本が琉球を獲得して以降，絶え間なく続いていた。しかし琉球の復国運動と中国の関係に関しては，未だに明確な定論がない。上海の復旦大学の石源華教授が第2次世界大戦期の琉球革命同志会の活動と中国の関係を紹介したのが最初である。石論文の主要な依拠は琉球革命同志会が編纂した長編の文献『琉球と中国の関係』である。この文献は1948年8月18日に提出された［石ほか：283］。内容は前言，琉球の歴史，琉球の文化，琉球の地志，琉球諸島の戦備価値，琉球の産業と経済，琉球の民族運動，琉球の現状，結語という構成で各章はさらに小節に分けられ，詳細に琉球の概況を紹介しており，関連する文献も附記されている［国史館b］。

琉球革命同志会は基本的に在台湾琉球人を主体とし，代表は喜友名嗣正，中国名は蔡璋である。台湾では中国名を多用したため，国民政府の档案には1948年蔡璋の名で履歴がある[3]。この履歴は前述の琉球革命同志会が編集した『琉球と中国の関係』にある記述と若干の時間の齟齬がある。この2つの文献から分かることは，琉球革命同志会は当時の台湾の警備総司令部など接収統治部門と密接な関係があった。戦後国民政府が台湾を接収し，台湾の日本人を管理監視下におき，次々に帰国させていた。その中には琉球出身の日本人や日本軍兵士もおり，台湾当局は在台湾日本軍の琉球籍兵士をより分けて「琉球籍官兵集中訓練大隊」を編成した。部隊長は永山正三郎が任命され，将兵約2000名余り，中国台湾省警備司令部の指揮下にあり，信頼が非常に厚かったという［又吉：428］。部隊の名称から分かるとおり，単独管理下にあるだけでなく，「訓練」を重用した。琉球官兵の回想によると，少なくとも軍事情報局の担当者が政治思想教育を行い，国民政府が抗戦期に韓国の独立運動家に行った活動と似ており，この部隊もその後琉

球に帰還させ，最後の一陣は 1946 年 12 月琉球へ戻った。

　この他，民間人に対しても台湾当局は当初より「日本人」と「琉球人」を区分けし，帰還事業を処理した。戦後台湾の琉球人は，軍人ならびに戦争で離散した者，南洋から帰還した者などが約 3 万人いた。琉球への帰還事業は「沖縄同郷連合会」(会長與義喜宣) が従事した [4]。離散者の帰還事業において，一部の意見には琉球人は自身の歴史文化上の結束を強調すべきで，これを機に中国籍を取得し，台湾に永住すべきであるとの主張もあった。そして 384 名の者が中国籍取得の意志を表明した。台湾当局は彼らの意向を受け入れ，琉球人の永住権を認める特別措置をとった [又吉：295-296]。琉球革命同志会と沖縄同郷連合会或いは琉球籍官兵集中訓練大隊などの関係は，かなり興味深い。しかしはっきりしているのは，喜友名嗣正の琉球革命同志会は台湾の国民政府機関，台湾党部の幹部 (例えば丘念台) らと連携し，大陸の国民党中央と直接のパイプを確立しようとした点である。

　1948 年 6 月 2 日 UP 社がエール大学ラトライト教授による，琉球諸島は沖縄を除いて，日本に返還すべきであるとの意見を配信した。理由は日本の行政は良好であり，住民との関係も悪くないという旨である。喜友名は琉球革命同志会の名義でこの意見に反対する談話を，『中央日報』に発表した [中央日報 1948/6/8-3]。その後国民政府の文官，呉鼎昌が 15 日，蒋介石の命令を受け中央党部秘書長の呉鉄城に電文を送った。密電に基づき，琉球人民の心を中国に向けさせる，秘密裏に琉球革命同志会の人員を活動させ，秘密裏に琉球政権を組織し掌握させ，講和条約会議の時点で，琉球人民が投票の方法で中国の統治に戻るよう，或いは琉球の地方政府が自ら内に働きかけ，中国の太平洋における連鎖を維持させるよう指示した [国史館 a]。しかし，蒋介石がなぜこの時期に突然秘密裏に琉球革命同志会のメンバーを利用しようとしたのか？当時米国の対日政策の転換か，あるいはその頃中国国内に広がっていた反応 (反米扶日運動) に関係していたかもしれない [仇：63]。

　8 月 2 日，呉鉄城は蒋介石に返電し，すでに関係者との初歩的な意見交換が済んでおり，台湾省党部に南京を訪問する琉球人を選別するよう命じたと報告した。台湾省党部の李徳松が喜友名嗣正とともに南京を訪問し，琉球の地位改善と今後

の関係強化について数日にわたり協議した［国史館 a］。呉鉄城は密電を行政院長の翁文灝と外交部長の王世杰に転送し，意見を求めた［石ほか：279］。呉鉄城の手配によって 8 月 9 日午前，中央党部にて蒋介石は喜友名嗣正に接見した。これは琉球革命同志会の活動から見れば，高度な政治的意義を持つ。国民党党部など関係部門は留用琉球人並びに住居問題など琉球革命同志会の具体的な要求に対応した。この他，国内各界も琉球革命同志会への支持を明らかにした。10 月 21 日福建省参議会は，琉球革命同志会を援助し，中国への琉球返還を支持する決議を採択した。琉球革命同志会でもスローガンとして「中琉一体」を掲げ，積極的な活動を展開した。この方式は，国民政府が抗戦期に，中国の台湾人団体を支持し，祖国復帰の政治運動を推し進めたモデルと非常に共通している。

IV. 台湾・琉球関係の再編

　国民党は水面下で琉球の中国返還を支持していたが，米中関係の枠組みにおいて中国は米国が琉球を占領する政策に意義を唱えようとはしなかった。1948 年 9 月，外交部長の王世杰はフランスのマーシャルと会談，対日講和条約と日本の賠償問題に関する議題に至った際，マーシャルは琉球の防衛問題について言及した。ソ連に対処するために，中国の琉球に対する態度を確認したのである。王世杰の回答は中国政府の方針は未決定であるが，おそらく中国政府は「米国政府が沖縄本島に防衛兵力を配置する方針に賛成する，しかし琉球全域を将来は米中の共同委託管轄下に置くべきである」との方針を採るだろうと答えた［蒋中正革命文献 a］。1949 年に至り，内戦の敗色が強くなり，国民党政権による中国の統治は瓦解に瀕していた，1 月 21 日に蒋介石は下野を宣言，5 月に台湾へ移り，国民党勢力は次第に台湾へ後退した。琉球返還の問題は，その根拠となる前提を失い構想は無意味となった。そして台湾の防衛強化という視点から，琉球問題を考えるようになった。これは大きな政策転換を意味し，国民政府は積極的な琉球独立運動支持を放棄した。米国が琉球，日本を安定的統治下において，連携して共産勢力の拡大を封鎖すれば，琉球と台湾は同じ西太平洋諸島の連鎖の中に配置すべきである，と積極的に考える人まで現れた。

10月31日,琉球革命同志会の喜友名嗣正は,台湾へ撤退する国民党に対して「琉球国民党の組織計画」と題する建議書を提出した。比較的重要な6つの政治的主張として「(1) 中琉一体を実現し,強権の侵略を排除する。(2) 民主化した地方自治制度を確立する。(3) 琉球の国際的緩衝地域としての地位を確立する。(4) 民族平等の原則に基づき,琉球同胞の地位の平等を促す。(5) 反共国家とともに反共連盟をうち立て,徹底して台湾琉球の一線を防衛する。(6) 防衛軍を組織し,軍事教育を強化し防衛任務を遂行する」という内容であった[蒋中正革命文献 b]。

琉球革命同志会は蒋介石に「琉球単独の党組織」の承認を求めた。国民党中央党部は「党章や政策の準備状況からみて,琉球を主とする独立した党組織である,過去台湾において抗戦に従属した本党の一員でもない,総裁への承認請求にはふさわしくなく,賛助は覆される可能性もある,今後時期を窺って具体的な協力を得られるまで待つべきである」との認識であった。このため11月8日に蔡璋は蒋介石に接見したが,賛助の意向を得るに留まった。その後12月に,喜友名嗣正は組織活動費の増加を希望し,台湾省への海防警備協力の申し入れおよび琉球革命同志会の対外宣伝の強化,中央党部に対して漁船と印刷機材の提供を引き出そうとした[蒋中正革命文献 b]。しかし中央党部は1950年1月に至り,現段階では協力できないと婉曲に回答した。琉球革命同志会が成立して8年が経つが具体的な成果はなく,中央党部は一定の見解を確定させたともいえる。しかし1951年秋,中国国民党は琉球人の入党を許可し,丘念台の「対琉球政策に関する意見」[国史館 c]を受け入れ,喜友名嗣正を台湾省政府参議に起用し,在台湾琉球人を取り込む方針に転換した。1958年沖縄本島に琉球国民党が成立し,大宜味朝徳が党首に,喜友名嗣正が副総裁に就任した。喜友名嗣正は台湾において,引き続き漸進的な琉球独立運動を主張していた[5]。

この間の政策転換は,1950年および1951年に行われた米国主導の対日講和条約をめぐって行われたと考えられる。1950年10月20日,米国国務院は中国駐米大使の顧維鈞に対日講和条約7項目原則の覚書を提出した。琉球の地位問題に関する規定は,琉球を国連の委託統治とし,米国が担当統治するという内容だった[中華民国外交問題研究会 1966:10]。台湾に撤退し米国の支持を必要として

いたため、顧維鈞は11月国民政府当局に対して「我が国と琉球は、確固たる歴史関係を有するが、我が国の版図への返還を要求したことはなく、米国の委託管理とするならば、多方に実力が分散するのを避けるに足り、米国の実力を極東に繋ぎ止めることが可能であり、我が方にとって利多く害少なし。よって賛同する」［顧：34-36］との意見を示した。このため1951年1月、国民政府は米国の対日講和7原則に対し、琉球を連合国の委託統治とし、米国が統治権を実行する事に原則として同意した［中華民国外交問題研究会1966：22］。これは、中華民国が米中の共同委託管理を要求しないことを意味した。3月、米国は再度顧維鈞に対日講和条約の初稿を提出し、琉球を委託統治制度の規定からさらに進んで、米国が自ら委託統治を決定する方針に改めた。7月6日、初稿の内容はさらに変更され米国が唯一の統治当局と示された。国民政府は講和条約における琉球の規定に対して、いずれも意義を唱えなかった。理由は国民政府にとって最も切実な問題である「台湾の地位未定論」に関心が集中しており、中華民国はこの問題をめぐって講和の署名国に加わることができるかどうかという状況にあった。7月12日、米国国務院は「対日講和修正稿」を公布、そこには中華民国の名はなく、連合戦勝国から排除されていた。これは蒋介石にとってかなりの打撃となった。

　7月16日、蒋介石は革命実践研究院において「対日講和における米国の圧力による排除の性質および交渉の経過」と題する講演を行い、厳しく米国と英国を避難した。琉球がカイロ宣言の文言に入らなかった理由として、蒋介石が当時ローズベルトに対し「この（琉球）諸島はかつて中国に属する小王国であった、しかし日清戦争以前に、日本に占領されてしまった。このため琉球と台湾の問題は性質が異なり、我々はここで中国による単独の琉球返還を望まない、今後時期を待って再度協議したい」［秦編2003：204］と述べた。このため、カイロ宣言に琉球問題に関する言及が行われなかった。ここから分かるように、蒋介石は琉球と中国が無関係であることを認めていた訳でなく、当時積極的な獲得の意図を示さなかっただけであると説明した。

　国民政府の立場が有利な時点で、琉球に対する宗主権や主権の正式な文書を示さなかったため、1951年9月のサンフランシスコ講和条約会議において、米国は日本が保留する琉球への主権を認め、将来日本へ返還される筋道を確立させた。

以前に比べ国際的地位が下がった国民政府は不満であったが，耐えるしかなかった。米国の圧力下，1952年2月より日華両国の講和条約交渉が開始された。国民政府は条約草案から琉球問題を外した。この点について日本側が中国側に意見を求めたところ，国民政府の代表は「この問題に関する我が方の立場は以前言及したとおり，当該地域は米国と日本の間の問題であり，中国政府は意見を差し挟まない」［中華民外交問題研究会 1966b：9］と回答した。国民政府は依然として琉球問題を日中の戦後処理の具体的事項とせず，米国の政策を黙認する立場をとった。

1953年8月，米国は琉球群島北部に位置する奄美大島を日本へ返還した。台湾内部では強い不満がわき起こり，外交部は11月24日，米国駐華大使に向けて備忘録を提出した。これは「中華民国」の琉球問題に対する基本的立場を初めて説明するもので，琉球に対する最終的処置を示し，権利と責任に関する意見を発表した［丘：8］。この外交文書は，「中華民国」が対琉球政策の方針転換を表す文書である。これによって「中華民国」（台湾の中国政府）は対琉球政策を進展させ，新しい段階に入った。これは「中華民国」が未だに琉球の主権が日本に帰属することをめぐり，異議を唱える唯一の「国家」である状態を生み出した。公式な外交交渉の背後には，国民党政権が台湾での地位を安定させていくに随い，新たな台湾・琉球関係を構築していったことを意味している。蒋介石の意図を汲んで，1958年正式に中華琉球経済文化協会が成立し，国民外交の方式に取って代わった。琉球人民の親善的支持を得て，この方針は共産勢力が台湾に入るのを防ぐ国防戦略とも無関係ではなかった［方：136］。

むすび

満洲事変以降，蒋介石は日本との戦争に向け心理的準備を行った。中国東北地域，さらには朝鮮，台湾，琉球などの地域を回収することは，中国がこれら周辺地域を保護できなかった歴史的恥辱があったからである。抗日戦争期において，蒋介石はさらに踏み込んで，中国の国防的視点からこれらの地域が如何に重要であるかを主張した。中国は日本が琉球を併合した事を一貫して承認しなかったが，

日清戦争後の下関条約において，台湾の割譲だけでなく，日本の琉球支配を黙認せざるを得なかった。このため下関条約の撤廃は，間接的に琉球が日本に併合される以前の地位を回復させ，朝鮮と同じ条件となることもあり得た。しかしカイロ会議において，米国は中国と琉球の処理問題に言及し，中国が琉球獲得の意図があるかどうか問いただした。当時蔣介石は直接的に琉球の獲得を要求しなかったが，委託統治の方法を採り，琉球人民が投票により独立を自決するか，中国に返還することを望んだ。これは比較的保守的な方法であり，米国の意見を尊重するものであったため，2度とも米国が中国に対して琉球問題を問いただす形を取った。中国の琉球に対する態度は台湾問題のように確立していたわけではなく，少なくとも日本が琉球を統治することを排除したいという立場に留まっていた。このため，カイロ宣言に琉球が入らず，中国の主張も記入されなかった。国民政府は正式な外交文書も，琉球に対する明確な態度もほとんど示さなかったのである。戦争末期，米国が莫大な犠牲をはらってようやく琉球を占領したのは，米中同盟関係の枠組みを維持するためであり，中国は米国軍の管理下に琉球をおくことに，介入するに及ばなかったのである。

戦争終結後の1947年，中国国内において琉球問題の議論が再燃した。原因は米ソ対立であり，対日講和条約が遅々として進まず，日本に対する感情的な問題から，琉球回収を模索し始めた。このニュースは中国国内に反響を呼び，琉球回収の主張を生み出した。注目すべき点は当時の歴史学者による研究成果である。現実との間に存在する距離が学術論争を引き起こした。対日講和条約の起草に伴い，中国内部でも琉球問題に関する議論が行われた，どのような理由であれ，中国は日本へ琉球が返還されるのを反対しなければならないという主張である。1948年6月，蔣介石は秘密裏に国民党と関係のある琉球人の革命団体に近づいた，つまり喜友名嗣正が組織する琉球革命同志会である。しかし明らかに，この組織は琉球において十分な役割を果たさなかった。

1949年，国民政府は台湾へ撤退し，琉球問題に関わる余裕はなくなった。1950年対日講和会議の準備会議において米国は対日政策の転換を行い，琉球問題も中国と米国の対日講和草案の議論に現れた。国民政府は最終的にカイロ会議で主張した米中共同信託統治の要求を放棄し，米国の単独統治を黙認した。しかも対日

講和条約の交渉過程において日米間の琉球交渉の決定を避けた。日中両国が米国の圧力のもと日華平和条約を締結した後，国民政府の態度に変化が現れた。1953年下半期に，米国が奄美大島を日本へ返還すると決定した際，国民政府外交部は米国に対し備忘録を提出し，初めて琉球諸島に対する基本的立場を表明し，中国の琉球問題に対する発言権を主張した。このためその後「中華民国」は現在に至るまで琉球の主権帰属権に関し日本に異議を唱える唯一の「国家」となった。しかし「中華民国」は未だに存在する「国家」であるのかは疑問であるため，この「異議」も戦後処理の歴史的難題となっているが，時間が経つにつれて人々の脳裏から忘れ去られていくのである。

注

1) 中国第二歴史档案館蔵「国民政府対日和約審議会談話紀録」，石（2006）から再引用［281］。
2) ［亜洲世紀社編：6］。同書には張其昀「対日和約中之琉球問題」，李秋亜「展望琉球問題」，琉球革命同志会「駁斥日本的野望」が収録されている［71-96］。
3) ［国史館蔵 a］。喜友銘嗣正の事蹟については，比嘉［2004：192-214］を参照のこと。
4) 與儀喜宣は日本農林省東京水産講習所漁撈科を卒業後，台湾総督府勅任技師に就任。沖縄同郷連合会会長を務めた。
5) 照屋（2004）参照。大宜味朝徳と喜友銘嗣正との連携については，比嘉（2004）に詳細な記述が見られる。

文献

照屋寛之（2004），「戦後初期の沖縄の諸政党と独立論」『「沖縄の自治の新たな可能性」最終報告書』6 号
　　(http://www5b.biglobe.ne.jp/~WHOYOU/okinawajichiken0503.htm#　teruyahiroyuki)
比嘉康文（2004），『「琉球独立」の系譜』琉球新報社 346p.
方治（1986），『我生之旅』東大図書公司 299p.
傅角今・鄭勵儉（1948），『琉球地理誌略』商務印書館 92p.
顧維鈞（1989），『顧維鈞回憶録』第 9 冊，中華書局 745p.
黄自進主編（2004），『蔣中正先生対日言論選集』財団法人中正文教基金会 1358p.
蔣中正（1953），『中国之命運』台 5 版，正中書局 224p.
李明峻（2005），「従国際法角度看琉球群島主権帰属」『台湾国際研究学会』1 巻 2 期 pp.51-81.
梁敬錞（1973），『開羅会議』台湾商務印書館 264p.
秦孝儀主編（1981），『中華民国重要史料初編——対日抗戦時期　緒編（三）』中国国民党中央委員会党史委員会 696p.
────（2003），『総統蔣公大事長編初稿』巻 10，中正文教基金会 398p.
丘宏達（1970），「琉球問題研究」『政大法学評論』第 2 期 pp.1-12.

仇朝兵（2003），「1947-1948年美国対日政策的転変及其影響」『哈爾濱工業大学学報：社会科学版』5巻2期 pp.58-64.
石源華ほか（2006），『近代中国周辺外交史論』上海辞書出版社 581p.
薛化元主編（1993），『台湾歴史年表　終戦篇（1945-1965）』国家政策研究中心 445p.
亜洲世紀社編（1947），『対日和約問題』亜東協会 193p.
又吉清盛（1997），『日本殖民下的台湾與沖縄』魏廷朝訳，前衛出版社 440p.
趙志輝（2004），「開羅会議新論」『世界歴史』2004年第5期 pp.49-58.
中国第二歴史档案館編（1997），『中華民国史档案資料匯編』第5輯第3編（政治一）江蘇古籍出版社 508p.
中国社会科学院近代史研究所中華民国史組編（1978），『胡適駐美大使期間往来電稿』中華書局 130p.
中華民国外交問題研究会（1966），『金山和約與中日和約的関係（中日外交史料叢編8）』214p.
―――（1966b），『中華民国対日和約（中日外交史料叢編9）』353p.

国史館
    a. 国民政府档案，ファイル番号0100.20.
    b. 特交档案，整理番号08A-02202.
    c. 『石叟叢書』各方建議，下冊.
蒋中正革命文献
    a. 対美外交：一般交渉（上），分類番号：2020.40.
    b. 対日議和（上），分類番号：2020.40.

『中央日報』

Foreign Relations of the United States (1961), *Diplomatic Papers: The Conferences at Cairo and Tehran 1943*, Washington, D.C.: Government Printing Office, 932p.

6 玄奘三蔵はなぜ日本にやって来たのか？
——遺骨略奪説とその歴史的含意——

坂井田夕起子

> 法師は『大般若経』の翻訳に全身の力を使い果たしたらしく、こののち、みずから身体が衰え無常の期が近いことを知った。そこで門人たちに「もし私が死んだら葬儀は質素を旨とし、屍体は草筵に包んで山間の僻地に捨てるように…」と言った。
> 　　　　　　　　　　　　　　　　　　　　　　　　　　『玄奘三蔵』（長澤和俊訳）

はじめに

1942年12月23日、南京駐屯の日本軍が土木作業中に玄奘三蔵の頂骨と刻まれた石棺を発見した。遺骨は副葬品と共に汪精衛政権に引渡され、1944年10月10日、三蔵塔再建式典と入骨式が行われた。同日、日本仏教界代表が汪政権に分骨を願い出て許可された。これが現在、埼玉県慈恩寺に奉られている日本玄奘三蔵塔の由来である［外務省］。

中国において、日本が奉安する玄奘の遺骨は一般に日本軍に「奪われた」「盗まれた」と語られる場合が多く、2005年春の反日デモの際にもネット上で批判が再燃したという［東京新聞 2005/4/18］。中国におけるこれらの略奪説[1]は、もとより日本軍による侵略の事実に基づくものであるが、同時に中国における戦時史料の非公開が研究者の論考を史実から遠ざけ、複雑化させている現実も否めない。また、日本軍影響下の南京の出来事でありながら、その分析に日本語史料が全く利用されていないのも問題があろう。

一方、日本において玄奘遺骨をめぐる言説は2種類存在してきた。ひとつは「侵略戦争の負の遺産」と見なす論調であり、中国側の略奪説に依拠したものや、各人の戦争体験にもとづくもの、双方が混在しているものなどがある[2]。もうひとつは関係者の回想録に依拠した「戦争の中の『文化交流』」といった論調であり、

遺骨を奉安する寺院を中心に受け継がれ［大島；柳原；安田］，前者とは長期にわたって住み分けられてきた。しかし近年，侵略戦争の記憶が風化していく中で「負の遺産」といった側面は忘れられつつあり，かわりに第三者によって過度に「美化」された言説もあらわれている［曽野］。

このように日本と中国の論調は，現在隔たりを広げつつあるが，一方でどちらも伝聞や推測に基づき，歴史史料を用いないという共通の特徴も有している。「日中戦争時期における南京」という特殊な「場」での出来事なことも，日中双方の冷静な歴史分析を遠ざけているかに見えるのである[3]。

本論は，中国における玄奘三蔵の遺骨略奪説を客観的な歴史分析の視点から捉えなおす試みである。その過程で，日本と中国，さらには台湾における遺骨をめぐる言説が相互に影響しあい，形成されてきた経緯を明らかにしたいと考えている。

Ⅰ．歴史史料から見た日本玄奘三蔵遺骨の由来

1）玄奘三蔵の遺骨発見

1942年12月23日，日本軍「中支那派遣軍金陵兵工廠」の高森隆介工廠長等（通称：「高森部隊」）は玄奘三蔵の遺骨[4]を発見し，日中の専門家に調査を依頼した。調査結果と汪政権引渡しの経緯は当時南京の新聞・ラジオで報道され，『唐玄奘法師骨塔発掘奉移経過専冊目録』にも収録されている。戦後，中国の研究者は皆この2次史料に依拠して各々の説を主張してきた[5]。例えば劉大任（南京市仏教協会）は以下のように言う。

> 当時日本軍は情報を厳しく制限し，遺骨を日本に密かに持ち去ろうとしていたという。しかし翌年2月3日，汪精衛政権の『民国日報』が最初に玄奘法師の頂骨出土を公表した。その後『中報』や中央広播電台などのメディアが相次いで玄奘法師の頂骨発見の情報を報道したことで，南京の世論は騒然となった。世論に迫られ，ようやく日本軍は谷田閲次が署名した「三蔵塔遺址之発掘報告」を出したのである。…3月23日，日本軍と汪政権はいかにももっともらしく発掘現場で「奉移儀式」を行った［劉大任］[6]。

劉大任の推論は，日本軍が密かに遺骨を持ち去ろうとした侵略的要素と，盗難

を南京の世論が阻止した抗日的要素を兼ね備え，多くの支持を得ている［何；周ほか編；伝ほか編］。そこで本論は，まず劉の言うような「南京世論による盗難阻止」がありえたのかどうか，その可能性について検討してみたい。

筆者は，日本で確認できる玄奘遺骨関連の新聞記事一覧表を作成し，『唐玄奘法師骨塔発掘奉移経過専冊目録』所収の新聞記事と比較した。それが表1である。これを見ると南京の『民国日報』（以下，全て南京で発行されたものを指す）よりも10日程はやく，上海の『大陸新報』（日本語）が玄奘遺骨の発見を報じていることがわかる。また，2つの記事を比較すると『民国日報』の記事が『大陸新報』の翻訳であることも確認できるのである。

表1　玄奘三蔵遺骨発見関連記事

記事題名	新聞・期日
三蔵法師の遺骨か　南京で謎の石棺を発掘	『大陸新報』1943年1月22日
中華門外発現古代石棺　考証為唐三蔵遺骨	『民国日報』1943年2月3日
唐玄奘塔之事実考証　（顧天錫）	『中報』1943年2月9，10日
本京出土唐玄奘法師遺骨　文管会不日接収	『中報』1943年2月11日
玄奘三蔵の舎利発見　仏教史の世界的功労者	『中外日報』1943年2月14日
唐玄奘取経路線図訳　（簫剣青）	『中華日報』1943年2月18日
玄奘大師與唯識学　（何海鳴）	『平報』1943年2月19日
唐代法師玄奘遺骨　在京発掘経過	『民国日報』1943年2月20日
唐玄奘法師頂骨等　今挙行奉移儀式	『民国日報』1943年2月23日
西遊記　第7本『玄奘三蔵お骨』皇軍から国府へ	『毎日新聞』1943年2月24日
玄奘法師遺骸移交奉迎典礼　中日双方隆重挙行	『中報』1943年2月24日
唐代玄奘法師遺骨　昨挙行奉移式	『民国日報』1943年2月24日
奉迎玄奘法師仏骨記　（顧蔗園）	『中報』1943年2月24日
西遊記與玄奘　（簫剣青）	『中華日報』1943年1月24～26日
唐玄奘法師遺骨　博物館公開陳列	『民国日報』1943年2月27日
玄奘法師の遺物を公開　威徳を伝える三蔵塔を建立	『大陸新報』1943年3月4日
唐玄奘取経路線図訳（簫剣青）	『中華日報』1943年3月5日
玄奘三蔵遺跡顕彰と日本仏徒　（来馬琢道）	『中外日報』1943年4月24日
重建三蔵骨塔　褚民誼邀各界共同発起	『民国日報』1943年6月13日
重健三蔵塔籌委会　昨日成立通過委員会名単	『民国日報』1943年6月16日
恢復中央研究院将文物保管委会加以改組	『民国日報』1943年6月18日
重建三蔵塔　昨開首次設計専門委会議	『民国日報』1943年6月29日
蔡大使招待　日仏教名流	『民国日報』1943年9月29日
三蔵法師供養塔　定期挙行上棟式	『中華日報』1944年6月24日
三蔵記念塔工程完竣	『中華日報』1944年7月6日
三蔵法師供奉塔上棟式日延べ	『南京大陸新報』1944年7月2日
三蔵法師納骨式　来月二十二日に挙行	『南京大陸新報』1944年8月17日

280　第2部　アジア太平洋戦争と東アジア地域秩序

三蔵骨塔典礼　延至双十挙行	『中華日報』1944年9月19日
三蔵法師入塔式　来寧中の宇垣大将も参列	『大陸新報』1944年10月11日
三蔵法師分骨きょう上海着	『大陸新報』1944年10月13日
三蔵分骨運抵東京	『中華日報』1944年10月25日
"西遊記の玄奘さま"慈恩寺へ	『朝日新聞』1944年12月27日

　　　　ゴチック体は『唐玄奘法師骨塔発掘奉移経過専冊目録』に収録されている新聞記事。
　　　　イタリックは日本国内で発行された新聞の記事。

　『大陸新報』は，日本軍と外務省・興亜院が後援し，朝日新聞が全面協力して1938年に創刊された日本の国策新聞である［朝日新聞社：625-626］。日本軍の意に反した記事が載るとは考えにくい。また『民国日報』は汪政権の機関紙で，当然ながら政府の公式見解を宣伝することを目的としていた。『中報』は汪政権成立と同日に創刊された新聞であり，汪政権の行政院副院長等を歴任した周仏海が理事長をつとめた［劉家林：516-157］。当時の日本軍は占領地域の新聞を厳しく検閲しており［菊池：133-134］，もし劉大任が言うように玄奘の遺骨情報が「厳重封鎖」されていたら，これらの新聞は絶対に報道できなかったであろう。

　『大陸新報』と『民国日報』の記事は，どちらも文末を「遺骨の真偽はなお詳細に調査中」と結んでいる。しかし，遺骨発見から約1ヶ月の調査によって，汪政権の中央研究院文物保管委員会ではある程度の「結論」がでていたと思われる。だからこそ，日本軍も公表を妨げなかったのであろう。

　玄奘三蔵と思われる遺骨の発見が上海と南京のメディアによって公表された後，外交部長兼文物保管委員長の褚民誼はすばやく遺骨の真偽を結論づけ，日本側と接収交渉を行った［中報1943/2/11］。彼が玄奘の遺骨を本物であると「確認」したのは第1に政治的判断であり，中国仏教の至宝を主導的に保管することで汪政権の「独立性」を示す狙いがあったと思われる。また居士でもあった褚民誼は，仏教界では信仰を重視し，遺骨の真偽は伝統的に問わないことを知っていた。汪政権が遺骨を接収した後，日本と中国の専門家がそれぞれ個別に玄奘遺骨の真偽について疑問を公表しているが，しかし彼らもまた仏教徒であり，信仰と「日中文化交流」を重視して，遺骨奉安に反対していない［春日；水野[7]］。

2）日本分骨か，略奪か？

　中国の研究者で，最初に玄奘遺骨が「掠奪」されたと書いたのは，確認できる

限り 1955 年の睢白「瞻礼玄奘法師頂骨記」である。睢白は，日本軍の遺骨発見については南京メディアが盛大に宣伝したにもかかわらず，一部分を日本へ掠奪した際にはそれを 1 字も言わなかったと指摘した。確かに，遺骨が発見されてから三蔵塔が再建されるまで，南京のメディアはその過程を詳細に伝えているが，分骨について事前に言及したものは確認できていない（表 1）。しかも『唐玄奘法師骨塔発掘奉移経過専冊目録』（1943），『大唐玄奘三蔵法師紀念冊頌聖集』（1944），そして再建された三蔵塔の碑文（1944 年 2 月）にも日本分骨は記されていないのである。

　ただし，ここで確認しておかなければならないのは，睢白が分骨に関する史料の欠如によって日本の「掠奪」としているのではなく，汪政権が日本に分骨したことをも含めて「掠奪」と表現していることである。日本軍占領下の南京に成立し，日本敗戦とともに瓦解した汪政権を，中華人民共和国は厳しく否定してきた。とくに建国間もない時期において，汪政権は全否定されるべきものであった。睢白に続く趙樸初と石鳴珂も日本が戦争中に遺骨を「劫（奪った）」と表現し，中国へ返還するよう要求した。彼らの文章の背景にも汪政権への厳しい評価と日本の侵略戦争への批判があり，これらの点が当時の日本側の認識と大きく異なる部分であった（後述）。

　現在の中華人民民国においても，汪精衛とその政権について「汪偽」の文字が外されることはない。しかし，汪精衛研究の進んだ近年，研究者は「汪偽政権が分骨した」という理由だけで略奪説を導くことはない。例えば前述の劉大任は，南京世論の反発を恐れた日本軍が公開での分骨を断念し，北平の傀儡政権を介して遺骨を日本へ持ち去ったか，もしくは正式分骨以前にひそかに盗み去ったと推論している。また王仲徳（銅川市志弁公室）は，北京の円明園を焼いた 8 ヶ国連合軍に南京の日本軍をなぞらえ，汪政権によって「正式」に盗まれたが，それ以前にも既に一部遺骨を持ち去っていたとして日本軍の侵略性を強調しているのである［王］。

　では，日本軍は本当にひそかに遺骨を日本へ持ち去ったのであろうか。筆者が作成した表 1 からは，『中華日報』や『大陸新報』などの上海メディアによる日本「正式」分骨の事後報道を確認できる。この点をもって劉大任説は否定できよ

う。南京メディアによる報道は現時点で確認できないが，今後，第2歴史档案館や南京市図書館所蔵の非公開史料が開放されれば，関連記事を確認できる可能性はあるのではないだろうか。

ならば，分骨の事前報道がなされなかった理由はどこにあるのだろうか。調査を進めるうちに見えてきたのは，日本分骨にまつわる特殊な事情である。すなわち，汪政権の外交部長褚民誼は，遺骨発見の報道を受けて積極的に接収を主導し，日中合同の三藏塔再建を準備した。その間2年あまり，褚民誼が日本への分骨に言及した史料は確認できていない。おそらく褚民誼は一貫して日本分骨の意思を持たなかったのであろう。

しかし一方で，戦争末期の物資不足によって褚民誼は三藏塔再建のための資材を日本軍の協力によって調達しなければならなかった［中外日報 1953/2/11；大東亜省］。1944年7月に三藏塔は再建されたものの，落慶式典は繰り返し延期され，ようやく10月10日の開催にこぎつけたのである（表1参照）。式典には日本から宇垣大将ほか軍人たちが，また大東亜省からも多数が参列し，全日本仏教連合会代表の倉持秀峰が大僧正として，中国側僧正と共に導師の役割を果たした［大陸新報 1944/10/11］。三藏塔再建も落慶式典も日本側の協力なしに実現しない中，式典の当日，日本側参列者の1人水野梅暁が，褚民誼に遺骨の日本分骨を急遽願い出たのである［太田］。

水野のこの時の肩書きは，全日本仏教連合会「顧問」もしくは「参与」といわれているが，どちらも式典出席の便宜的なもので，日本仏教界から贈られる副葬品準備を担当したことから倉持代表への随行が決ったという［『埼玉仏教』第27号］。しかし，褚民誼は水野を日本仏教界代表の1人としてではなく，「大東亜省」からの参列者と認識していた［大東亜省］。

水野は北京政府時代から日中間の仏教交流に深く関わり，中国の政治家や軍人とも親交があった[8]。僧籍を持ちながらも雑誌『支那時報』を発行し，「満洲国」では政府官吏をも経験，「日満文化協会」設立準備に奔走するなど裏方の役割も果たしたという［松田；阿部；岡村］。水野個人として中国にない仏典を日本から寄贈する一方，中国にある貴重な仏典を日本へ持ち帰ったという話も聞く［松田；肖：131］。水野の分骨要求が個人の発案によるものか，それとも誰か政治家

の意を汲んだものなのか, 現時点ではわからない。確認できるのは, 水野の働きかけによって褚民誼が式典当日あわただしく日本分骨を決断し,「日本軍への感謝の印に」と言わざるを得なかったことのみである。

「日本仏教徒へ」贈与された遺骨は一時東京の増上寺に保管され, その後埼玉の慈恩寺に疎開して敗戦を迎えた。1946 年, 日本仏教連合会は中華民国代表団謝南光に遺骨返還について確認したところ,「必要ない」との回答を口頭で受け取った [大島]。これによって日本仏教界は「戦争の負の遺産」としての遺骨問題は決着がついたと認識したであろう。まさかその後, 中華民国が台湾へ撤退し, 遺骨をめぐる問題がより複雑な局面に持ち越されるとは思いもよらなかったはずである。

日本仏教連合会は 1947 年, 倉持秀峰と水野梅暁, 慈恩寺住職の大島見道を主体とした玄奘三蔵鑽仰会に遺骨管理をまかせ, 形式的に支援するのみになっていった。玄奘三蔵鑽仰会は慈恩寺を中心に勧進を募り, 1953 年, 慈恩寺近くに日本玄奘三蔵塔を完成させた [大島]。1981 年には慈恩寺から奈良の薬師寺に一部分骨もなされ, 日本の東西で遺骨を奉安し, 現在に至っている[9]。

3）高森隆介への遺骨「贈与」

ところで, 日本軍が「正式分骨」以前に一部遺骨を持ち去ったという説には, 実は根拠が存在する。それは玄奘遺骨を発見した高森工廠長に対して「中国側の学者たちが感謝して遺骨の一部を贈った」[知切] とされている出来事である[10]。戦争中, 南京在住の日本人たちは多くが高森の遺骨の個人所有を知っており, しかし彼らは様々な理由から日本軍による遺骨返還や汪政権による三蔵塔再建, そして日本分骨等を知らずに敗戦を迎えたのであった。

1952 年, 清水治（元高森部隊分隊長）が高森の遺骨所有を証言すると, これが『新潟新聞』に掲載されただけでなく [1952/11/17], 同日台湾『中央日報』と『台湾新生報』でも報道されて反響を呼んだ。そして, かつて金陵兵工廠で働いていた台湾人や国民党側で日産接収にあたった人物等が『台湾新生報』に投書を寄せた。ここでも各人の記憶に錯綜があり, 汪政権が全ての遺骨を保管して再度埋葬した（日本人は持ち去っていない）とする者や, 日本へ全て持ち去って南京には埋葬していないと主張する者 [1952/11/19], さらには南京に一部が埋葬され

た他，日本や北京・広東などに分骨されたと証言する者がでた［1952/11/20］。

　以上の証言をまとめた論文が台湾の仏教雑誌『覚生』に掲載されると，その内容は日本の仏教新聞『中外日報』にも翻訳紹介された［1953/1/23-1/24］。この記事に対し，春日禮智（元支那派遣軍総司令部文化調査官）が当時の関係者として『中外日報』に証言を寄せたが，彼もまた汪政権による日本分骨を知らなかったため，日本軍による略奪説がさらに複雑化する様相を呈した［1953/2/7-2/11］。ここに至り，玄奘三蔵鑽仰会の大島見道理事が『中外日報』に長文を投書し，汪政権による遺骨分骨と慈恩寺での遺骨奉安のあらましを詳細に説明したことで［1953/2/25-3/5］，日本における遺骨略奪説はようやく下火となったのである。

　筆者は，これら台湾における遺骨関連の証言と日本人関係者の高森批判が，その後の略奪説に様々な形で影響したのではないかと考えている。

Ⅱ．玄奘遺骨をめぐる言説と冷戦

1）玄奘遺骨の台湾分骨

　戦後，汪政権を強く否定したという点で，中華民国 [11]は中華人民共和国と同じ立場に立つ。しかし現在の中華民国で日本軍による遺骨略奪が語られることは皆無に等しい。なぜであろうか？

　それは1955年11月，日本から玄奘遺骨が分骨されたことと大きく関わっている。冷戦を背景に，中華民国の中国仏教会と中華人民共和国の中国仏教協会が玄奘の遺骨をめぐって対立し，日本仏教界は一般の言論界をも巻き込んで再び略奪説に揺れることになったのである [12]。

　1952年の日華平和条約締結によって日本と中華民国は国交を回復した。同年9月の世界仏教徒会議第2回東京大会の日本事務局は，中華民国を「中国代表」として迎える一方，中華人民共和国代表を招待することができなかった。この世界仏教徒会議の日本側参加者約400人の中に高森隆介元工廠長がいた［仏教大年鑑：24-32］。「中国代表」は高森から玄奘の遺骨が日本に存在することを伝えられ，以後，彼を介した分骨交渉が始まったという［外務省］。

　戦後，中華民国の中国仏教会上層は，日本との国交回復後も植民地時代の特徴

を色濃く残す台湾仏教の「脱日本化」「中国化」を進め，中国仏教の偉人玄奘の遺骨奉迎をその一環として位置づけた［海潮音 1955/11］。汪政権を強く否定する中華民国にとって，玄奘の遺骨は日本軍に「奪われたもの」であり，また 1949 年以降台湾に移らざるを得なくなった中国仏教会にとっても遺骨が「自由中国」へ「返還」されることは当然であった［中央日報 1954/11/10；海潮音 1955/11］。

台湾において，大陸からやってきた中国仏教会上層と台湾仏教界の玄奘遺骨をめぐる思惑は必ずしも一致したものではなかったが，1955 年 8 月，中国大陸の共産党政権が日本にある玄奘遺骨に関心を示している情報が流れると，中華民国側は「反共」で仏教界を一致協力させる方針をとり，遺骨奉迎準備を進めていった［坂井田］。

これに対し全日本仏教会（日本仏教連合会の後身）は対外的にも対内的にも「台湾分骨」と表現していた。なぜなら，日本側は遺骨の一部を台湾に贈るだけであり，中華民国政府がまだ大陸にあった時，遺骨の「返還」は不要と表明した経緯があったからである。玄奘の遺骨「返還」で盛り上がる中華民国メディアと対照的に，日本では『毎日新聞』が，分骨決定を一度報道しただけであった［1955/10/13］。

2）中華人民共和国による分骨抗議

ところが，中国から台湾分骨に対する抗議が寄せられると日本の状況は一変し，『毎日新聞』や『朝日新聞』が関連記事を連日掲載するようになった。11 月 5 日，中国仏教協会[13]秘書長趙樸初は，「玄奘遺骨は第二次大戦中，日本軍に奪われたもの」と主張し，全日本仏教会に対して台湾分骨中止と中国への返還を要求した［毎日新聞 1955/11/6 夕刊］。翌 6 日の『人民日報』は趙樸初の電文を掲載し，さらに 7 日，石鳴珂「日本の玄奘法師遺骨の中国返還を要求する」の文章を掲載した。そして「日本軍国主義者が遺骨の一部を奪い去った」「首謀者は現日本外相の重光葵である」と非難し，日本仏教界の「朋友たち」に分骨阻止と遺骨返還を呼びかけたのである。

全日本仏教会は中国側の要求に態度を硬化させ，理事会を開催して台湾分骨を確認し，「玄奘の遺骨は日本が奪ったものではなく，汪政権が正式に日本仏教徒に分骨したものである」と反論声明を発表した［毎日新聞 1955/11/8, 1955/11/10 夕刊；朝日新聞 1955/11/11］。一方，中国人俘虜殉難者遺骨返還運動によって中

国側と緊密な関係にあった日中仏教交流懇談会[14)]は,「戦争中の分骨は正式とはいえない」と全日本仏教会を批判する声明を発表し,「遺骨を中国仏教協会に返還し,改めて日本へ分骨をもらいうけ,台湾分骨を検討すべき」と主張した [中外日報 1955/11/19]。この時期,日本共産党や社会党,そして清水幾太郎等知識人は日中仏教交流懇談会を支持し [中外日報 1956/1/21],『毎日新聞』や『朝日新聞』も抗議側の主張を多くとりあげた。また『読売新聞』も戦争中の分骨に疑問を投げかけ,「遺物崇拝」より「在華邦人の帰国問題への影響を心配せよ」と中国側に立つ投書を掲載したのである [1955/11/15]。

これらの批判を受け,全日本仏教会は緊急理事会を開いて台湾分骨を再確認するとともに,沈黙を守っていた『中外日報』紙上で「宗教交流に政治問題を持ち込む」日中仏教交流懇談会を批判し [1955/11/19],清水外交官のインタビューを掲載して反論に代えた。

> 私は当時重光大使について入骨式にも参列し,また日本へ堂々たる分骨式の際にも立ち会ってよく知っているもので,決して盗んだものなどとはもってのほかである。…これは重光大臣も同意見であることを責任を持って保証するとまで断言した次第である [1955/11/20]。

偶然にも,このときの外務大臣は,玄奘遺骨発見当時駐華大使だった重光葵であり,清水外交官も玄奘遺骨を直接見た外交官の1人であった。彼らは当初,台湾分骨を民間事案であるとして距離を置いていたが,複雑化した事態収拾のため「私見」を披露したと思われる。これにより日中仏教交流懇談会は「中国政府の『遺骨を奪った』発言は不当である」と主張せざるを得なくなった [毎日新聞 1955/11/21]。

同時期,中国仏教協会から届いた2回目の電報は,台湾分骨には依然反対するものの,「過去は問わない」と略奪発言を保留し,玄奘遺骨の中国返還要請を撤回するなど譲歩した内容になっていた [人民日報 1955/11/20]。しかし,この電報はかえって台湾分骨派を勢いづかせる結果となってしまった。なぜなら彼らは汪政権による「正式分骨」が事実であるために中国側が譲歩したと考えたからである。

11月24日,全日本仏教会は埼玉慈恩寺で日華合同の分骨式典を開催し,25日

早朝,倉持秀峰を団長とする玄奘遺骨捧持団5名は,2000人以上の仏教徒の待つ松山空港に到着した[聯合報 1955/11/26]。中華民国メディアは連日「返還」関連の報道繰り返し,中国仏教会は内外の仏教徒に対して「玄奘大師霊骨の帰国奉安を祝い,同時に更に強く団結し,護教救国の旗幟の下,大陸反攻の目標に向かって邁進することを希望する!」[台湾日報 1955/11/25]と勝利宣言をしたのである。

むすび

戦後,中華民国の玄奘遺骨をめぐる言説はもともと「日本軍に奪われた」という部分よりも,日本軍に奪われたものが「自由中国へ返還される」という部分に重点が置かれていた。したがって中国による分骨抗議以降,略奪説は冷戦を背景に,中国に対する外交的優位の主張や反共スローガン等,より直接的な中国攻撃の言説に変化していった。台湾分骨が実現すると,きっかけをつくった高森元工廠長は過去の戦争を反省する模範的な日本軍人のエピソードのひとつになった。そして,蔣介石の「以徳報怨」と「遺骨返還」をセットにした日華親善の後付け物語も語られるようになっていった[中央日報 1965/11/18 など]。日本仏教界でも日華親善の物語は語られないわけではなかったが,より積極的な意義を持つのは日華断交以降の話になる[15]。

台湾分骨が無事修了すると,『中外日報』は日中仏教交流懇談会の「分骨は全日本仏教徒の総意ではない」という声明を全文掲載した[1955/12/1]。さらに『人民日報』の石鳴珂論文を抄訳し,「日本侵略軍が玄奘霊骨を分割した」と題して掲載した[1955/12/18]。また,これらの記事と前後して全日本仏教会に対する批判や投書も多数掲載したのである[1955/11/29, 1955/12/2, 1955/12/6 など]。台湾分骨の前後で相反する『中外日報』の記事は,分骨をめぐって対立した双方への配慮であったと思われるが,これらの相矛盾する言説がその後も各方面に受け継がれ,住み分けられていったのは「はじめに」で紹介したとおりである。

台湾分骨直後,第5次中国人俘虜者遺骨捧持団が中国訪問に出発した。全日本仏教会は,訪中団副団長を務める西川法師に対して趙樸初秘書長への伝言を託し,

台湾分骨について中国側の理解を得られるよう配慮した。西川副団長は周恩来首相と趙秘書長に対し「いずれ台湾は中国と統一する。だから台湾に分骨した」と説明し，了解を得たという［毎日新聞 1955/12/25；中外日報 1956/1/21-1/22］。以後，中国仏教協会は現在に至るまで，公式の場で略奪説を持ち出さず，日本側との交流を継続してきた。

しかし，中国側の示した「了解」は日本に口頭で伝えられたのみであった。台湾分骨に際し，中国がラジオや『人民日報』紙上で主張した玄奘遺骨の略奪説は保留されたまま現在まで燻り続け，例えば 2005 年の反日デモのような場合に在野で広がりを見せるのである。

中国と日本，そして台湾における玄奘遺骨をめぐる言説は，歴史認識の相違や記憶の錯綜，さらには冷戦を背景とした相克の中で複雑に形成され，現在大きく隔たっている。したがって，何よりもまずは冷静で客観的な実証研究が積み重ねられる必要がある。

筆者は近い将来，中国における戦時史料の公開が進められ，中国と日本において学術的な歴史研究が積み重ねられることを期待する。そして，中国の略奪説と日本における遺骨をめぐる言説が距離を縮め，忌憚のない交流に結びついていくことを願っている。本論がその一助となれば幸いである。

注

[1] 中国において，日本軍が「掠奪」し「盗」（盗んだ，密かに持ち去った）「劫」（奪った）と表現される言説を，本論では「略奪説」とよぶ。
[2] 中国側の略奪説に依拠した代表的なものに中濃（1976）がある。
[3] 本論に直接関わるものではないが，同時期の南京における図書「掠奪」に関する金丸裕一氏の一連の論考に多くの示唆を得た。
[4] 南京で発見された玄奘の遺骨は宋代に西安から運ばれた頂骨（＝頭の骨）であるといわれている。玄奘の遺骨は「聖骨」「霊骨」等様々な呼ばれ方をしているが，ここでは便宜上「遺骨」で統一する。なお，玄奘の遺骨は唐の時代に埋葬されたまま全て西安にあり，南京で発見された頂骨は本物ではないと主張する研究者もいる。
[5] 『大唐三蔵玄奘法師頂骨案』（中国第 2 歴史档案館所蔵）は 2000 年頃より非公開となっている。この档案を用いた論文は確認できる限り紀（1990）のみであるが，他の論文と大きく異なる記述はない。なお档案の一部（もしくは全部）は『唐玄奘法師骨塔発掘奉移経過専冊目録』に「付録」として掲載されている。
[6] 日本軍から汪政権への遺骨返還が 3 月 23 日とあるのは，2 月 23 日の誤記。
[7] 中国の専門家で瀬澍邊の文については水野梅暁の抄訳を参考にした［水野］。
[8] 水野梅暁（1877～1949）については松田（1974），仏教連合会（1926），辻村（2004）

等参照。

9) 日本には他にさまざまな経緯によって玄奘遺骨を奉安している寺が数ヶ所ある。これについて，筆者は別稿を準備している。

10) 高森は「所有していた遺骨は慈恩寺の日本玄奘塔に奉安した」と語ったという。これらの聞取りについて知切は「高森氏の談話に，私が若干の史料をあさって補正を加えた」ものであり，「その中に，高森氏自身が多少の粉飾的言辞を加えていたとしても私の知るところではない」との但し書きを添えている。

11) 本論では，戒厳令下の台湾社会の特殊性を考慮し，地理的呼称もしくは「中国」との対比としてのみ「台湾」を用い，それ以外の場合には「中華民国」と呼ぶ。

12) 1955年の玄奘遺骨「返還」をめぐる日中・日台間の相克と60年代への影響について，詳細は [坂井田] 参照。

13) 1953年成立（北京）。当時の中華人民共和国は仏教を積極的に活用し，外交活動を展開していた [陳]。

14) 1955年7月成立。中国殉難者俘虜遺骨返還運動（1953年より第1次遺骨送還団が中国を訪問）の仏教徒有志が中心。会長は大谷榮潤（浄土真宗大谷派，自民党参議院議員）が就任 [額賀]。

15) 日華仏教文化交流協会（1978年成立）の機関紙『普照』参照。

文献

朝日新聞社（1999），『朝日新聞社史・大正・昭和戦前編』676p.
阿部洋（2004），『「対支文化事業」の研究』汲古書院 1065p.
大島見道（1953），『日本玄奘塔建設の由来』玄奘三蔵鑽仰会 10p.
大島見順（2003）『三蔵法師と慈恩寺』（6版）慈恩寺 17p.
太田外世雄（1974），「水野梅暁師への思い出」（松田江畔編『水野梅暁追懐録』）pp.16-25.
岡村敬三（2000），「内藤湖南と日満文化協会」『人間文化研究』京都学園大学人間文化学会 pp.1-22.
――――（2001），「羅振玉と日満文化協会」『人間文化研究』京都学園大学人間文化学会 pp.1-31.
春日禮智（1943），「玄奘三蔵の遺骨発見」『ひのもと』大東亜学術協会，第6巻5号 pp.37-39.
外務省（1955），「玄奘三蔵の遺骨関係」『本邦における宗教及び布教関係雑件　仏教関係』I'.2.1.0.1-2（外務省外交史料館）
菊池一隆（2001），『抗日戦争時期における重慶国民政府・南京傀儡政権・華僑の三極構造の研究』平成10年度～平成12年度科学研究費補助金（基盤研究(c)(2)）研究成果報告書 206p.
坂井田夕起子（2007），「1950年代の日華仏教交流再開―玄奘三蔵の遺骨「返還」をめぐって」『現代台湾研究』32号 pp.46-64.
全日本仏教会（1972），『全仏二十年のあゆみ』96p.
曽野綾子（2001），「三蔵法師の遺骨―日中のすがすがしい協力で」『産経新聞』7月26日（のち『なぜ人は恐ろしいことをするのか』講談社，2003年，所収）
大東亜省（1944），JACAR（アジア歴史資料センター）Ref.B02031748000（第33画像目から），政府成立後の日本政府要人と汪精衛政権要人との会談2／支那事変ニ際シ新支那中央政府成立一件　第2巻（A.6.1）（外務省外交史料館）
知切光歳（1956），「玄奘三蔵」『仏教タイムス』1月15日（のち『玄奘三蔵』仏教出版局，1964年，所収）
辻村志のぶ（2004），「関東大震災と仏教者」『国学院大学日本文化研究所紀要』第93

輯 pp.153-178.
中濃教篤（1976），『天皇制国家と植民地伝道』ニチレン出版 291p.
額賀章友（2003），『日中仏教交流戦後五十年史』里文出版 393p.
仏教大年鑑刊行会（1961），『仏教大年鑑』1220p.
仏教連合会（1926），『東亜仏教大会紀要』790p.
松田江畔編（1974），『水野梅暁追懐録』163p.
松田江畔（1979），「水野梅暁頌徳碑」（埼玉鳥居観音）
水野梅暁（1945），「玄奘塔の沿革に就いて」『中山文化研究所紀要』第 5 輯 pp.227-241.
安田暎胤（2001），『玄奘三蔵のシルクロード』東方出版 174p.
柳原政史（1999），「玄奘三蔵法師霊骨渡来記」『禅の風』19 号 pp.60-67.

『埼玉仏教』（埼玉県仏教会）
『普照』（日華仏教文化交流協会）
『中外日報』
『東京新聞』
『新潟新聞』
『仏教タイムス』
『毎日新聞』
『読売新聞』

陳金竜（2006），『中国共産党與中国的宗教問題』広東人民出版社 373p.
何雲（1998），「唐玄奘法師頂骨舎利略談」『法音』第 10 期 pp.3-4.
紀実（1990），「日偽時期玄奘遺骨在寧発現前前后后」『江蘇文史資料選輯』第 38 輯 pp.85-88.
劉大任（1999），「南京霊谷寺所蔵玄奘法師頂骨的来竜去脈」（黄心川主編『玄奘研究』陝西師範大学出版社）pp.125-131.
劉家林（2005），『中国新聞通史』（修訂版）武漢大学出版社 563p.
睢白（1955），「瞻礼玄奘法師頂骨記」『現代仏学』第 10 期 pp.23-24.
王仲徳（1999），「玄奘頂骨今分供何処？」（黄心川主編『玄奘研究』陝西師範大学出版社）pp.132-139.
肖平（2000），『近代中国仏教的復興』広東人民出版社 354p.
周直・李海栄主編（2003），『南京寺廟史話』，南京出版社 170p.
伝真・黄強主編（2003），『玄奘與南京玄奘寺』南京大学出版社 218p.
重建三藏法師頂骨塔委員会・中日文化協会・南日本仏教会（1944），『大唐玄奘三藏法師紀念冊頌聖集』第 1 輯 34p.
『唐玄奘法師骨塔発掘奉移経過専冊目録』（1943）

『大陸新報』（国会図書館所蔵）
『海潮音』
『聯合報』
『人民日報』
『民国日報』（南京）（国会図書館東洋文庫所蔵）
『南京大陸新報』（国会図書館所蔵）
『台湾日報』
『台湾新生報』
『中華日報』（立命館大学修学館所蔵）
『中央日報』

西村成雄 田中仁 编著
《中华民国的制度变迁与東亞格局》

前言（西村成雄）

绪论（田中仁）

第1部 制度变迁与社会凝聚力

1. 清末中国人铁路论争述评（江沛，绵田弥生译）
2. 制度变迁与绅民矛盾的激化—20世纪期的"革命话语"与乡绅阶层（王先明，岛田恭子译）
3. 从文书史料看中国近代江南的地主经营（夏井春喜）
4. 清末时期蒙古社会经济结构与旅蒙汉商（周太平）
5. 1920年代的奉天纺纱厂与东北经济的自立性（上田贵子）
6. 1930年的"中原大战"与东北及华北区域政治的新形势（西村成雄）
7. 中日战争前期上海印刷业的苦恼与挣扎—以《艺文印刷月刊》(1937-1940)的分析为例（贵志俊彦）
8. 论中日战争前期中国共产党的党军关系—中共党史研究的再思考（田中仁）
9. 顾颉刚的"疆域"概念（岛田美和）
10. 论蒙元时期"中国"的扩大与正统性的多元化（堤一昭）

第2部 太平洋战争与东亚格局

1. 论1930-50年代亚洲国际经济秩序（秋田茂）

2. "满洲国"成立初期日本移民的征地与中国东北的区域社会——以"三江省"桦川县为例(小都晶子)
3. 抗战中后期日本的"重庆工作"述论(臧运祜, 宫崎泉译)
4. 论内蒙古人民共和国临时政府的成立与瓦解(1945 年 9-10 月)(田渊阳子)
5. 1940-50 年代国民政府的琉球政策——从地政学的框架看战后处理问题(许育铭, 鬼头今日子译)
6. 玄奘三藏缘何来日？——遗骨掠夺之说及其历史含意(坂井田夕起子)

NISHIMURA Shigeo and TANAKA Hitoshi (Eds.)
The Institutional Transformation of the Republican China and Regional Order in East Asia

Preface (NISHIMURA Shigeo)
Introduction (TANAKA Hitoshi)
Part 1: Institutional Transformation and Social Cohesion

1. Controversies on the Institutionalization of the Railway System in Late Imperial China (JIANG Pei, translated by WATADA Yayoi)
2. Institutional Transformation and Deepening Gentry-Tenant Farmer(紳民) Contradiction: "Revolution Discourse" and Gentry (郷紳) in the 20th Century (WANG Xianming, translated by SHIMADA Kyoko)
3. Management by Landowners in Modern *Jiangnan* (江南): Findings through the Analysis of Archival Documents (NATSUI Haruki)
4. Socio-Economic Situations and Han Chinese Merchants (漢人旅蒙商) in Mongolia in the Late Imperial Period (ZHOU Taiping)
5. Mukden Spinning Mills and the Economic Independence of Northeast China in the 1920s (UEDA Takako)
6. A New Stage of Regional Politics in Northeast China in the 1930s after the War of the Central Plains (中原大戦) (NISHIMURA Shigeo)
7. The Tribulations and Aspirations of the Printing Industry in Shanghai Reflected in *The Monthly Graphic Printer* (芸文印刷月刊) in the Early Period of the Sino-Japanese War, 1937-1940 (KISHI Toshihiko)
8. On Party-Military Relations in the Chinese Communist Party in the Early Period of the Sino-Japanese War: Studies on the CCP History

Revisited (TANAKA Hitoshi)
9. Gu Jiegang's(顧頡剛) Concept of "China's Frontiers" (SHIMADA Miwa)
10. The Enlargement of "China" and Diversification of Its Legitimacy in the Mongolian-Yuan Period (TSUTSUMI Kazuaki)

Part 2: Asian-Pacific War and the Regional Order in East Asia

1. International Economic Order of Asia in the 1930s-1950s (AKITA Shigeru)
2. Japanese Settlement Policy and Northeast China Society in the Early "Manchuguo (満洲国)" Period: A Case Study of Huachuan County (樺川県), "Sanjiang Province (三江省)" (OZU Akiko)
3. "Chongqing Maneuver (重慶工作)" by Japan in the Latter Stage of Sino-Japanese War (ZANG Yunhu, translated by MIYAZAKI Izumi)
4. The Establishment and Collapse of the Temporary Government of Inner Mongolian People's Republic, September-October 1945 (TABUCHI Yoko)
5. Kuomintang Government's Ryukyu Policy in the 1940s and the 1950s under the Framework of Postwar Settlements and Geopolitics (HSU Yuming, translated by KITO Kyoko)
6. Why Did Xuan-Zang Come to Japan?: The Theory of Remains-Looting and Its Historical Implications (SAKAIDA Yukiko)

執筆者・翻訳者紹介

秋田茂（AKITA Shigeru）大阪大学大学院・文学研究科・教授
許育銘（HSU Yuming）台湾 東華大学・歴史学系・副教授
江沛（JIANG Pei）中国 南開大学・歴史学院・教授
貴志俊彦（KISHI Toshihiko）神奈川大学経営学部/大学院経営学研究科・教授
鬼頭今日子（KITO Kyoko）京セラ株式会社・秘書室中国課
宮崎いずみ（MIYAZAKI Izumi）北京林業大学・外国語学院・外国人教師
夏井春喜（NATSUI Haruki）北海道教育大学・教育学部・教授
西村成雄（NISHIMURA Shigeo）大阪大学大学院・人間科学研究科・教授［編者］
小都晶子（OZU Akiko）大阪大学・非常勤講師
坂井田夕起子（SAKAIDA Yukiko）大阪教育大学・非常勤講師
嶋田恭子（SHIMADA Kyoko）龍谷大学・非常勤講師
島田美和（SHIMADA Miwa）大阪大学・非常勤講師
田淵陽子（TABUCHI Yoko）東北大学・東北アジア研究センター・専門研究員
田中仁（TANAKA Hitoshi）大阪大学大学院・法学研究科・教授［編者］
堤一昭（TSUTSUMI Kazuaki）大阪大学大学院・文学研究科・准教授
上田貴子（UEDA Takako）近畿大学・文芸学部・講師
王先明（WANG Xianming）中国 南開大学・歴史学院・教授
綿田弥生（WATADA Yayoi）名古屋大学大学院・国際開発研究科・前期課程修了
臧運祜（ZANG Yunhu）中国 北京大学・歴史学系・副教授
周太平（ZHOU Taiping）中国 内モンゴル大学・モンゴル近現代史研究所・教授

中華民国の制度変容と東アジア地域秩序

2008年3月31日　初版発行

編　者	西　村　成　雄
	田　中　　　仁
発行者	石　坂　叡　志
印　刷	モリモト印刷㈱

発行所　汲　古　書　院

102-0072　東京都千代田区飯田橋 2-5-4
電話03(3265)9764　FAX03(3222)1845

ⓒ2008　ISBN978-4-7629-2839-0　C3033